철학 직설

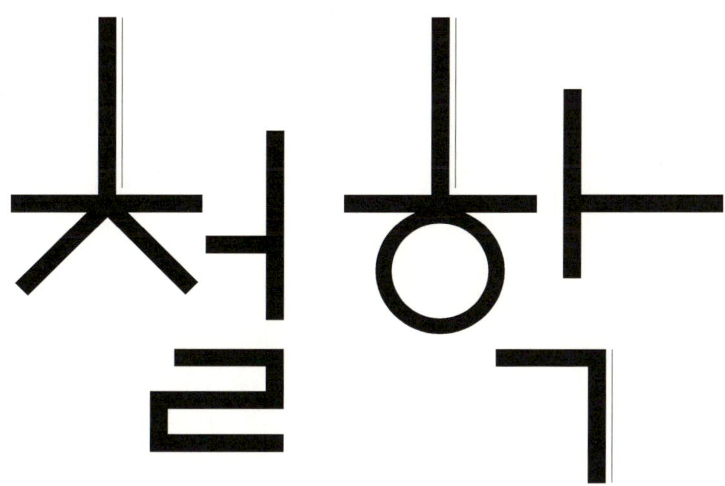

철학 직설

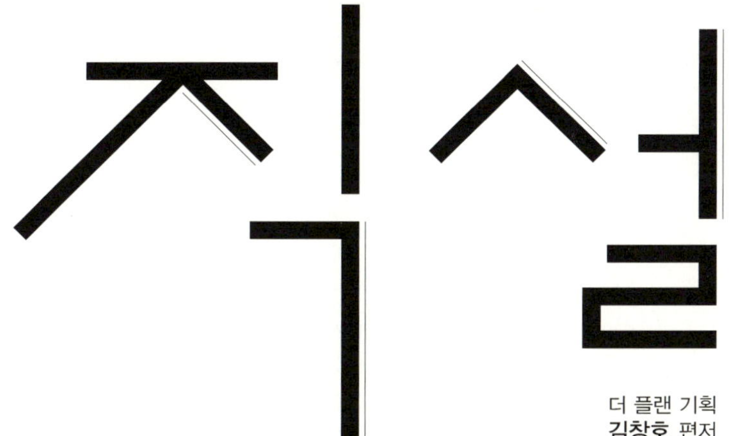

더 플랜 기획
김창호 편저

이담
Books

다시 철학을 권하며

청년은 그 사회의 바로미터입니다. 청년들이 무엇을 생각하고 어떤 비전을 가졌느냐는 짧게는 10년, 길게는 20년 후의 우리 사회를 결정할 것입니다. 청년의 생각과 비전은 몇십 년 후 우리 사회의 설계도라 할 수 있습니다. 그래서 청년은 항상 사회적 역동의 주체였습니다. 그들은 또한 새로운 상상력을 통해 기존의 체제에 저항하기도 합니다. 나아가 미래 사회의 가능성을 확대하고 대안을 찾고자 합니다. 그래서 청년은 항상 변화의 주체가 되었습니다.

반면 청년은 불안한 존재이기도 합니다. 기존의 체제 속에서 자신의 역할을 찾는 데는 한계가 있습니다. 그래서 기존 체제에 도전합니다. 하지만 그것도 생각만큼 쉽지 않습니다. 기원전 이집트 파피루스에도 "젊은 것들이 버릇이 없다"라고 기록되어 있다고 합니다. 미래는 불투명하기 마련입니다. 사회적 존재로서, 또는 개별적인 실존으로서 어떻게 의미 있는 삶을 살 것이며, 그것이 어떤 수단을 통해 실현될 수 있을지 확정하기 쉽지 않기 때문입니다.

1970년대 대학을 다닌 저희 세대에겐 새로운 세상을 그릴 여유가 없었습니다. 워낙 군사독재체제가 강고하게 우리 삶을 규정하고 있었기 때문입니다.

그서 최소한의 사유와 생존을 위한 제제 저항에 급급했습니다. 약간의 정치적 비판에도 정치경찰의 추적을 피할 수 없었습니다. 조그만 문화적 자유로움도 허용되지 않았습니다.

군사독재체제란 군사적 물리력에 기반한 정치권력이 공권력을 통해 시장과 시민사회를 통제하는 사회였습니다. 청바지와 미니스커트도 입고 다닐 수 없는 사회에서 당시 청년들은 더 이상 숨 쉴 곳이 없었습니다. 오로지 저항만이 유일한 존재 이유였습니다. 그래서 점점 더 과격해졌습니다. 어떤 과격성도 저항이라는 이름으로 정당화되었습니다.

그리고 민주화가 되었습니다. 하지만 청년들은 아무런 준비가 되어 있지 않았습니다. 1970~80년대 사회과학은 현실의 비판적 인식을 가져다주기는 했지만 미래 사회의 대안을 제시하지는 않았습니다. 더욱이 청년 개개인의 실존적 문제를 해결해주지 못한 것은 물론입니다. 특히 1990년대 들어 시장권력은 급격히 지배적 힘으로 우리 사회를 압도하기 시작합니다. 민주화가 '정치권력의 약화와 시장권력의 확장'을 가져왔습니다.

아무런 준비가 되어 있지 않았던 청년들의 선택은 이 같은 시장권력이 지배하는 사회에 적응하는 것이었습니다. 스펙 쌓기에 바빴습니다. 영어 점수 획득과 자격증 따기에 급급했습니다. 몇몇 소수의 사람은 좁은 문을 통과했습니다. 하지만 이들 소수를 제외하면 대다수의 청년들은 낙오자가 되었습니다. 결국 시장권력이 수많은 낙오자를 양산하면서 청년들을 시장권력의 경제 이데올로기와 이익을 극대화하기 위한 희생양으로 삼았다는 비판을 피해갈 수 없게 되었습니다.

이제 더 이상 이 같은 '스펙 쌓기' 모델로는 우리 사회의 문제를 발전적으로 해결할 수 없다는 것을 알게 되었습니다. 청년 개개인의 실존적 문제도 해결할 수 없다는 것을 절감하게 된 것은 물론입니다. 청년을 '스펙 쌓기'라는 명분으로 고립된 개인들의 무한경쟁에 몰아넣을 경우 결국 헤어날 수 없는 딜레마 상황에 맞닿게 된다는 것을 깨달은 것입니다.

지친 청년들을 위로하기 위한 대안이 '힐링'이었습니다. 청년들의 고통에 공감해주는 책들과 토크쇼가 유행했습니다. '힐링'을 담은 책은 베스트셀러가 되있고 토크쇼에 출연한 득정 인물에 청년들은 열광했습니다. 이제 '힐링'은 하나의 문화가 되었습니다. 공감하고 인정해주고, 그래서 위로함으로써 청년들의 아픔을 치유하자는 것이었습니다.

하지만 그것뿐이었습니다. 아무리 힐링을 해도 현실의 문제가 해결되는 것은 아니었습니다. '스펙 쌓기' 경쟁은 피할 수 없는 상태에서 '말'로만 위로할 뿐이었습니다. 물론 현실을 객관적으로 분석하고 설명한다고 해서 청년들의 실존적 문제가 해결되는 것은 아닙니다. 그렇다고 '힐링'이 어떤 대안을 내놓은 것도 아니었습니다. 오히려 역설적으로 현실은 더욱 악화되어 갔습니다. '힐링의 역설'이라고 할까요, 아니면 '힐링의 기만'이라 할까요.

이젠 청년들의 주체적 대응 없이는 현실을 헤쳐나갈 수 없다는 것을 알게 되었습니다. '스펙 쌓기'나 '힐링'이 아니라 현실을 주체적으로 혁신하지 않으면 문제의 해결에 다가갈 수 없게 된 것입니다. 현실에 주체적으로 개입하고 변화시켜 나가지 않으면 더 이상 청년의 고통은 해결될 수 없습니다.

이젠 철학이 필요한 때입니다. 철학은 물음에서 시작합니다. 이제 기존의 모든 인식과 체제에 물음을 던져야 합니다. 물음이 없는 곳에 생각은 없습니다. "어떤 사회가 바람직한 사회이고 어떻게 변화시켜야 할 것인가." 나아가 "사회는 어떻게 작동하는 것인가. 그 속에서 의미 있는 삶이란 무엇인가." 심지어는 "인간은 무엇이고 어떻게 살아야 할 것인가."

이 같은 물음은 청년들의 특권입니다. 그리고 생각의 기회가 무수히 열려 있는 것도 청년들입니다. 물음을 상실한 청년, 그 물음에 고민하지 않는 청년은 더 이상 청년이라 할 수 없습니다. 지금까지 과학이라는 이름으로 청년의 실존과 무관한 혁명을 주장하는 것도, 기존 체제를 숙명적으로 인정하고 현실을 고착화시켰던 '힐링'도 청년들의 특권인 물음을 외면했습니다. 그래서 해답을 찾으려는 노력도 불필요했습니다.

그러나 이제 직접 묻고 대답하지 않으면 아무도 청년의 문제를 해결해주지 않습니다. 이제 우리의 현실과 생각에 직접 물어야 합니다. 세상의 모든 현상과 인식에 의문을 던지고 새로운 해답을 직접 찾아야 합니다. 비겁하게 현학에 기대 질문의 핵심을 우회할 필요가 없습니다. 바로 묻고 함께 고민하는 노력이 필요합니다.

여러분 앞에 『철학직설』을 내놓았습니다. 청년들이 묻고 생각하는 노력에 자그마한 징검다리를 놓아드리고 싶어서입니다. 청년들이 세상을 향해 던질 법한 질문을 모았습니다. 물론 어떤 해답을 내놓지는 않았습니다. 그것은 바로 청년들의 몫이기 때문입니다.

이 책은 『철학 청바지』에 실린 글 중에 청년 여러분이 꼭 함께 나눠야 할 질문들을 골라 엮은 것입니다. 이 책이 청년 여러분에게 현실을 주체적으로 헤쳐나가는 무기가 될 수 있다면 동시대를 숨 쉬고 있는 지식인으로서 커다란 영광이 될 것입니다.

2013년 9월

김창호

Contents

상식에 대한 의심 없이 진리를 만날 수 있을까

진리와 상식

1

우리의 경험은 완전한 지식을 줄 수 있을까

황희숙 대진대 교수

옛날 중국에 백락伯樂이란 사람이 있었다. 그는 소문난 말馬 감정사였다. 백락은 한 번 힐끗 보는 것만으로도 그 말이 얼마나 잘 달리는지, 쉽게 병이 날 말인지, 주인에게 충성스러운지를 정확하게 맞혔다. 백락은 말 감정을 원하는 사람들이 부르면 어디든 찾아다녔다. 하지만 백락의 아들은 집 안에 틀어박혀 글만 읽는 샌님으로 자랐다.

세월에 장사는 없다 했듯이, 백락도 나이가 들자 점차 눈이 어두워지기 시작했다. 이제 더 늦기 전에 자식에게 말 감정 비법을 전수해주어야겠다고 생각한 백락은, 어느 날 자신의 아들에게 말에 관한 모든 것을 기록한 『마경馬經』이란 책을 주면서 세상에 나가 준마를 찾아오라고 하였다. 아들은 몇 달 동안 백락이 준 『마경』을 열심히 연구한 뒤에 준마를 찾아 나섰다. 집을 떠난 지 1년이 넘은 어느 날 아들이 기쁨에 넘쳐 집으로 돌아왔다.

아들 그동안 건강하셨습니까? 아버님! 드디어 제가 준마 한 필을 찾아냈습니다.

백락 오냐! 그동안 수고 많았다. 그래, 네가 찾아냈다는 그 말의 모습이 어떠하더냐?

아들 아버님이 제게 주신 『마경』에 언급된 것과 똑같았습니다. 그 녀석을 찾아내느라 온 세상 다니지 않은 곳이 없습니다.

백락 그래그래, 그 말의 모습이 어떠하더냐?

아들 정수리가 툭 비어지고 눈알은 툭 튀어나왔으며, 등뼈는 짧으면서도 약간 굽은 모습이었습니다. 『마경』에서 말하는 모습 그대로였습니다. 아버님!

백락 그렇지, 그렇지! 달릴 때의 모습은 어떠하더냐?

아들 저…… 그런데…… 그런데…….

백락 왜 그러느냐? 달릴 때의 모습은 보지 못한 것이냐?

아들 그게 아니라…… 이상하게 발굽이 볼품이 없고 길을 갈 때는 언제나 폴짝폴짝 뛰기만 합니다.

아들이 말끝을 흐리자 백락은 어안이 벙벙해졌다. 아들이 말한 그대로라면 그것은 말이 아닌 듯싶었다. 도대체 무엇일까? 백락은 곰곰이 생각하다 무릎을 쳤다. 아뿔싸! 아들이 본 것은 말이 아니라 커다란 두꺼비였던 것이다. 백락은 책만 전해주었지 정작 말을 보여준 적이 없었던 것이다.

백락은 『마경』이란 책만 가지고서 아들을 가르치려 한 자신의 어리석음을 반성하였다. 오로지 책에 쓰인 대로만 찾다보니 말이 두꺼비가 되어버렸던 것이다.

백문百聞이 불여일견不如一見이란 말이 있다. 백 번을 듣는 것이 한 번 보는 것만 못하다는 이야기다. 경험이 얼마나 중요한 것인지를 보여주는 재미난 일화다. 물론 여기서 말하는 경험은 견문見聞이지 오늘날 철학에서 말하는 경험과는 그 뜻이 다소 차이가 있다. 하지만 보고 듣는 것으로부터 중요한 지식이 형성된다는 대의에는 차이가 없다. 그런데 정작 우리의 경험은 얼마나 진리에 가까운 것일까? 경험은 과연 우리에게 완벽한 지식을 제공하는 것일까?

우리에게 지식이란?

　지식에 대한 추구는 인간의 역사만큼이나 오래된 것이다. 그것은 아마도 인간의 본능에 들어 있을 앎에의 욕구에서 비롯된 것이라고 생각할 수 있다. 인류학에 따르면, 인간들이 집단을 이루어 살고 일상용품을 풍부하게 만들기 위하여 도구를 사용하면서부터 알려는 욕구가 생겨났다고 한다. 물건과 재료의 성질에 대해 잘 알지 못하고는 그것들을 마음대로 이용할 수 없기 때문이다. 이 말은 지식이란 인간이 생존하는 데 절대 필요한 수단 중의 하나임을 알려준다.

　그러나 우리가 자연에 대해서 알아내는 것 중 어떤 것이 지식이라 불릴 수 있는가? 사실 인간이 자연으로부터 알아내는 것은 여러 가지다. 자연현상을 보고 조물주의 섭리를 깨달을 수 있고, 악상樂想을 떠올릴 수도 있으며 시적 상상력도 자극받을 수 있다. 그러나 우리는 그런 것들을 지식이라 부르지는 않는다. 개념상 지식이란 자연의 규칙(또는 법칙)에 대한 이해를 말하기 때문이다. 나무를 어떠어떠한 방식으로 마찰시키면 불씨를 얻을 수 있다는 깨달음은 지식의 일종이다. 그것은 나무의 마찰에 대한 여러 가지 경험들로부터 나무와 마찰 간의 관계에 대한 어떤 규칙성을 알아낸 것이기 때문이다. 이런 의미에서 지적 발견이란 일반화generalization의 기술이다. 일반화는 우리가 알고자 하는 것과 관련 있는 것, 관련 있지 않은 것을 구분해내고, 관련 있는 것들 간에 어떤 관계가 성립하는지를 알아내는 상당히 고차원적인 깨달음이다. 예컨대, 나무토막의 모양이나 크기, 색깔은 불씨와 관련이 없지만 나무의 건조상태는 관련이 있지 않은가? 그러한 구분으로부터 일반화가 시작되며, 그로부터 지식이 얻어진다.

모든 지식의 근원이라 할 수 있는 일반화는 우리로 하여금 세계에 대해 예측할 수 있게 해준다는 의미에서 우리의 힘이기도 하다. 위 예에서 적당히 마른나무를 마찰시키면 불씨가 생긴다는 일반적 지식은, 바짝 마른나무들이 쓰러지면서 서로 마찰되는 것을 보고 그 나무들로부터 불씨가 생겨나 큰 불이 나리라는 예측을 가능하게 한다. 또한 그러한 예측에 의거해 나무숲에서 불이 나지 않게 하려면 나무들을 성기게 심어 마찰이 일지 않도록 조치할 수도 있을 것이다. 지식에 의해 자연에 대처하고 자연을 통제할 수 있는 힘을 얻게 되는 것은 이런 까닭이다. 근세 철학자 베이컨 F. Bacon의 유명한 격언 "지식은 힘이다."라는 말은 이렇게 이해될 수 있다.

일반화는 지식의 출발점이자 지식이 주는 힘의 원천이라는 것이 지금까지 말한 내용이다. 그렇다면 학문 또한 일반화로부터 시작된다고 말해야 한다. 왜냐하면 학문이란 체계화된 지식이라고 말할 수 있기 때문이다. 경제현상에 대한 믿을 만한 지식들을 체계적으로 모아 놓으면 경제학이 되며, 물체의 물리적 성질들에 대한 믿을 만한 지식들을 모아 놓으면 물리학이 된다. 그러나 어떤 지식, 어떤 일반화가 믿을 만한 것인가? 이에 대하여 철학자들은 다른 생각들을 가지고 있다.

개미와 꿀벌 | 경험주의의 대두

한 가지 대답은, 우리가 경험한 내용을 왜곡 없이 충실하게 반영하는 그런 일반화야말로 신뢰할 수 있다는 것이다. 이러한 생각은 경험이야말로 신뢰할 만한 지식의 원천이라는 철학적 견해로 나타난다. 사실 경험으로부터 나온 어떤 법칙들은 믿을 만하다. 예컨대 단순한 물리 법칙들, 즉 불은 뜨겁다, 인간은 죽는다, 받쳐지지 않은 물체는 밑으로 떨어진다 등의 법칙들은 예외 없이 성립하는 믿을 수 있는 것들이다. 그러나 다 그런 것은 아니다. 심은 씨앗은 싹이 틀 것이다, 바람이 심하면 비가 온다, 물을 많이 마시면 건강에 좋다 등의 일반화는 경험에서 나오는 것들이지만 전적으로 신뢰할 수 있지는 않다. 그것들은 여러 가지 예외를 허용한다는 점에서 그러하다. 경험적 지식에 대한 이러한 의심은 회의론자라는 전문적인 의심쟁이들에게서 더욱 증폭되어 나타난다.

회의론자란 의심할 수 있는 모든 것을 의심해보는 사람들을 말한다. 그들에 따르면 우리의 감각경험은 믿을 수 없는 것이다. 물속에 넣은 막대가 굽어 보이고, 먼 곳의 물체가 가까운 곳에 있는 같은 크기의 물체보다 작아 보이는 착시현상, 한 물체의 색이 주변의 빛깔에 따라 달라 보이는 지각현상, 신기루 같은 착각현상 등에서 알 수 있듯이, 우리의 감각경험은 곧잘 사실을 잘못 파악한다는 것이 그들의 이유이다. 그렇기 때문에 감각은 믿을 수 없는 것이며, 감각에서 비롯되는 지식도 따라서 신뢰할 수 없다는 것이 고대 그리스인들의 일반적인 생각이었다.

경험이 불신될 때 우리가 의존할 수 있는 인식능력은 이성理性이다. 이성이야말로 물리적 세계에 관한 모든 지식의 진정한 원천이라고 주장하는 견해를 철학자들은 '합리주의rationalism'라 부르는데, 이들 합리주의 철학자들은 그들의 지식 모형을 수학적 지식에서 찾는다. 사실 수학은 경험에 의존하지 않는 거의 유일한 학문분야가 아닌가? 고대 철학자 플라톤Platon은 지식이 수학적 형식을 지니지 않는 한 결코 지식이 아니라고 말할 만큼 수학을 모든 지식의 최고 형태라고 믿었다. 지식에 관한 한 이러한 생각은 근세에 이르기까지 가장 주도적인 견해였다. 근세의 대표적인 합리주의 철학자 데카르트R. Descartes의 생각 또한 지각에 의한 지식은 불확실하며 믿을 수 없다는 의심에서 출발한다.

그렇다면 과연 경험은 지식에 대해서 어떤 역할을 하는가? '경험과학'이라는 말이 보여주듯, 우리는 오늘날 지식이 경험과 긴밀한 관련을 갖는다고 생각한다. 그러나 그렇게 생각하는 이유는 무엇인가? 그리고 관련이 있다면 그것은 어떤 종류의 관련인가?

경험을 지식의 유일한 원천으로 생각하는 사람들, 즉 경험주의자들의 가장 중요한 논거는 수학적 지식, 이성적 지식은 세계에 대한 새로운 지식을 우리에게 줄 수 없다는 깨달음이다. 이는 수학이라는 학문의 구성 원리에 대한 반성에서 나타났다. 알고 있듯이 수학적 지식 체계는 정의定義와 공리公理로부터 연역된 정리定理들로 이루어진다.

그러나 연역에 의해 얻어지는 지식이란 전제로 삼고 있는 정의와 공리의 내용을 넘어설 수 없다는 것이 논리학자들이 알아낸 성과이다. 단순한 연역의 예를 들어 보자. '모든 사람은 죽는다. 소크라테스는 사람이다. 그러므로 소크라테스는 죽는다.' 여기서 결론은 전제와 다른 내용이 아니라는 것을 직관적으로 알 수 있다. 즉, 결론은 전제가 포함하고 있는 내용의 일부를 다른 방식으로 드러낼 뿐 새로 알려주는 정보가 전혀 없다는 것이다. 이렇게 사람과 소크라테스에 대해 전제에서 말하고 있는 내용 이외에는 아무것도 알려주지 않는다는 것이 연역추리의 본질이며, 따라서 그러한 원리에 의존하는 지식은 영원히 정의와 공리에 들어 있는 정보 이상의 것을 우리에게 주지 못한다. 우리가 세계에 대해 새로운 정보를 원하며 그것이 지식의 가장 본질적인 사명이라면, 연역추리 deductive logic 에만 의거하는 지식은 불충분하다는 것이 경험주의자들의 주장이다. 그들은 연역추리에 대비되는 추리 형태, 즉 귀납추리 inductive logic 를 만들어 지식에 대한 중요한 대안 모형을 제시한다.

경험주의의 발상은 고대 그리스에서부터 있었지만 그것이 정연한 철학적 견해로 완성되는 것은 17세기 들어 경험과학이 발전하고 그에 대한 철학적 해석이 나타나면서이다. 새로운 근대 경험주의의 주장은 베이컨의 유명한 비유에 의해 잘 표현된다. 베이컨은 합리주의를 자신의 몸에서 거미줄을 뽑아내는 거미에 비유했다. 단순한 경험주의는 재료를 그냥 모으기만 할 뿐 그것들이 갖고 있는 질서를 발견해내지 못하는 개미에 비유했다.

반면 자신이 옹호하는 새로운 경험주의는, 재료를 모아 소화하고 나아가 자신의 것을 첨가시켜 더 고차적인 산물을 창조하는 꿀벌에 비유했다. 이 비유에 경험지각이 지식의 가장 중요한 원천이고 거기에서 이성이 담당하는 역할은 보조적인 것에 불과하다는 경험주의의 지식관이 잘 진술되어 있다.

경험주의의 지식 모형은 합리주의자들의 수학적 지식 모형을 극복하여 지식에서 이성의 역할이 지나치게 과장되는 동시에 경험의 역할이 폄하되는 상황을 역전시킨 점에서 중요성이 있다. 경험주의자들에 의해 올바른 지식은 기본적으로 경험적 지식이어야 한다는 깨달음이 얻어졌는데, 그럼에도 불구하고 경험주의의 주장에는 심각한 문제가 있다. 베이컨의 꿀벌이라는 비유 속에 이미 문제의 단서가 주어져 있다. 그것은 그 비유가 경험의 중요성과 함께, 비록 보조적인 것으로 격하하고 있기는 하지만 이성의 역할 또한 분명히 설정하고 있다는 점이다. 베이컨을 위시한 경험주의자들은 지식에서 경험이 차지하는 비중을 강조하는 데 전념한 까닭에 이 문제의 중요성을 잘 인식하지 못했지만, 그것은 이후 경험주의의 아킬레스건으로 나타난다.

가설 또한 상상적 해석이다 | 과학에서의 경험

오늘날 우리가 갖고 있는 가장 중요하고도 대표적인 지식 형태는 (자연)과학이다. 사실 우리의 현대문명은 자연과학 그 자체 및 그와 연관된 공학의 발전에 의하여 싱립된 것으로서, 우리 시대의 또 다른 이름인 '과학기술 시대'는 그런 연유로 붙여진 것이다. 경험주의라는 철학적 주장은 자연과학에 대한 철학적 해석에서 '귀납주의inductivism'란 이름으로 다시 나타난다.

이때의 귀납주의란 다음과 같은 의미이다. 과학적 탐구는 경험적 사실의 관찰·수집으로부터 시작되며, 수집된 사실들에 대한 세밀한 분류·분석을 통해 가설假說이 제시되고, 그 가설이 실험적 증거에 비추어 확인됨으로써 이론으로 확립되는 과정으로 이루어진다(이때 사실들로부터 가설에 이르는 과정이 귀납추리의 과정이다). 이런 과정을 거쳐 승인된 지식이 축적됨으로써 과학이 발전해간다. 이는 일견 설득력 있는 지식 탐구의 모형이다. 과학자란 모름지기 세심한 정신과 도구를 가지고 관련 사실을 관찰·수집하며, 그 사실들로부터 일반적인 가설을 이끌어내는 작업을 하는 사람이라는 것이 보통 사람들의 생각 아닌가? 그러나 과학적 탐구란 결코 그런 것이 아니라는 것이 많은 철학자들에 의해 지적되고 있다.

　먼저 사실의 관찰·수집에 대해서 생각해보자. 과학자는 어떤 사실을 관찰해야 하는가? 사실이란 세상에 너무 많지 않은가? 따라서 과학자는 '관심 있는' 사실을 관찰할 수밖에 없는데, 어떤 사실이 관심을 끌 것인가? 그것은 기존 이론과 불일치하는 사실일 것이다. 1643년에 이탈리아 플로렌스에서는 우물 펌프로부터 물을 퍼 올리던 중, 물이 10.33m 위로는 올라오지 않는다는 사실을 발견했다. 이것은 주목할 만한 '과학적 사실'로 인정되었는데, 그것은 그 사실이 당대에 지배적이던 생각과 모순되기 때문이었다. 당시 사람들은 "신은 진공을 싫어한다."는 교의 아래 진공 펌프가 물을 길어 올리는 현상을 설명하고 있었는데, 이는 지구상에 생겨나는 진공은 즉시 어떤 물질에 의해 메워진다는 것이었다. 그렇다면 왜 10.33m 이상의 진공 펌프관은 메워지지 않는가? 사람들은 이 문제를 연구함으로써 대기압이라는 개념을 발견하게 되었다.

　어쨌든 중요한 것은 과학적으로 의미 있는 사실이란, 그 자체로 존재하는 것이 아니며 기존 통념과 상충하는 사실이 과학의 출발점이 된다는 점이다. 어떤 이론적 선입관 없이는 관찰할 만한 사실을 만날 수 없다.

　또한 관찰 사실이 가설을 제안해주지도 않는다. 일군의 관찰 사실들로부터 이끌어낼 수 있는 가설들은 여러 가지다. 앞서의 진공 펌프의 예에 대해서도 10.33m 이상의 공간에는 우리가 알지 못하는 어떤 물질이 채워져 있다고 추측할 수도 있고, 또 신은 수면으로부터 10.33m 이상의 높이에 있는 진공은 싫어하지 않는다고 추측할 수도 있다. 이는 가설이란 사실에서 도출되는 것이 아니라 과학자가 사실들의 집단을 해석하기 위해서 상상적으로 부과하는 것임을 알려준다. 가설이란 자연에 대해 제안된 상상적인 한 가지 해석이라고 보아야 한다. 과학이 사실의 관찰 및 분류에서 시작된다고 생각하는 사람들에게 가설은 사실로부터 직접 나와야 한다. 그러나 사실이 가설을 제안해주는 것이 아니라 가설을 먼저 세워야 했던 과학사의 많은 사례들이 있다.

그뿐만 아니라 경험이 어떤 가설의 참됨을 확인해줄 수도 없다. 제안된 가설이 어떤 관찰 사실과 부합한다고 해서, 그것이 다른 관련 사실들과도 모두 부합한다고 예단하는 것은 불가능하기 때문이다. 예컨대 많은 관찰 사실들에 근거하여 '모든 금속은 열을 받으면 팽창한다.'는 가설을 제시했다고 하자. 많은 관찰 증거와 실험 증거들이 추가된다면 이 가설은 참으로 확인될 수 있을까? 결코 그렇지 않다. 그것은 어떤 경우에도 열을 받았을 때 팽창하지 않는 금속이 세상 어딘가에 묻혀 있을 가능성을 배제할 수 없기 때문이다. 그렇지만, 관찰 경험은 가설의 거짓됨만은 분명하게 확인해줄 수 있다. 만일 우리가 열을 받았을 때 팽창하지 않는 금속을 발견한다면 우리는 위의 가설이 거짓이라고 단언할 수 있기 때문이다. 과학 이론을 경험에 비추어 검사하는 것은 바로 이런 방식이다.

이러한 논의에서 볼 때 경험은 지식 탐구의 출발점도 아니고, 올바른 가설을 제시해주는 단서도 아니며, 또한 가설의 참을 확인해주는 것도 아님을 알려준다. 물론 우리의 지식 탐구는 경험과 무관하게 이루어질 수 없다는 점, 아니 경험이 없다면 시작조차 될 수 없다는 점에서 경험 의존적이다. 그러나 경험이 차지하는 역할은 의외로 미묘하며, 그것은 결코 과장되어선 안 된다.

지식의 탐구 | 경험과 이성의 이중주

　이제 지식과 경험의 관계를 정립하기 위한 우리의 논의를 최근의 과학철학사에 비추어 자리매김함으로써 마무리하도록 하자. 과학철학은 가장 전형적인 지식인 과학에 대한 반성이다. 지금까지의 논의가 간단하지는 않지만, 그것은 사실 흄_{D. Hume}이라는 근대 철학자가 이르렀던 깨달음을 발전시킨 것에 불과하다. 흄은 18세기에 지식의 탐구가 경험적 자료의 수집에서 비롯되는 귀납추리만으로는 절대 가능하지 않다고 지적하였다.

　우리는 태양이 아침마다 떠오르는 것을 날마다 보아왔다는 경험에 근거하여 '태양이 내일도 떠오를 것'이라고 믿는다. 이러한 귀납추리는 신뢰할 수 없는 것이다. 지금까지 매일 아침 해가 떠올랐다는 사실이 오늘밤 태양이 폭발하여 내일 아침에는 태양이 떠오르지 않을 가능성을 배제해주지는 않기 때문이다. 흄은 이를 귀납추리의 근본적인 한계라고 지적한다. 그렇다면 귀납추리는 미래에 관한 믿을 만한 진술을 단념해야 하며, 이는 단순한 형태의 경험주의, 귀납주의가 지식에 대한 올바른 모형일 수 없다는 뜻이다.

　경험주의 정신은 20세기 초 논리실증주의_{logical positivism}에 그대로 계승되지만 헴펠_{K. Hempel}과 같은 철학자는 경험주의자의 귀납주의 모형을 자가 비판한 사람이다. 그가 제시한 대안은 가설연역법이다. 이는 사실에서 가설이 도출되는 것이 아니고, 먼저 제시된 가설에서 연역된 관찰문장을 관찰에 대면시키는 것이다. 경험이 가설에서 연역한 관찰문장을 반박하는 과정은 후건_{後件} 부정식의 형태로 정리된다. 유사한 비판이 포퍼_{K. R. Popper}에 의해서도 비슷한 시기에 제기되었으며 그의 명저『추측과 논박』을 통해 가장 널리 알려졌다. 과학자의 작업은 단순한 발견이 아니라 가설을 만들고, 정교한 실험을 통해 검사하는 구성적 작업이다. 과학 지식에 궁극점이 있을 수 없다. 과학은 끊임없이 전진하는 지식체계라는 것이 포퍼의 연역주의 철학의 핵심 사상이다.

더 최근의 과학철학자들은 이 시행착오, 즉 추측과 반박을 통한 과학적 진보의 이미지를 비판하기도 했다. 그들은 과학의 역사가 무척 격렬히 변화하는 것임을 강조하고 있다. 우리 일반인들은 흔히 과학이 발견된 진리들을 하나씩 축적해가는 점진적인 과정이겠거니 하고 생각하지만, 사실 과학의 역사는 끊임없는 변혁의 역사라는 것이다. 과학은 기존의 이론과 그에 상충하는 새로운 사실 간의 긴장으로부터 시작해서, 어떤 새로운 이론이 그 사실을 가장 만족스럽게 설명할 수 있는가를 다투는 '투쟁'의 장場이다. 쿤T. Kuhn이라는 과학자는『과학혁명의 구조』라는 명저를 통해 과학의 발전사를 패러다임 교체라고 설명한 바 있다. 과학의 위기를 혁명적으로 종식하는 새 패러다임은 경험적 내용 때문에 채택되는 것이 아니라는 쿤의 주장은 상대주의라는 비판과 더불어 많은 논란을 불러일으켰다.

어쨌든 이상의 논의를 통해 비교적 온건한 견해에서 보는 과학의 모습은 이렇다. 과학 이론이란 언제라도 새로운 사실들의 발견에 의해 판결에 부칠 수 있는 잠정적인 설명일 뿐이다. 무한히 풍요로운 내용을 지니고 있는 외부 세계는 우리의 관찰 기술이 발달함에 따라 끊임없이 새로운 모습을 드러낸다. 그렇게 발견된 사실이 기존 이론과 상충할 때 그것은 '새로운' 사실을 구성함으로써 과학적 이성에 답해야 할 문젯거리가 된다. 과학자들은 그 사실을 수용해낼 수 있는 참신한 가설을 새로 고안해내는 데 전념하며, 그 결과 과학은 발전하게 된다.

　이러한 과학의 실제 발전 과정 아래, 지식에서 이성과 경험이 차지하는 역할을 정리해보도록 하자. 여기서 경험은 단순한 관찰 자료가 아니라 탐구를 자극하는 문젯거리로서 나타난다. 이성은 그 문젯거리를 해결함으로써 우리의 지적 이해의 폭을 넓혀주는 역할을 맡는다. 앞서 지적되었지만, 경험은 제시된 새로운 이론이 거짓일 때 그것을 확인해주는 기능 또한 할 수 있다.

　다시 말해서, 경험은 이성 앞에 사실을 자료 또는 문제로서 제시하며, 이성은 그 경험 속에 세계의 질서에 대한 의견을 가설로서 투사한다. 상상을 통해 만들어진 가설은 자연현상에 대한 합리적이고 예측적인 하나의 해석이다. 과학자는 자연 앞에 과감한 설명을 가설로 내놓고 자연에 대해 그것을 시험한다. 투사된 가설의 신빙성에 힘입어 우리는 미래의 경험을 예측하는 힘을 얻는다. 공학이란 바로 이러한 예측력을 실용적으로 응용한 결과이다. 그렇다면 이렇게도 말할 수 있을 듯하다 경험은 과거와 현재에 대한 정보를 제공하는 반면, 이성은 미래를 예측한다. 그러나 어떤 경우에도 이성 단독으로 이런 예측 능력을 가질 수는 없다는 점에서 경험의 역할은 중요하다.

　우리는 이 글에서 경험과 과학적 지식의 관계를 정립하고자 하였다. 경험과 지식의 관계에 대한 경험주의자의 견해는 귀납주의이며, 이를 둘러싼 논쟁은 과학철학의 논쟁에서 대표적이다. 우리는 귀납주의에 대해 흄 이래 가해졌던 비판이 올바름을 확인하고, 이성과 경험의 역할이 적절히 균형을 이루는 대안적인 지식 모형을 생각해보았다. 이로부터 우리는 지식, 과학은 단순한 이성의 사변이 만들어내는 것도 아니요, 경험 사실의 조심스러운 수집·분석도 아님을 알았다. 지식은 경험에 의해 촉발되고 이성의 합리적 상상력에 의해 살이 붙는 것이다.

과연 **보편적**인 것은 **존재**하는 걸까

김기현 서울대 교수

옛날 중국의 사상가 중에 조趙나라 출신의 공손룡公孫龍이란 사람이 있었다. 어느 날 공손룡이 국경 지역을 지나가는 데 국경을 지키는 관리가 공손룡을 가로막았다.

"말은 지나갈 수 없습니다."

그러자 공손룡은, "내 말은 희다, 그리고 흰말은 말이 아니다."라고 말하고는 말과 함께 지나가 버렸다.

이 이야기는 아주 유명한 공손룡의 일화이다. '백마비마白馬非馬', 즉 "흰말은 말이 아니다."라는 이론은 여기에서 비롯되었다. 공손룡의 주장이 말이 될까? 『공손룡자』에 구체적으로 소개되어 있는 『백마론白馬論』은 다음과 같다.

'흰말은 말이 아니다.'

논증1 말 [馬]이라는 말은 형태를 가리키고, 희다[白]는 말은 색깔을 가리킨다.
색깔을 가리키는 것은 형태를 가리키는 것과 다르다.
따라서 흰말은 말이 아니다.

논증2 어떤 사람이 말을 구할 때, 누렁말과 검정말을 모두 가져갈 수 있지만,
흰말을 구할 경우에는 누렁말과 검정말은 가져갈 수 없다. 왜냐하면 말에는
응하지만 흰말에는 응하지 않기 때문이다. 따라서 흰말은 말이 아니다.

논증 3 말은 본래 색깔이 있기에 흰말이 존재한다. 만약 말에 색깔이 없

다면 말만 존재할 것이므로 어떻게 흰말이 나올 수 있겠는가?

즉, 흰말과 말은 다르다.

논증 4 말이란 색깔을 정하지 않았기에 누렁말이든 검정말이든 모두 응

할 수 있다. 그러나 흰말은 색깔을 정한 것이므로 누렁말과 검정말은 모

두 색깔이 다르므로 배제되고 오직 흰말만 응한다. 따라서 흰말은 말이

아니다.

조선 후기의 화가 윤두서가 그린 「유하백마도」는, 공손룡의 주장에 따르면 백

마의 그림이지 말 그림은 아니게 된다. 과연 '희다'는 그 자체로 존재하는 것인

가? 이와 같은 공손룡의 논리를 우리는 어떻게 이해할 수 있는가? 그리고 이러

한 논리적 사고가 갖는 의미와 가치는 어떠한 것일까? 이와 같은 문제는 흔히

'보편적인 것은 존재하는가'라는 물음에 해당한다. 도대체 보편적인 것이란 무엇

이며, 진정 존재하는 것일까?

윤두서의 '유하백마도'

보편적인 것을 찾아서

우리의 경험에 주어지는 세계는 항상 변화하는 모습으로 나타난다. 산길을 오르다 보면 나의 앞에는 바위가 나타나기도 하고 시냇물이 나타나기도 하며, 조금 더 길을 걷다 보면 참나무가 나타나기도 한다. 그뿐 아니라 나무라고 할 수 있는 것들도 각기 다른 모습으로 나타난다. 때로는 작은 키의 관목이 보이기도 하고, 엄청난 크기의 참나무가 나타나기도 한다. 한 대상도 시간이 가면 변한다. 초록색이던 잎은 어느덧 갈색으로 변하고, 어느새 황량하던 나뭇가지에는 새순이 돋는다.

우리는 차이와 변화로 뒤덮인 세계를 그저 그러한 모습으로 바라보는 것에 만족하지 않고, 그 저변에 있는 공통점, 불변하는 측면을 찾기 위하여 부단히 노력해왔다. 단지 흘러가는 가변적인 세계의 모습에 자신을 내맡기기 어려웠는지 우리 인간은 고래로 우리를 둘러싼 세계에는 보편적 속성이 있다고 믿어왔고 그것을 찾고자 노력하였다.

그런 생각이 있었기에 우리는 나무에 적용되는 보편적 진리가 있다고 믿을 수 있었으며, 이런 생각이 있었기에 철학도 과학도 있을 수 있었다. 이 나무가 있고, 저 나무가 있을 뿐 이들을 공통적으로 묶어주는 '나무'라는 성질이 있다는 생각을 하지 못했다면, 나무 전체에 적용될 수 있는 보편적 진리란 있을 수 없었을 것이고 과학도 성립하지 못했을 것이다. 이 글은 이러한 보편적 진리의 근간을 이루는 보편적 성질에 대한 이야기다.

보편자의 유형 | 성질, 관계, 명제

앞에서 언급하였듯이 우리는 많은 대상들을 바라보면서 그들을 각기 차이가 나는 다른 대상들로 이해하기도 하지만, 다른 한편으로는 이들 사이의 공통점에 주목하기도 한다. 바위와 작은 관목과 큰 참나무는 각기 다른 세 대상이기도 하지만, 관목과 참나무 사이에는 바위와는 다른 어떤 공통점이 있다. 이를 설명하는 가장 상식적이고 손쉬운 방법은 '나무임'이라는 성질을 들여와, 관목과 참나무는 '나무임'이라는 성질은 다양한 사물에 예로서 나타난다. 이 나무와 저 나무는 각기 다른 소재로 이루어져 있으며 다른 공간을 차지하고 있다는 점에서 다른 대상들이지만, 이들은 '나무임'이라는 공통의 성질을 예화한 사례라는 점에서 공통점을 갖는다. 이러한 공통적 성질은 보편자_{universal}라고 부르고, 이 나무와 저 나무와 같이 보편자를 예로써 드러낸 개별적 사물은 개별자_{particular}라 부른다. 이 나무와 저 나무는 서로 다른 개별자이지만, 이들이 '나무임'이라는 동일한 보편자를 예화하고 있으므로 공통점을 갖는다.

동일성과 차이성을 설명하기 위한 보편자/개별자의 도식은 성질에 제한되지 않고, 관계와 명제에까지 확장된다. 철수가 영희를 사랑하지만, 정희를 사랑하지는 않는다고 하자. 위와 같은 틀 내에서 양자의 차이를 설명하는 방법은 철수와 영희의 짝은 보편자로서의 '사랑함'이라는 관계를 예화하지만, 철수와 정희의 짝은 그러한 관계를 예화하지 않는다고 말하는 것이다. 관계는 '사랑함'과 같이 두 항목 사이에 성립하는 것도 있지만, '……에게 ……을 줌'과 같은 세 항목 사이에 성립하는 관계도 있을 수 있으며, 네 항목 사이에 성립하는 관계도 가능하다.

성질, 관계와 더불어 보편자의 또 다른 유형으로 제시되는 것은 명제다. 명제는 의미의 단위로서 참 또는 거짓이 될 수 있고, 믿음과 의심의 대상이 되며, 긍정과 부정의 대상이 되는 그런 개체로 이해된다. 문장은 이런 명제를 표현함으로써 그 명제의 의미를 자신의 것으로 전수받는다.

보편자에 대한 철학적 견해

보편자에 대한 철학적 견해는 여러 형태로 나타난다. 보편자에 관하여 가장 크게 대립하는 견해는 실재론과 명목론이다. 문자 그대로, 보편자에 대한 실재론은 위에서 살펴본 성질, 관계, 명제들이 실재한다는 견해이며, 명목론은 세상에 존재하는 것은 개별자들뿐이며 보편자는 이름에 불과하다는 견해이다. 세계에서 발견되는 개별자들 사이의 공통점과 차이점을 설명하고자 하는 목적 아래 보편자가 도입되었다는 사실에 주목하면 양자 사이의 논쟁을 잘 이해할 수 있다.

자연과학의 경우에 흔히 전자electron와 같은 경험적으로 관찰되지 않는 이론적 존재자들이 도입되곤 한다. 이론적 존재자들은 경험적 현상들을 설명하기 위하여 도입되며, 따라서 주어진 현상들의 설명에 필수적인 경우에만 정당화된다. 만약 동일한 현상들이 그러한 이론적 존재자를 도입하지 않고, 다시 말하면 존재의 세계를 부풀리지 않고서도 설명될 수 있다면, 이론적 존재자의 도입은 그 정당성을 상실한다. 이것은 "당신이 설명하고자 하는 모든 것이 더 적은 존재들만으로 설명될 수 있다면, 더 많은 존재자들을 가정하지 말라"라는 원리, 즉 오늘날 '오캄의 면도날'로 알려져 있는 원리다. 오캄W. Ockham은 보편자를 통하여 설명하고자 하는 현상들이 그들 없이 설명될 수 있으므로 보편자는 단지 이름뿐인 것으로 배격되어야 한다고 주장한다.

실재론자들은 이에 맞서 유사성과 차이에 대한 설명, 그리고 언어적 행위와 관련된 많은 현상들을 설명하기 위해서는 보편자의 존재를 가정하는 것이 필수적이며, 이들 없이는 이들 현상들이 설명될 수 없다고 생각한다. 이에 대한 논의는 뒤에 명목론을 고찰하는 부분에서 다시 보기로 하고, 우선 실재론 내부의 다양한 견해를 살펴보기로 하자.

보편자에 대한 실재론은 보편자를 어떤 존재로 보는가에 따라, 플라톤주의, 아리스토텔레스주의, 개념론의 세 형태로 구분된다. 플라톤주의와 아리스토텔레스주의는 모두 보편자가 우리의 정신과 독립적으로 존재한다고 믿는다. 반면에 개념론은 보편자가 우리의 정신의 산물이라고 믿는다. 따라서 개념론에 따르면 정신의 주체로서의 인간이 모두 사라진다면 보편자는 존재하지 않는다. 반면, 플라톤주의와 아리스토텔레스주의는 정신의 모든 주체가 사라진다 하더라도 보편자는 여전히 존재한다고 믿는다.

보편자의 실재를 받아들이는 플라톤주의와 아리스토텔레스주의는 어떤 점에서 구분되는가? 양자는 보편자와 개별자의 관계를 서로 다르게 이해한다. 플라톤은 보편자를 초월적 존재자로 이해한다. 라틴어로는 'ante rem'이라고 표현되는데, 이는 개별적인 존재자들에 앞섬을 의미한다. 플라톤은, 보편자의 존재는 그를 예화하는 개별자들의 존재에 의존하지 않는다고 보았다. 이렇게 생각한 이유는 그의 보편자 모형이 수학에서 유래하기 때문이다.

예를 들어, 원에 대한 기하학적인 참은 실재로 완전하게 원형인 개별적인 원들의 존재에 의존할 수 없다. 그러한 완벽한 원은 실제로 존재하지 않는다. 따라서 기하학이 드러내는 진리는 이 세계에 존재하는 개별적인 도형들에 의존하는 것이 아니라 별도의 세계에 불변으로 존재하는 이상적 원에 의존한다.

반면에 아리스토텔레스는 보편자를 내재적인 존재자로 이해한다. 라틴어로 'in rebus'라고 표현되는데, 이는 개별자들 내에 있음을 의미한다. 즉, 보편자를 예화하는 개별자들이 없으면 보편자도 있을 수 없다. 아리스토텔레스가 이러한 견해를 취한 이유는 그가 생물학에 관심을 가졌으며, 그의 보편자 개념은 생물을 구분하는 유와 종 등의 개념과 관련이 있기 때문이다.

예를 들어, 한 생물체의 종은 그를 예화하는 동물들 없이는 존재할 수 없으며, 이 모형에 따라 보편자를 이해함으로써 보편자는 그를 예화하는 개별자들 없이는 존재할 수 없다고 생각한 것이다. 지금까지 살펴본 보편자에 대한 여러 견해들은 다음과 같이 도표화될 수 있다.

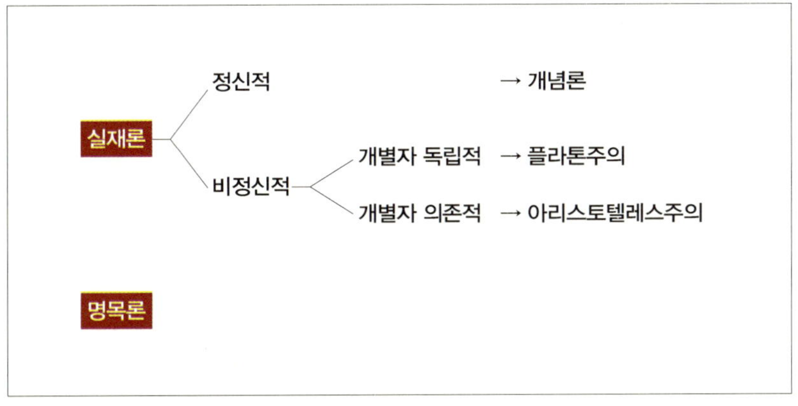

플라톤주의, 아리스토텔레스주의

　플라톤주의를 옹호하는 대표적인 논증은 위에서 살펴보았듯이 개체들 사이의 유사성과 차이를 잘 설명한다는 것이다. 플라톤주의를 옹호하는 다른 논증들은 언어적 현상의 설명과 관련된다. 플라톤주의자들에 따르면, 주어와 술어로 구성되는 우리의 모든 서술문들은 다음과 같이 기능한다. 주어는 일정한 개체를 지시하고, 술어는 일정한 성질을 '표현'하고 이런 표현된 성질을 앞의 개체에 대하여 부여한다. 이런 방식으로 성질은 술어의 의미를 이룬다. 현실 세계에서 주어에 의하여 지시된 개체가 술어에 의하여 표현된 성질을 실제로 예화할 경우, 주어와 술어로 구성된 서술문은 참이며, 그렇지 않을 경우 거짓이 된다는 것이다.

　이렇듯 성질들로 구성되는 플라톤적인 세계는 문장의 의미를 구성하면서, 세계와 언어를 연결하는 매개체 역할을 한다. 우리의 경험적 세계에 선행하여 추상적인 영역에 존재하면서 언어의 의미를 구성하는 플라톤적인 세계를 가정하는 것은 몇 가지 장점을 갖는다. 우선 상이한 언어들 사이의 공통적 의미에 대하여 손쉬운 설명을 제공한다.

　예를 들어, '눈은 희다'라는 한국어의 문장과 'Snow is white'라는 영어 문장을 보자. 이들은 상이한 문장임에도 공통적인 의미를 갖는다. 플라톤주의는 '흼'이라는 언어적 표현과 'being white'라는 언어적 표현이 동일한 플라톤적인 성질을 표현한다고 함으로써, 양자의 의미의 동일성을 손쉽게 설명한다. 언어 현상을 설명하고자 하는 많은 이론들의 골칫거리가 되는 거짓 문장의 경우도 플라톤주의는 쉽게 설명한다. 우리가 아는 많은 문장들은 유의미하지만 거짓인 경우들이 있다. 이들에 대하여 플라톤주의는 의미의 영역을 플라톤적인 초월의 영역을 통하여 설명함으로써 유의미성을 확보하고, 그 거짓됨은 단지 실재 세계에서 그 문장의 주어가 지시하는 대상이 술어가 표현하는 성질을 예화하고 있지 않다고 함으로써 쉽게 설명하는 것이다.

플라톤주의는 개체의 유사성과 차이를 잘 설명하며, 언어적 의미를 잘 설명해낸다는 장점이 있지만, 그러한 설명적 성공의 대가로 경험 세계를 초월하여 존재하는 별개의 영역을 가정한다는 부담을 갖는다. 플라톤주의에 반대하는 모든 견해들은 이러한 초월적 보편자의 세계를 가정하지 않고서 유사성과 차이, 언어의 의미 등을 설명하는 대안을 찾으려 한다. 아리스토텔레스주의는 정신 독립적 보편자의 존재를 인정하되 이를 개별자들의 경험적 세계 내에 위치시키려 하며, 개념론은 우리의 정신에 위치시키려 하고, 명목론은 확인되지 않는 초월자로의 사고로 우리를 이끄는 보편자의 존재를 아예 제거하려 한다.

플라톤주의를 비판하는 가장 잘 알려진 논증은 아리스토텔레스가 제시한 것으로 오늘날 '제3의 사람 논증the third man argument'이라는 이름으로 불리고 있다. 이 논증은 플라톤주의에서의 보편자와 개별자의 관계에 대하여 주목한다. 여러 개별자들이 하나의 보편자를 예화함으로써 공통적일 수 있다는 주장은 각 개별자와 보편자 사이의 예화의 관계를 전제한다. 그리고 보편자와 개별자 사이의 예화의 관계는 다시 양자 사이에 어떤 공통점이 있음을 함축하는 것으로 보인다.

예를 들어, 개별적인 사람들이 사람이라는 점에서 공통적이라고 설명하는 밑바탕에는 우선 각기의 개별적인 존재가 초월적인 사람의 형식(보편자)과 어떤 관계 속에 놓여 있음을 시사한다. 그리고 이러한 관계의 기저에는 개별적인 사람과 사람의 형식 사이에 어떤 공통점이 있다는 가정이 포함되어 있는 듯하다. 플라톤주의는 이 공통점을 어떻게 설명하여야 하는가? 이를 설명하기 위해서는 양자를 매개하는 또 다른 존재, 즉 제3의 사람을 끌어들이지 않을 수 없다. 그렇다면 제3의 사람과 사람의 형식 사이의 공통점이 설명되어야 하고, 이는 다시 제4의 사람을 필요로 한다. 이와 같은 근거에서 아리스토텔레스는 초월적 존재를 도입하여 개별자들의 공통점을 설명하는 시도는 헤어날 수 없는 악성적 후퇴를 초래하기 때문에 거부되어야 한다고 주장한다.

아리스토텔레스는 위와 같은 논증에 근거하여 성질을 시공간에 위치한 개별자들 내부로 옮겨놓는다. 그런데 보편자의 위치를 초월적 세계에서 경험 세계로 옮기는 것이 위의 제3의 사람의 논증을 피하는 데 별로 도움이 되지 않는 것 같다. 비록 시공간적 세계에 보편자를 옮긴다 하더라도, 이것이 개별자들 사이의 공통점을 설명하기 위하여 사용되고, 또한 이 보편자가 개별자와는 다른 별개의 존재라는 것을 인정하는 한, 이에 대하여 동일한 반론이 제시될 수 있고 이는 다시 무한 후퇴를 시작하는 것처럼 보이기 때문이다. 이러한 반론이 아리스토텔레스의 견해에 적용되는가를 올바르게 평가하기 위해서는 보편자 또는 성질이 개별적인 사물들 '내에' 있다는 것이 무엇을 의미하는지가 분명해져야 한다. 그런데 보편자가 사물들 '내에' 있다는 주장을 여러 다양한 방식으로 해석을 하더라도, 각 해석상에서 그 주장은 나름의 문제를 안고 있음이 드러난다. 첫째 해석은 '내에 있음'을 문자 그대로 해석하여, 성질이 그 성질을 갖고 있는 사물의 물리적 부분이라고 주장하는 것이다.

그러나 이러한 견해는 받아들일 수 없다. 이 견해에 따르면, '책상임'이라는 성질은 문자 그대로 한 책상의 물리적 부분이 되는데, 이 경우에 다른 책상은 '책상임'이라는 성질을 소유하지 못하게 되고 따라서 책상이 될 수 없다는 결론이 따른다. 즉, '내에 있음'을 물리적 대상의 부분으로서 있음으로 해석하는 것은 동일한 성질이 여러 대상에 의하여 실현될 수 있다는 기본적 신념과 위배되어 받아들일 수 없다.

'내에 있음'을 해석하는 둘째 방식은 '책상임'이라는 성질을 시공간상에 존재하는 모든 책상들의 '산재한 전체'와 동일시하는 것이다. 이는 '내에 있음'이란 말을 문자 그대로 보는 것이 아니라 다소 비유적으로 해석하는 것이다.

예를 들어, 경기도는 안성이 있는 곳에 있다고도 할 수 있고, 수원이 있는 곳에 있다고도 할 수 있다. 즉, 경기도는 그를 이루는 여러 지역들의 통합에 의하여 이루어지지만, 그럼에도 불구하고 각 지역에 대하여 경기도는 그 지역이 있는 곳에 있다고 말할 수 있다.

그러나 '내에 있음' 또는 '……에 있음'을 이런 느슨한 의미로 해석하는 것은 또 다른 문제를 끌어들인다. 우선 이 견해는 거짓 명제를 설명하는 데에 어려움을 겪는다. 우리 집 멍멍이가 지금 바닥에 누워 있다고 하자. 이 경우에 내가 '멍멍이가 바닥에 있지 않다'라고 말할 경우에 이 문장은 일정한 의미를 표현한다. 그렇다면 이 문장이 표현하는 의미는 세계의 어떤 부분인가? 거짓 문장에 대응하는 세계의 부분은 없으므로, 거짓 문장이 표현하는 의미, 또는 명제는 이 해석상에서 설명이 어려워진다. 또 다른 문제는 이 견해에 따르면, '멍멍이가 바닥에 있다'라는 명제와 '멍멍이가 바닥에 누워 있다'라는 명제가 구분되지 않는다는 점이다. 양자가 관여하고 있는 사실은 동일하므로 이 해석상에서는 양자가 동일한 명제라고 해야 되는데 이는 받아들일 수 없다.

이러한 문제들로부터 탈출하는 유일한 방법은 '내에 있음'을 '물리적으로 내에 있음'을 의미하지 않는 것으로 해석하는 것이다. 그렇다면 이 경우에 성질은 비물리적 존재자가 된다. 그러나 이러한 비물리적 존재자가 시공간을 점유하지 않는다고 하면, 그것은 플라톤주의와 다를 바가 없는 견해가 된다. 그렇다고 하여 이러한 비물리적 존재자가 시공간을 점유한다고 하면, 이는 받아들일 수 없는 견해가 된다. 도대체 비물리적인 존재가 시공간을 점유한다는 것은 무슨 의미인가?

관념론과 명목론

지금까지 우리는 성질을 외부 세계에 존재하는 것으로 보는 두 견해에 모두 문제가 있음을 보았다. 이러한 이유에서 다른 대안을 찾는 사람들은 성질을 단순한 이름에 불과한 실재하지 않는 것으로 본다든가, 또는 우리의 정신세계 내에 있는 것으로 보는 해석을 제시한다. 그러나 이들도 역시 문제점을 안고 있다. 정신 내에 성질을 위치시키려는 개념론은 정신의 주관성 때문에 의미의 객관성을 확보하기 어렵다든가, 사람들이 모두 사라지면 '둥긂'이라는 성질도 없어진다고 해야 한다는 등의 문제점을 갖는다. 한편 성질을 단지 이름으로 보는 유명론은 성질의 객관적 존재에 대한 우리의 완강한 직관과 상충할 뿐 아니라 의미의 객관성과 그에 따른 언어적 의사소통을 설명하는 데에 어려움을 겪는다.

의미체이면서 개별적 대상들의 공통성을 설명하는 보편자를 어떻게 볼 것인가? 초월적으로든 물리적 사물 내에든 실재한다고 하기도

곤란하고, 단순히 개념적으로 존재한다든가 또는 존재하지 않는다고
하기도 곤란하다. 이제 실재한다는 주장을 굽히지 않으면서 앞서 제기
된 문제들을 해결하든가, 아니면 실재하지 않는다고 하면서 의미의 객
관성과 사물의 공통성을 설명하는 효과적인 방법을 모색해야 한다. 어
느 길로 갈 것인지는 독자의 몫으로 남겨놓기로 하자.

진리는 권력으로부터 자유로울 수 있을까

문성원 부산대 교수

파놉티콘 panopticon은 감시자가 없어도 죄수들 스스로가 감시할 수 있는 감옥을 말한다. 파놉티콘이란 말은 '모두'를 뜻하는 'pan'과 '본다'는 뜻의 'opticon'을 결합한 말로, '모두 다 본다'는 의미이다. 이는 1791년 영국의 공리주의 철학자 제레미 벤담이 감옥에 수감된 죄수를 교화할 목적으로 처음 설계하였다.

파놉티콘은 중앙의 원형 공간에 높은 감시탑을 세우고, 감시탑을 중심으로 죄수들의 방을 둥그렇게 배치했다. 또한 중앙 감시탑은 늘 어두워서 잘 보이지 않지만, 죄수의 방은 밝게 해서 중앙 감시탑에 있는 감시자가 어디를 보고 있는지 알 수 없도록 되어 있다. 이와 같은 방식으로 설계하면, 죄수들은 늘 자신이 감시받고 있다고 생각하여 결국 스스로 감시를 내면화하여 감시하게 된다는 착상이었다.

하지만 벤담이 설계한 파놉티콘은 전혀 주목받지 못하다가 그로부터 100년이 지난 1975년 프랑스의 철학자 미셸 푸코가 『감시와 처벌』에서 파놉티콘의 감시체계원리를 사회 전반으로 확대하여 해석함으로써 주목받는다.

푸코 미스터 벤담, 당신의 파놉티콘은 정말 기발합니다. 난 당신이 설계한 파놉티콘에서 현대사회의 기막힌 현실을 보았습니다.

벤담 아니, 푸코 선생. 그건 무슨 말입니까?

푸코 사람들은 흔히 진리가 인간을 자유롭게 한다든가, 진리의 발견이 인류의 진보를 보장해줄 것이라고 말합니다. 하지만 제가 보기에 진리는 권력이 작동하는 방식에 지나지 않습니다.

벤담 그건 또 무슨 말입니까?

푸코 자신은 보이지 않으면서 본다, 이게 선생님의 착상이었죠? 바로 그것이 근대 권력이 추구하는 권력의 본질입니다.

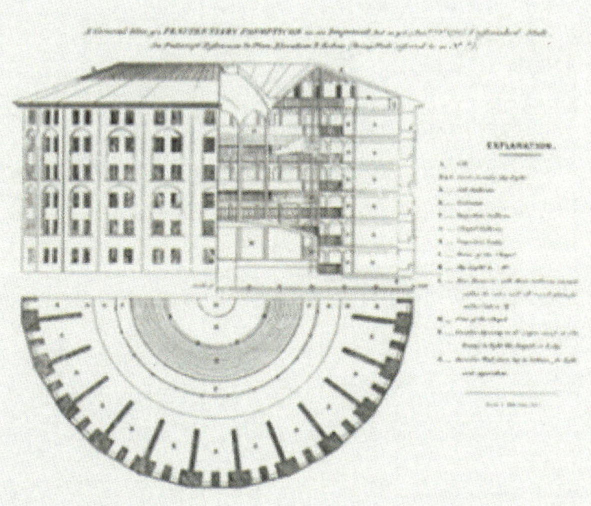

1791년 영국의 철학자 제레미 벤담이 고안한 원형 감옥 '파놉티콘'

벤담 어허, 갈수록 모르는 소리뿐이로군요. 내가 파놉티콘을 설계한 까닭은 모든 사람들의 행복을 증진하기 위한 것이었습니다. 스스로를 훈련시킴으로써 사회의 복지에 기여하고, 자신의 행복을 증진하도록 하기 위한 배려였다고나 할까요?

푸코 바로 그것입니다. 선생님께서는 사설위탁감옥제도를 제안하셨죠?

벤담 그렇습니다. 파놉티콘은 스스로를 위해 일하고 행복을 추구할 줄 모르는 사람들이, 파놉티콘에 있게 되면 스스로 최선의 노동을 하게 되고 따라서 더 나은 삶을 살 수 있는 인간으로 교화될 것이라는 생각이었죠. 범죄를 저질러 사회악을 키우기보다 스스로의 노동을 통해 스스로의 삶을 살 수 있는 인간이 될 기회를 주는 것이죠.

푸코 물론 선생님의 선의를 오해한 것은 아닙니다. 영국에서 선생님의 제안대로 운영한 적이 있었습니다. 하지만 그 대상이 범죄자가 아니라 부랑자를 대상으로 한 것이었지요.

벤담 저런! 쯧쯧.

푸코 바로 그것입니다. "일하지 않는 자 먹지도 말라!", 이게 진리였기 때문에 부랑자들은 자신이 원하지도 않았으면서 끌려가 억지로 원하지 않는 일을 하게 되었던 것입니다.

벤담 사회의 궁극적인 목적은 최대 다수의 사람들이 최선의 행복을 누리는 것인데……. 저런!

푸코 참으로 안타까운 일입니다. 한데 선생님이 돌아가신 후 세상은 바뀌었습니다. 선생님이 제안한 파놉티콘이 사회 전체를 통해 실현된 것입니다. 아니, 사회 자체가 파놉티콘처럼 되어버렸습니다. 그것도 진리라는 이름의 권력으로 말입니다.

벤담 조금 더 자세히 들려주겠어요? 그래야 나도 오해를 피할 수 있을 것 같습니다. 어쨌든 내가 파놉티콘을 설계한 의도는 그런 것은 아니었습니다.

푸코 알겠습니다. 제가 찬찬히 설명해드리지요.

참된 지식은 자유롭다?

"아는 것이 힘이다." 베이컨의 유명한 말이다. 대상에 대한 앎은 그 대상을 통제하고 이용할 수 있게 해준다는 뜻일 것이다. 무엇에 대해 잘 알면 그것을 지배하는 일도 가능해진다. 근대 이후 자연과학이 이룩해온 성과가 이 점을 잘 보여준다. 물론 자연을 지배한다는 오만한 생각이 낳은 폐해도 간과할 수 없다. 그러나 자연에 대한 지식이 자연을 이용하는 인간 집단의 힘을 엄청나게 증대시킨 것은 사실이다. 이런 면에서 지식은 (또 그 지식이 확보한 진리는) 일종의 힘이 되는 셈이다.

그렇다면 이 명제의 주어와 술어를 뒤집어놓으면 어떻게 될까. '힘은 지식이다' 또는 '힘은 진리다' 언뜻 들어도 이상하다. 지식이나 진리와 관계없는 힘, 이를테면 완력 같은 것이 떠오르는 탓일 것이다. 하지만 힘에도 여러 종류가 있다. 모든 힘이 지식이나 진리는 아니겠지만, 또 힘과 지식이 완전히 같은 것은 아니겠지만, 이 두 가지가 밀접한 관계를 가진다고 할 수는 있을 법하다.

과거 우리나라의 어느 대통령은 "건강은 빌릴 수 없지만 남의 머리는 빌릴 수 있다."라고 말한 적이 있다. 권력을 가진 사람은 다른 사람의 지식을 이용할 수 있다는 이야기로 들린다. 아닌 게 아니라 동서고금을 막론하고 권력 주변에는 많은 지식인들이 몰려 있기 마련이다. 권력 그 자체가 지식은 아니지만 지식을 끌어들여 이용할 수 있음을 보여준다. 정치적 권력만이 아니다. 경제적인 힘도 마찬가지다. 지금도 큰 기업의 연구소에는 무수한 지식인들이 일을 하고 있고, 대학의 많은 연구도 연구비를 주는 기업들의 요청에 따라 진행되고 있다. 정치적·경제적 권력이 지식을 지배하는 것처럼 보인다. 그렇다면 비유적인 의미에서라도 '힘은 곧 지식이다'라고 할 수 있지 않을까.

하지만 지식의 이용과 지식 자체는 다르지 않은가라는 생각을 해볼 수 있다. 지식의 이용은 이용하는 자의 뜻에 따라 이렇게도 저렇게도 처리될 수 있는 반면, 지식 자체는 어디까지나 대상에 대한 것이고 그래서 의도나 의지에 따라 달라질 수 없는 객관적인 것이 아니겠는가. 또 지식의 진리성은 바로 이와 같은 객관성에 바탕하고 있는 것이 아니겠는가. 검은 것을 검다고 하고 흰 것을 희다고 하는 것이 아리스토텔레스 이래 진리의 특성이 아닌가. 그렇다면 지식을 이용하는 일과는 달리 참된 지식 자체는 정치적 권력이나 경제적 권력으로부터 자유롭다고 해야 하지 않겠는가.

그런데 이런 생각에 이의를 제기해온 사람들도 있다. 우리가 참이라고 간주하는 지식이나 그 지식의 진리성조차 권력과 무관하지 않다는 것이다. 이들의 견지에서 보면 진리가 권력으로부터 자유롭다고 보는 것은 매우 소박한 생각이며, 나아가 그러한 생각 자체가 권력에 의해 조장된 것일 수 있다. 어찌해서 그런가?

알기 위해서 믿어라

한 사회에서 통용되던 진리가 권력과 밀접한 관계를 맺고 있었던 예를 드는 것은 그리 어렵지 않다. 가톨릭교회가 절대적인 권위를 가졌던 서양 중세의 경우를 생각해보라. 당시에 진리는 신의 말씀이었고,

신앙은 이 진리에 이르는 길이었다. 안셀무스St. Anselmus는 이를 "알기 위해서 믿는다credo ut intelligam."라고 표현했다. 뒤집어 말하면, 믿지 않고서는 알 수 없다는 뜻이다.

그런데 이 믿음을 승인하고 보증해주는 것은 교회였고 사제였으므로, 교회와 사제는 진리의 통로였고 보증자였다. 나아가 권력화된 교회는 진리를 선별하고 제한했으며, 그 기준에 어긋나는 주장이나 생각을 진리의 이름 아래 탄압하기도 했다. 이런 면은 우리 역사에서도 쉽게 찾아볼 수 있다. 성리학이 진리의 기준이 되었던 조선시대를 생각해보라. 당시에 권력자들은 자신의 정적政敵들을 주자학적 진리를 훼손한 사문난적斯文亂賊으로 몰아 처단하곤 했다. 이처럼 권력이 진리의 통로와 기준을 장악하고 이를 통해 사회를 지배하고자 했던 경우들은 드물지 않다.

하지만 이러한 예들을 일반화할 수 있을까? 이런 경우들은 오히려 진리를 훼손한 예들에 지나지 않는 것 아닐까? 다시 말해 권력이 이용한 진리란 그 자체로서의 진리가 아니라 권력의 구미에 맞는 자의적인 진리, 그러니까 실상은 거짓된 진리에 불과했던 것이 아닐까? 거기에 반해 우리가 추구해야 할 진리는 이러한 거짓으로부터 자유로운 그 자체로서의 진리이어야 하지 않을까? 이 같은 생각은 그 자체로서의 진리가 존립할 수 있고 또 우리가 그 진리를 알 수 있다는 점을 전제한다. 하지만 이 전제들에는 의심의 여지가 없지 않다. 일찍이 고르기아스Gorgias라는 소피스트는 진리 자체의 성립 가능성을 아예 부정하기도 했다. 하지만 이와 같은 회의주의적 주장들은 접어두도록 하자. 그렇게까지 나아가지 않더라도 권력과 관련하여 진리성을 문제 삼을 수 있는 이론적 전거들이 여럿 있다. 우선 거론할 수 있는 것이 이데올로기론이다.

　이데올로기론의 기초를 놓은 마르크스_{Karl Marx}에 의하면, 우리의 관념이나 생각의 틀은 사회적 처지에 따라 달라진다고 한다. 마르크스는 이를 '사회적 존재가 의식을 규정한다.'라고 표현했다. 우리는 주변의 사태와 대상을 아무 제약 없이 객관적으로 보고 판단할 수 있는 것이 아니라 이해관계가 걸린 사회적 처지에 따라 바라보게 된다는 것이다. 이렇게 이해관계가 반영된 생각과 판단의 틀을 이데올로기라고 할 수 있다. 마르크스는 이런 이데올로기를 규정하는 주요한 사회적 처지가 경제적 계급이라고 보았다. 그러므로 마르크스에 의하면 우리는 계급 관계를 중심으로 세상을 바라보게 된다. 무엇이 진리인가에 대한 생각도 이런 틀을 벗어나지 않는다. 계급이 다르면 진리라고 생각하는 바도 다르기 마련인 것이다.

　예컨대 귀족계급과 시민계급이 진리로 받아들이는 것은 같지 않다. 각 계급이 자신의 이해관계에 유리한 쪽으로 판단하기 때문이다. 더구나 한 사회의 지배계급은 자신들이 진리라고 간주하는 것을 그 사회의 피지배계급에게 주입하고 강요한다. 그런 까닭에 지배계급의 이데올로기는 그 사회의 지배적 이데올로기가 된다. 그런데 이 속에는 특정한 '진리'가 포함되어 있다. 그러한 진리는 그 사회의 지배적 이데올로기에 의해, 또 그 사회의 지배계급에 의해 형성되고 유포된다. 따라서 그 진리는 권력과 결코 무관할 수 없다.

　마르크스는 계급사회가 지속되는 동안은 우리가 이와 같은 이데올로기로부터 자유로울 수 없다고 보았다. 역사 발전을 통해 무계급사회가 이룩되어야 우리는 자신의 이해관계에 기반한 세계관이나 진리에서 벗어나게 된다. 그때까지는 역사 진보의 편에 선 계급의 이데올로기가 객관적 사태를 더 잘 반영한다고 할 수 있다. 진보에 거스르는 이해관계를 가진 계급보다는 진보에 적합한 이해관계를 지닌 계급이 사태를 왜곡해서 볼 필요가 적기 때문이다. 그러나 이런 생각은 역사가 일정한 법칙에 따라 객관적으로 진보해 나간다는 전제를 가지고 있다. 그렇다면 이 전제 역시 어떤 계급의 이해관계에 따른 이데올로기에 불과할 수도 있지 않겠는가.

마르크스 이후에 칼 만하임 Karl Manheim은 이데올로기가 계급관계만이 아니라 세대, 직업, 성별, 지역 등 다양한 사회적 처지에 의해 만들어질 수 있다고 주장했다. 그는 우리의 생각이 이러한 처지들의 이해관계로터 영향을 받는다고 보고, 이 같은 특성을 지식의 '존재구속성 seinsverbundenheit'이라고 불렀디. 그린데 누구나 이 존새구속성에 얽매어 있다는 점을 인정한다면, 이해관계와 무관한 객관적인 진리의 파악 가능성을 이야기하기가 곤란해진다. 만하임은 이러한 문제에 봉착하여 이해관계로부터 상대적으로 자유로운 집단이 그나마 객관적인 사태 파악에 가까이 갈 수 있다고 생각한다. 어느 한 집단에 소속되지 않고 '자유롭게 떠다니는' 지식인들이 바로 그들이다.

하지만 과연 그럴까? 오늘날 대부분의 지식인들은 직업인으로서의 이해관계를 가지고 있다. 그뿐만 아니라 이미 말했다시피 상당수의 지식인들이 권력의 주변에서 일하고 있는 형편이다. 그렇다면 이들이 이해관계와 무관한, 또 권력과 무관한 진리를 대변한다고 말할 수 있을까?

지식이 만들어지고 유포되는 메커니즘을 보면 진리와 권력 관계에 대한 의혹은 더해진다. 프랑스의 현대철학자 루이 알튀세 Lois Althusser는 지식과 이데올로기를 생산하고 유포하는 사회적 장치로 학교나 교회, 언론 따위를 들었다. 군대나 경찰 등과 달리 이런 기관들은 직접적인 억압 장치가 아니지만, 은연중에 우리의 의식을 변화시키고 이데올로기적인 지식을 생산한다. 오늘날 우리는 특히 학교교육을 통해 현 사회에 적합한 인자들로 키워진다. 법질서에 대한 존중은 그 핵심적인 사안이다. 알튀세에 따르면, 객관objet: object과 주관subjet: suject의 일치를 내세우는 진리 개념은 법적 이데올로기의 중요한 부분으로 기능한다. 주어져 있는 객관적objectif: objective 법질서에 맞는 행동을 하는 주체sujet: subject야말로 사회체제의 유지에 긴요하기 때문이다. 진리는 주관과 객관의 일치를 통해 사회 유지의 근거와 목적을 제공하고 뒷받침한다. 이러한 진리는 현 사회질서에서 벗어나는 것을 '틀린' 것으로 간주하게끔 함으로써 다양한 변화를 가로막는다. 사회의 동일성을 유지하려는 권력의 특성이 진리 개념 자체에도 배어들어 있다는 말이다.

그물망 같은 권력과 진리

권력이 진리 개념이나 지식 속에서 작동하고 있다는 생각을 더욱 풍부하고 상세하게 개진한 사람은 미셸 푸코Michel Foucault이다. 그는 과학적 지식으로 통용되는 분야에도 권력이 스며들어 있다는 점을 설득력 있게 보여준다. 푸코가 주로 분석 대상으로 삼은 것은 인간을 대상으로 하는 인간과학, 이를테면 정신병리학이나 임상의학과 같은 영역이었다. 그의 분석에 따르면, 이런 과학들은 우리의 지식에 폭과 깊이를 더하기 위한 순수한 탐구의 일환으로 생겨난 것이라기보다는 노동력에 대한 통제와 관리의 필요에 따라 탄생한 것이다. 17세기 중반 광인狂人

들의 대규모 수용시설이 지어지기 전에는 어느 전통 사회에서나 그렇
듯 유럽에서도 광인들이 일반 사람들 가운데 섞여 살았다. 그러나 근
대의 자본주의 사회가 일정한 노동준칙의 준수를 요구하는 방향으로
나아가게 되자, 여기에 따를 수 없는 사람들을 분류해내고 별도로 관
리할 필요가 생기게 되었다. 정신의학과 정신병원의 탄생은 이러한 배
경을 깔고 있으며, 이 같은 점은 근대 이후 생겨난 인간과학의 다른 분
야에도 유사하게 적용될 수 있다.

그런데 푸코는 이렇게 작동하는 권력이 지배계급이나 통치자에 속
하는 것이라고 보지 않는다. 그에 의하면, 권력은 어떤 개별적 주체나
집단적인 주체의 의도에 따라 움직이는 것이라기보다는 사회 곳곳에
서 항시 자동하고 있는 전략적 상황을 일긴는다. 이 권력은 몇몇 사회
제도나 사회구조를 통해서 거시적으로 지시될 수 있는 것이 아니라 학
교 기숙사의 시간 사용법이나 병원의 환자기록부 따위에도 스며들어
있는 미시적인 것이다. 이런 점에서 푸코가 분석의 대상으로 삼고 있
는 권력 형태는 미시권력이라고 할 수 있다. 푸코는 우리가 알고 있는
거시권력, 즉 국가주권이나 법률 형태, 예속 형태 등은 오히려 미시권
력의 작동 결과일 뿐이며, 따라서 정작 중요한 것은 거시권력이 아니
라 미시권력이라고 주장한다.

미시권력이 행사되는 데 꼭 필요한 것이 진리에 대한 담론_{discours;}
_{discourse}이다. 푸코는 우리가 권력을 통해 진리가 생산되는 메커니즘에
서 빠져나올 수 없으며, 또 진리의 생산 없이는 어떠한 권력도 행사할
수 없다고 말한다. 권력은 진리를 제도화하고 전문화하며 끊임없이 질
문하고 탐색하고 기록하게 한다. 이를 통해 권력은 우리가 따라야 할
삶의 방식을 분류하고 결정하며, 우리로 하여금 이를 수용하게 만든다.

예컨대 성性에 대한 담론을 보자. 푸코에 따르면, 15세기 이후 유럽에서 성에 대한 담론은 계속 확대되어오면서 사람들의 성을 관리·조절하는 정교한 장치 역할을 해왔다. 정신분석학의 출현도 성의 해방에 기여한 것이라기보다 성을 효과적으로 관리·통제하는 '성의 과학화'에 이바지한 면이 강하다. 우리는 이렇게 유포된 성에 관한 '진리'를 기준으로 우리와 타인의 삶을 진단하고 평가하며 조절하도록 유도된다.

이처럼 권력이 지식과 진리를 통해 작동하면서 낳는 효과는 정상과 비정상, 이성과 비이성을 나누고, 우리로 하여금 정상이나 이성의 기준 내에 머무르게끔 하며, 비정상과 비이성을 통제하고 관리하는 것이다. 그래서 이런 권력은 규율적 권력이 된다. 이 규율적 권력은 관찰, 규범적 판단, 검사 등의 수단을 통해 특정한 진리의 기준을 가진 지식들을 생산해내며, 또 이렇게 생산된 지식들을 통해 작동한다. 푸코에 따르면 이와 같은 '지식－권력'의 연계는 우리 사회의 거의 모든 분야에 그물망처럼 펼쳐져 있다. 이런 시각에서 보면 우리에게 익숙한 각종 시험과 평가, 조사와 통계 따위는 사회 구성원들을 감시하고 제어하며 사회가 일정한 정체성을 유지하도록 하는 규율적인 '지식－권력'의 작동방식인 것이다.

비판적 지식인의 자세

지금까지 살펴본 바에 따르면, 진리나 지식이 권력과 밀접한 연계 하에 있다는 주장에는 상당한 근거가 있어 보인다. 이런 점을 염두에 둘 경우, 권력과 무관한 듯 단순히 지식의 가치나 진리 추구만을 내세우는 것은 매우 소박하고 무반성적인 태도로 비칠 수 있다. 프랑스의 사회학자 피에르 부르디외 Pierre Bourdieu는 진리와 지식이 권력관계와 무관한 보편적인 것처럼 취급되는 것은 지식인의 특권적 위치와 특권적 의식에서 비롯하는 것이라고 지적한다. 과학자나 교수 등의 말이라면 의심의 여지가 없는 지식이나 진리로 쉽게 받아들이는 세태가 이런 점을 단적으로 보여준다. 그러나 부르디외에 따르면 이러한 지식의 생산과 유포에는 지식 영역의 현실적 이해利害와 권력관계가 크게 작용하고 있다. 그럼에도 불구하고 이른바 '과학적 지식'이 보편적 진리로 인정되는 것은 기득권 사회의 권력관계가 반영된 결과라는 것이다.

그렇다면 이제 우리는 지식과 진리에 대해 어떤 태도를 취해야 할까? 무엇보다 필요해 보이는 것은 비판적이고 반성적인 접근이다. 이미 주어져 있는 권력과의 연결망에 종속되지 않고 지식이나 진리를 추구하고 활용하기 위해서는 그 생산 과정과 특성에 대한 성찰이 있어야 한다. 장 폴 사르트르 Jean Paul Sartre가 제시했던 기능적 지식인과 비판적 지식인의 구분은 이런 맥락에서도 유용해 보인다. 기능적 지식인이란 자신의 주어진 기능에만 충실한 지식인이다. 그럼으로써 그는 지식─권력의 연계에 순응하며 그 속에서 주어진 이해관계에 안주한다.

반면에 비판적 지식인은 지식의 특성과 역할에 대해, 또 자신의 위치에 대해 반성하며, 그럼으로써 주어진 이해관계의 망을 넘어서고자 하는 지식인이다. 우리에게 필요한 것은 이 비판적 지식인의 자세다.

진리가 권력으로부터 자유롭지 않다는 생각은 확고하고 보편적인 기준을 찾고자 하는 견해에서는 받아들이기에 부담스러운 것일 수 있다. 그러나 절대적인 진리를 고집하는 경향이 진정 노리고 있는 것이 무엇일까를 반성해보면, 이런 부담은 마땅히 감내해야 할 것으로 여겨질 법도 하다. 우리가 진리를 추구함으로써 다른 사람이나 우리 자신을 규율하고 지배하는 권력의 일부가 되고자 하는 것이 아니라면, 우리는 기존의 진리와 지식 영역을 비판적으로 고찰할 수 있어야 한다. 이 비판은 무엇보다도 권력이 보편적이고 정상적인 틀로 설정해놓은 경계의 바깥에서 안을 바라보는 것을 뜻한다. 그럼으로써 우리는 기존의 경계를 유동화하며 권력이 설정하는 틀을 부분적이나마 와해시킬 수 있는 여지를 갖게 된다. 이러한 작업은 진리 및 지식과 권력이 연결되어 지배적으로 작동하는 방식을 견제할 수 있게 해줄 것이다.

종교와 과학, 투쟁이냐 조화냐

송현주 순천향대 교수

루크 스카이워커는 오비원의 예언에 따라 스승 요다를 찾아가 제다이가 되기 위한 훈련을 시작한다. 나이가 많고 몸집이 작지만 놀라운 능력을 발휘하는 요다를 통해 루크는 서서히 새로운 세계에 눈을 떠간다.

요다 무겁냐?

루크 아니, 괜찮습니다. 그런데 도무지 이해가 가지 않는 것이 있어요. 선생님의 말씀을 듣고 있으면 혼란이 생깁니다. 어떻게 최첨단 컴퓨터로 움직이는 우주전투선을 컴퓨터를 끄고 느낌만 믿고 조정하라고 하시는 겁니까? 또 선생님이 말씀하시는 그 포스라는 것은 도대체 이해할 수 없습니다. 혹 동양 사람들이 말하는 기氣 같은 것 아닌가요?

요다 말하자면 그렇게 말할 수도 있구나!

루크 선생님, 저는 기사가 되기 위해 훈련을 하러 온 것이지 무슨 이상한 기공 같은 걸 하러 온 것이 아니에요.

요다 루크야, 지금 네가 20세기에나 시끌벅적하게 논쟁했던 케케묵은 주장을 끄집어내려는 것이냐? 그래서 너희 지구인들은 미개하다고 다른 우주인들이 욕하는 것이다.

루크 무슨 말씀이신지?

요다 너희 지구인들은 과학과 종교, 이성과 신앙이라는 것을 자꾸만 구분해서 보려고 하더구나!

루크 아니, 선생님! 그건 당연한 것 아닙니까? 어떻게 과학과 종교를 구분하지 않을 수가 있어요? 그럼 선생님도 신을 믿나요?

요다 저런 유치하긴, 쯧쯧. 먼저 이성이라는 말과 생각이라는 말부터 구분해보자.

루크 아니 이성하고 생각하고 뭐가 다른데요? 생각하는 사람이 곧 이성적인 것 아닌가요?

요다 비슷하지. 하지만 이성이란 생각하는 방식 가운데 하나일 뿐이야. 이성적이란 것은 존재의 바탕, 이 세계가 어떻게 이루어져 있는가를 고려하여 생각하는 것이지. 하지만 그게 생각의 다일까? 루크야, 저 앞에 펼쳐진 광활한 우주를 보거라! 저 수없이 영롱하게 빛나는 별들 하나하나가 신비롭지 않으냐? 그리고 우리가 이렇게 살아 숨 쉬면서 이렇게 이야기하는 것 또한 신비롭지 않으냐?

루크 그렇긴 해요. 그런데 그게 무슨 상관이죠?

요다 살아 있다는 것, 생명이 살아 숨 쉬고 내가 그런 생명의 하나라는 것이 얼마나 신비로우냐? 네 스스로 그걸 깨달아야 하느니라. 저 앞에 꽃이 보이느냐?

루크 예, 보이긴 하는데, 갑자기 왜요?

요다 네가 학교에서 꽃에 대해 배운 것은 뿌리와 잎, 씨가 있고 광합성을 하고……. 이런 것들 아니냐?

루크 그렇지요!

요다 하지만 그래서 네가 아는 것이 무엇이냐? "불은 산소가 연소되는 것이다"라고 한다면 다 이해한 것이냐?

루크 물론 그건 아닙니다.

요다 바로 그렇다! 생각이란 우리가 세계와 만나는 방식일 뿐이지. 이성적 생각이 합리적으로 과학적인 방식으로 이해를 추구하는 것이라면, 종교란 생명의 신비, 존재의 신비를 느끼고 경험함으로써 세계를 새롭게 보고, 새롭게 세상을 살아가도록 하는 것이다! 그런 삶의 차원을 너희 지구인들은 영혼이라고 하더구나.

루크 아하, 그 말이 그런 뜻이었군요.

요다 자신의 삶, 자신의 영혼을 들여다본다는 것은 생명의 의미를 깨달았다는 얘기와 같단다. 사람과 사람의 삶이 얽혀 있듯이 이 우주 안에 있는 모든 것은 다 얽혀 있고, 힘을 교류하고 있지. 나무 한 그루, 꽃 한 송이에도 그러한 힘들이 깃들이 있는데 그 힘은 오토시 사신의 영혼을 느끼는 사람만이, 모든 것이 서로 연결되어 있다는 것을 깨달은 사람만이 알 수 있지. 이건 과학의 눈, 이성의 눈으로는 잘 보이지 않는 법이란다.

루크 그렇군요. 선생님 말씀은 이성의 눈으로 보는 세계와 종교의 눈으로 보는 세계는 다른 것이 아닌 하나이지만, 각각 보는 세계의 차원이 다르다는 것이군요.

요다 …….

루크 아니 왜 대답을 안 하시죠?

요다 그건 대답해줄 수 있는 것이 아니라 네 스스로 느끼고 그 길을 찾아가야 할 성질의 것이니라!

루크 그렇군요. 근데 선생님, 작은 분이 왜 이렇게 무거운 거죠?

요다 데끼!

해는 동쪽에서 떠서 서쪽으로 지는 걸까

우리는 아침이 되면 태양이 동쪽에서 떠오른다고 말하고, 저녁이 되면 해가 서쪽으로 진다고 말한다. 그러나 과연 태양은 동쪽에서 떠서 서쪽으로 지는 것일까? 과학은 우리에게 태양이 동쪽에서 떠올라 서쪽으로 지는 것이 아니라 지구가 자전하면서 태양을 중심으로 공전한다고 가르친다. 그러나 일상 속에서 그렇게 말하는 사람은 없다. 비록 지구가 자전하면서 태양 주위를 돈다는 것이 '사실'이라 할지라도 이와는 별개로 실재 삶 속에서는 매일 태양이 뜨고 진다고 '경험'한다.

태양이 동쪽에서 떠올라 서쪽으로 진다는 생각은 동서양을 막론한 보편적 상식이며 인간 중심적 세계관의 표출이다. 그래서 일상생활에서 해가 동쪽에서 떠올라 서쪽으로 진다고 말해도 아무도 이의를 달지 않는다. 그렇다면 사람들은 과학적 진리에 어긋나는 이러한 상식을 왜 잘못이라고 말하지 않을까? 양자는 인간의 삶에서 어떤 의미를 지니고 있으며, 또 어떠한 차이가 있는 것일까?

종교와 과학의 투쟁사

태양이 움직이는 것인가, 지구가 움직이는 것인가 하는 문제는 천동설과 지동설의 문제로 과거 서구 사회에서 종교와 과학의 주요 논쟁거리 중 하나였다. 이 문제는 우리 인간이 하나의 동일한 실재를 두 개의 다른 시각―종교와 과학의 시각―에서 바라볼 수 있다는 사실을 제시한다. 나아가 과학의 발전에도 불구하고 그것과 경쟁하는 종교적 믿음을 잃지 않으며 조화를 이루는 삶의 가능성에 대한 질문을 던져준다.

종교는 아주 오랜 옛날부터 인간의 삶에서 매우 중요한 것으로 간주되어왔다. 반면 과학은 16세기경부터 갑자기 중요성을 갖기 시작했으며, 그 뒤로 차차 인간의 삶을 형성하는 중요한 조건이 되었다. 16세기 이후 근대과학이 발전하면서 종교와 과학의 투쟁이 시작되었는데, 이제는 과학 없이는 인간의 생존 자체가 불가능하다고 할 정도로 과학의 발전이 눈부시다.

과학은 관찰이라는 수단을 통해 개별적 사실들을 발견하고, 추론을 통해 그 사실들을 상호 연결함으로써 미래를 예측하는 법칙들을 발견하려는 시도이다. 보통 과학은 이성, 합리성과 동일한 것으로 여겨지고 있는 반면, 종교는 비과학적인 것, 즉 비이성적이고 비합리적인 것으로 여겨지고 있다. 그래서 과학의 발생과 함께 종교의 진리관은 위협을 받기 시작했는데, 그것은 종교 자체가 지니는 신비한—종교 체험이나 믿음 자체를 떠나서는 이해하기 어려운—측면에도 어느 정도 원인이 있다고 할 수 있다.

종교 문헌에는 쉽게 납득할 수 없는 말들이 산재해 있다. 기독교 성경에 의하면 우주의 창조는 6일 동안에 이루어졌고, 인간은 진흙으로 빚어졌으며, 여자는 남자의 갈비뼈로 만들어졌다. 또 불교 경전에 보면 석가모니는 어머니 마야 부인의 옆구리에서 나와 태어나자마자 일곱 발자국을 걸으며 "천상천하 유아독존天上天下 唯我獨尊"이라고 말했다. 이러한 진술에는 어떤 특별한 종교적 의미가 내포되어 있겠지만, 과연 이런 말들을 쉽게 사실로 받아들일 수 있을까?

종교가 가지고 있는 이러한 이해하기 어려운 부분들에 대해 가장 강력하게 도전해 온 것이 바로 과학이었다. 종교와 과학이 서로 전면적으로 충돌하는 이유는 그 관심과 다루는 영역이 일치하기 때문이다. 이 둘 모두 우주와 생명의 기원, 그리고 역사에 대해 근원적이고도 총체적인 관심을 보이고 있다.

종교와 과학의 관계가 문제될 때 '과학'은 주로 자연과학을 의미하며 '종교'는 주로 기독교를 의미한다. 역사적으로 종교와 과학의 투쟁은 기독교와 자연과학의 대립·충돌을 중심으로 이루어져 왔기 때문이다. 물론 종교와 과학의 문제는 비단 기독교와 자연과학에 국한되지 않고, 불교, 유교, 이슬람 및 종교 일반 그리고 사회과학까지도 포괄하는 폭넓은 문제이다. 전통적 우주관과 세계관에 입각해 있으며 초월적 질서를 상정하는 대부분의 전통종교들도 진화론 등 자연과학의 이론에 영향받지 않을 수 없었으며, 천문학, 물리학, 생물학과 같은 자연과학 이후에 등장한 사회과학의 도전도 만만치 않았기 때문이다. 다만 여기서는 그 문제가 가장 첨예하게 나타났던 기독교와 자연과학을 중심으로 종교와 과학의 문제를 살펴보기로 한다. 기독교에 대한 자연과학의 도전은 크게 천동설에 대한 지동설, 창조론에 대한 진화론의 대결로 나타났다.

신학과 과학의 대결 1 | 천동설과 지동설

신학과 과학 사이의 최초의 본격적이고 가장 주목할 만한 대립은 현재 우리가 태양계라고 부르는 것의 중심이 지구인가 아니면 태양인가에 관한 천문학적 논쟁이었다. 이 논쟁이 일어나기 전까지의 정통 이론은 프톨레마이오스Ptolemaeos의 '지구중심설'이었다. 이 설에 따르면 지구가 우주의 중심에 정지해 있으며 태양, 달, 행성 및 항성계가 각각 고유의 위치에서 그 주위를 돌고 있다. 그런데 새로운 이론, 즉 니콜라스 코페르니쿠스Nicholas Copernicus의 '태양중심설'에 의하면 지구는 가만히 있지 않을 뿐만 아니라 이중운동을 한다. 지구는 지축을 중심으로 하루에 한 번 자전하고 또 일 년에 한 번 태양 주위를 공전한다. 이러한 생각을 담은 코페르니쿠스의 대작『천구天球의 회전에 관하여On the Revolutions of the Heavenly Bodies』는 1543년 그가 죽기 바로 직전 출판되었다.

코페르니쿠스의 이론은 기독교 신학자들의 거센 반발을 받았다. 구약 및 신약 성서에 의하면 신이 우주를 창조하고 그 우주의 중심에 놓은 것이 바로 인간이었다. 그런데 코페르니쿠스의 천문학은 인간이 살고 있는 이 지구를 우주의 중심적 위치로부터 변방으로 끌어내렸던 것이다. 이것은 신학자들에게 인간이 우주의 목적은 아니라는 점을 시사하는 것으로 보였다.

코페르니쿠스는 자신의 이론이 단지 가설에 지나지 않는다고 슬쩍 발을 뺌으로써 공식적 비난은 면할 수 있었다. 그러나 갈릴레이G. Galilei는 이 이론을 이어받아 코페르니쿠스의 학설에 유리한 논증을 제공하였다. 그 결과 그는 두 번(1616년과 1633년)이나 종교 재판소에 출두하여 어쩔 수 없이 자신의 신념과 달리 지동설을 부인하였다. 그러면서 그가 "그래도 지구는 돈다."라고 말했다는 독백의 일화는 유명하다. 문제가 되었던 것은 그의『두 대우주 체계에 관한 대화Dialogues on the Two Greatest Systems of the World』(1632)라는 책이었다. 지동설을 주장했다 하여 교회로부터 파문당했던 갈릴레이는 파문당한 지 359년 만인 1992년에야 비로

소 가톨릭교회에서 공식 복권되었으며, 기독교교회는 1835년까지도 지구의 움직임을 가르치는 저작들을 금서 목록에 올려놓았다.

오늘날 현대인들 가운데 프톨레마이오스의 천동설적 세계관을 가진 사람은 아무도 없을 것이다. 이렇게 과학과 종교의 세계사적 첫 번째 충돌은 과학의 승리로 끝났다.

신학과 과학의 대결 2 | 창조론과 진화론

과학과 종교가 부딪혔던 또 다른 쟁점은 인간과 생물의 기원에 대한 진화론과 창조론의 대결이었다. 이런 의미에서 19세기는 그야말로 과학과 종교의 전쟁터였다. 진화론은 지질학과 생물학의 영역에서 코페르니쿠스 이론보다 더 완고한 신학적 견해와 싸워야 했다.

성서에 의하면 우주는 6일 만에 창조되었으며, 그 창조의 시간에 지금 현재 존재하는 우주의 모든 천체들과 모든 종류의 동식물이 만들어졌다고 한다. 그리고 지금 존재하는 모든 동물들은 노아의 방주에 있던 종種들이며, 그 종들은 불변하는 것으로서 신의 개별적 창조 행위의 결과로 나온 것이다. 서구 사회의 성서에 대한 믿음이 어느 정도 확고했는가를 보여주는 한 예는 창세기에 기록된 족보를 문자 그대로 믿고 계산한 제임스 어셔James Usher 대주교가 이 세계 창조의 시간이 기원전 4004년이라고 추정하였으며, 많은 기독교 국가들이 이 연대를 받아들였다는 사실을 들 수 있다.

그러나 화석이 발견되고 지질학적 연구가 발전되면서 문제가 발생하였다. 화석들은 현재 다양하게 분화한 종들 사이의 중간 동물들이 과거에 존재했다는 사실을 보여주었다. 게다가 찰스 다윈Charles R. Darwin 의 진화론―자연선택설 또는 자연도태설―은 신학에 대해 코페르니 쿠스의 태양중심설만큼 심각한 타격을 입혔다. 다윈의 이론에 따르면 교회는 창세기가 주장하는 종의 불변성과 그들 각각의 독립된 많은 창 조 행위를 포기해야 했으며, 또한 6일보다 훨씬 많은 창조의 시간 경과 를 받아들여야 했기 때문이다. 그런데 이것도 모자라서―이것은 최악 의 경우인데―진화론은 인간이 하등 동물에서 유래했다고까지 주장 했던 것이다.

다윈의 저서『종種의 기원Origin of species』은 1859년 출판되었다. 이듬해 인 1860년 영국과학진흥협회에서 새뮤얼 윌버포스Samuel Wilberforce 주교 와 토머스 헉슬리Thomas Henry Huxley가 벌인 설전은 유명하다. "당신은 원숭 이의 후손이라고 했는데, 그렇다면 어느 편이 원숭이란 말이오? 아버 지 쪽이오, 아니면 어머니 쪽이오?" 이와 같은 윌버포스의 질문에 헉슬 리는 다음과 같이 말했다. "나는 원숭이를 조상으로 가진 것은 부끄럽 지 않지만, 사람에게만 주어진 이성이라는 특권을 진실을 거부하는 데 쓰는 사람의 후손이 되었다면 매우 부끄러웠을 것입니다." 이 사건은 헉슬리의 판정승으로 기억되고 있다.

오늘날 진화론은 일반적으로 이론의 여지가 없는 대전제로 받아들 여지고 있다. 과학자들은 진화의 속도와 메커니즘에 대해 논란을 벌이 기는 하지만 진화 자체에 대해서 의문을 품지는 않는다. 하지만 진화 론은 아직도 과학과 종교 사이에 뜨거운 논쟁의 진원지이다. 기독교 근본주의자들의 모임인 '창조과학'은 성경 무오설無誤說에 입각하여 약 6천 년 전 어느 6일 동안에 천지가 창조되었다고 주장하고 있다. 반면에 대부분의 자연과학자들은 10만 회 이상의 방사능 측정을 통해 지구의 나이가 46억 년이라고 하는 사실을 확립하였다.

종교와 과학의 네 가지 관계

그렇다면 종교와 과학의 관계는 언제나 이렇게 적대적인 것인가? 종교와 과학의 관계에 대한 네 가지 관점을 이안 바버_{Ian G. Barbour, 미국 칼리톤} _{대학 물리학·종교학 명예교수}의 갈등, 독립, 대화, 통합이라는 네 가지 유형을 중심으로 살펴보면 다음과 같다.

1 갈등 이론

종교와 과학은 서로 적이며 공존할 수 없다고 보는 견해이다. 예컨대 성서문자주의자나 과학적 유물론자들의 극단적 관점이 이에 해당한다. 천동설과 지동설, 창조론과 진화론의 역사적 대결은 이 유형의 대표적 예이다. 이 관점에서는 성서의 기술내용과 어긋나는 어떤 과학 이론도 반박되며 또 그 역도 마찬가지이다. 이들은 자연의 역사라는 하나의 영역에 대해 정반대의 주장을 펼치면서 둘 중 하나를 선택하라고 강요하며, 진화와 신은 동시에 믿을 수 없다고 주장한다.

종교와 과학의 근본적 대립은 현대사회에서 과학의 성장은 종교의 감소를 수반할 수밖에 없다는 생각과 연결되어 있다. 이것은 종교를 '불완전한 과거의 과학'으로 보는 것으로서, '진정한 과학'이 발전하면

'과거의 과학'은 사라질 수밖에 없다고 본 19세기 오귀스트 콩트 August Comte와 같은 사회진화론자들의 사상에서 그 유래를 찾을 수 있다. 그들은 종교가 원시 미개인의 유치하고 불충분한 지식이라고 보았으며, 인지의 발달에 따라 이 유치하고 불완전한 지식과 과학이 대치하면 종교는 소멸할 것이라고 예상했다. 종교를 불완전한 과학으로 보는 이러한 관점을 '과학 환원주의 scientific reductionism'라고 한다.

또 종교와 과학은 자연을 움직이는 '힘'에 대해 서로 화해할 수 없는 상반된 체계 및 가정을 가지고 있기 때문에 화해할 수 없다고 보기도 한다. 과학의 기본적 가정은 자연의 모든 사건이 일정한 법칙에 따라서 발생한다는 것이며, 만약 설명할 수 없는 사건이 있다면 과학자는 그 원인을 인간 지식의 불완전함에 돌리고 새로운 자연적 요인을 찾는다.

그러나 종교는 신 또는 초자연적 세력이 존재한다고 주장할 뿐만 아니라 그들이 자연적 사건과 인간 사건에 개입할 수 있다는 믿음을 가지고 있다. 이러한 종교의 관점, 즉 신 또는 초자연적 세력이 자연적 사건의 원인으로서 개입할 수 있다는 관점은 믿음에 기반을 두는 것이며 과학적으로는 도저히 입증할 수 없다. 따라서 종교와 과학 간에는 근본적으로 충돌의 가능성이 존재한다고 주장한다.

2 독립 이론

종교와 과학은 다른 삶의 영역이므로 서로 거리를 두고 공존할 수 있다는 입장이다. 종교의 영역과 기능은 서로 다르기 때문에 '비교할 수 없는 언어'이며 갈등이 있을 수 없다고 본다. 이들의 주장에 의하면 과학은 사물이 어떻게 작용하는지 알고자 하며 객관적 사실을 다루는 반면, 종교는 가치와 삶의 궁극적 의미를 다룬다. 과학과 종교의 두 가지 탐구는 상호배타적이지 않고 이 세계에 대한 상호보완적 관점을 제공한다. 과학과 종교 사이의 갈등은 이러한 구별을 알지 못하고 각 영역을 침범할 때 생긴다.

이런 의미에서 알베르트 아인슈타인 Albert Einstein은 "종교 없는 과학은 무력하고, 과학 없는 종교는 눈먼 것이다."라고 말했다. 이 견해에 의하면 종교는 과학이 제시하는 지식을 참작하면서 무엇이 중요하고 올바른가 하는 가치판단을 제공하는 데 역할이 있다. 종교는 우리가 실현해야 할 삶의 설계와 행동의 기준을 제공하는 것이다. 예를 들어 과학자는 유전자의 복제기술을 개발하였지만 그것을 올바르게 사용하는 방법에 대해서는 알지 못한다. 그들에게는 오직 기술이 있을 뿐 가치판단의 능력은 없기 때문이다.

따라서 종교와 과학이 다루고 있는 실재의 본성은 서로 다를 뿐이며, 서로 환원될 수 없고 두 실재 모두 동시에 진실이다. 그것은 종교 언어와 과학 언어의 특수성에 기인한다. 신앙체계는 과학 지식과 충돌할 수 있는 객관적 명제의 집합체가 아니라 인간 경험의 총체에 대한 진술이며, 인생과 인간 행동의 의미를 제공하는 보편적 질서에 대한 상징체계 symbol system이다. 따라서 종교는 과학적 방법으로 발견되는 실재와는 다른 특별한 실재를 묘사한다.

이러한 입장은 종교와 과학의 영역과 역할을 구분하고 그들을 상호보완적 관계로 파악한다. 그러나 문제는 우리의 삶이 종교적 삶과 과학적 삶으로 완전히 분리되지 않는다는 점이다. 또 종교가 단지 '가치와 도덕의 체계'인 것만이 아니라 나름대로 실재에 대한 '인식의 체계'이기도 하며, 바로 이 점에서 과학과 충돌하고 있다는 것이 문제이다.

3 대화 이론

　과학과 종교 두 분야의 방법들을 비교함으로써 둘 사이의 차이점에도 불구하고 유사점이 있음을 찾는 견해이다. 예를 들어 종교와 과학에서 사용하는 방법론과 개념 사용의 유사성에 착안하는 것이다. 즉, 직접 관찰할 수 없는 것을 표현하기 위해 종교에서는 '신'이라는 개념을 사용하고 과학에서는 원자보다 작은 크기의 '입자' 개념을 사용한다. 또 과학이 스스로 자신의 설명의 한계에 이르러 답할 수 없는 극한 질문들, 이를테면 '왜 우주는 질서정연하며 이해 가능한가?' 등의 질문을 제기할 때 종교와의 대화 및 교류가 가능해진다고 본다.

4 통합 이론

　대화의 차원에서 한 걸음 더 나아가 과학과 종교의 원리를 긴밀하게 통합함으로써 체계적이고 폭넓은 동반자 관계를 모색하는 견해이다. 자연 속에서 신의 존재 증명이나 암시를 찾고자 노력해온 자연신학 natural theology, 초기 우주의 물리학적 상수들이 마치 설계에 따라 정밀하게 만들어진 것처럼 보인다는 일부 천문학자들의 주장, 과학적 사유와 종교적 사유를 통합하는 과정철학 philosophy of process을 그 예로 들 수 있다.

　예컨대 20세기 천체물리학은 '빅뱅(대폭발) 이론'으로 다시 한 번 창세기의 천지창조론과 부딪혔는데, 그러면서도 이 이론은 우주의 기원으로부터 생명의 탄생으로 이어지는 우주의 진화과정 속에서 우주가 신비하게도 인간의 존재를 위해 미리 여러 조건을 마련해놓은 듯하다는 사실을 발견했다. 우주가 인간의 탄생과 생존을 위해 잘 설계되어 있다는 말이다. 바로 이와 같은 사실을 통해 우주 속에서 보이지 않는 신의 의지와 같은 것을 유추하게 되었으며, '인간원리 anthropic principle'의 철학이 나타나게 되었다. 종교와 과학의 통합이론은 전통적 신神 관념 등을 이와 같은 과학적 사실을 고려하여 재정립하려는 노력들이다.

종교와 과학의 바람직한 관계는?

그렇다면 종교와 과학의 바람직한 관계는 무엇일까? 과학은 종교가 지닐 수 있는 독단과 맹목적 신앙의 오류를 제거하는 데 어느 정도 기여해왔다. 그러나 아무리 과학이 발전하여도 그것으로 해결되지 않는 삶의 종교적 측면은 여전히 존재한다. 인간의 운명, 삶과 죽음의 문제, 인류의 고통을 감소시키고자 하는 욕구, 선한 삶에 대한 동경 그리고 미래에 대한 희망 등이 바로 그것이다.

현대는 과학의 시대라고 할 만큼 과거의 종교가 차지했던 영광을 과학이 대신하고 있다. 이제 사람들은 행복과 장수를 신에게 기원하기보다 과학의 기술에서 찾고 있다. 그러나 초음파 검사를 통해 태아의 성별을 확인하고 낙태가 성행하며, 핵무기의 개발로 인류 전체의 삶이 위협받는 등 과학의 발전으로 인류가 겪는 새로운 문제도 다양하게 등장하고 있다. 이것은 과학의 발전이 곧 우리 삶의 질을 고양시키는 것과 직결되지는 않는다는 것을 의미한다. 문제는 과학이 가치중립적이며 그 자체로서는 선도 악도 아니라는 데 있다. 그 자체로는 해롭지도 이롭지도 않은 과학의 여러 결과물(핵에너지나 유전자 복제술 등)이 인간의 존엄성을 해치지 않는 범위 내에서, 나아가 인류의 평화를 위해 사용되도록 할 필요가 있지 않을까? 그 점에서 종교와 과학이 만나야 하며 또한 만날 수 있으리라 생각한다. 결국 종교와 과학 그 둘은 인간의 삶의 질을 높이기 위해 서로 협력하고 조화를 이루는 바람직한 관계를 모색해야 할 당위 앞에 서 있다고 할 것이다.

객관적 오늘을 고민할 때
역사가 말해 준다

역사와 진실

2

역사는 진보하는 것일까

김창호 경기대 교수

대학교 4학년인 어중과 용밍은 내일 한 과목만 기말 시험을 치르면 공식적인 대학 생활을 마친다. 취업 준비에 힘든 하루하루를 보내고 있는 어중과 용밍은 대학 생활을 마치는 기념으로 모든 것을 잊고 잠시 여행을 가기로 했다.

어중 내일 시험이 끝나면 학교생활도 끝이네.

용밍 그러게. 학교 졸업할 때쯤엔 뭔가 달라질 줄 알았는데…….

어중 그래도 기말고사가 끝나 마음은 편하다. 영어시험, 이력서, 면접…… 줄줄이 할 게 남았지만.

용밍 내일 우리 1~2학년 때 놀던 추억 생각하면서 놀다 오자.

어중 너야 1~2학년 때 마음 편히 놀았지. 그때도 난 자격증 준비하고 여기저기 스펙 쌓는다고 뛰어다녔는데 왜 나아지는 것이 없는 것 같지? 나도 항상 그 자리이고 사회도 항상 그 자리인 것 같은데 왜 역사가 진보한다느니 하는 얘길 하는 걸까?

용밍 뭐가 그리 거창해? 역사의 진보까지 나오고. 그리고 진화와 진보는 다른 거야. 영어 단어도 다르잖아, 진화는 'evolution'이고 진보는 'progress'잖아. 안 그래?

어중 이런! 무식한 녀석. 좀 더 배워라. 19세기만 해도 진화와 진보는 구분되지 않았어. 우리 동아리 방에 있는 〈역사신문〉 다시 꺼내봐. 유인원 그림에서 직립보행 그리고 현대인, 그런데 그 그림의 유인원과 컴퓨터 앞에 앉아 있는 사람의 자세가 똑같잖아. 그건 진보에 대한 조롱이라고!

용밍 그게 무슨 말이야? 좀 자세히 말해봐.

어중 본래 진화와 진보는 거의 같이 쓰이다시피 했어. 찰스 다윈이 진화론을 말했을 때, 사람들이 왜 그렇게 시끌벅적했는지 아니? 그건 시간이 지날수록 발전한다는 진보관을 부정했기 때문이야. 진화론에 따르면 단지 환경에 대한 적응이 있을 뿐이야.

용밍 더 자세히 말해봐.

어중 자, 우리가 배운 역사를 생각해보자. 원시 시대보다 고대사회가, 고대사회보다 중세사회가, 중세사회보다 근대사회가 그리고 근대사회보다 현대사회가 더 발전했다고 말하지?

용밍 그렇지! 실제로 그런 거 아냐?

어중 그렇게 보이지? 한데 가만히 생각해봐! 물론 우리가 옛날 사람들보다 배불리 먹고 잘 입는 것은 분명해. 근데 과연 우리가 옛날 사람들보다 더 행복할까? 해가 떨어지면 자는 것과 불을 켜 놓고 밤새도록 공장에서 일하는 사람을 비교하면 누가 더 행복하지?

용밍 좀 애매한데. 하지만 옛날보다 수명이 늘었고 과학기술도 발전했고, 또……

어중 바로 그거야! 우린 그것을 발전이라고 하지만, 사실 따지고 보면 생물학적으로 무슨 변화가 있느냐는 거야. 더 행복해?

용밍 아이, 뭐가 그렇게 복잡해? 난 복잡한 건 딱 질색이야!

어중 바로 그게 증거야. 현대사회는 무지 복잡하거든. 근데 사람들은 복잡한 것을 싫어하지. 컴퓨터를 잘하고 책을 많이 읽고 관계를 잘 맺고 분업도 훨씬 복잡해지고. 이런 걸 발전이라고 한다면 발전이겠지. 하지만 단순하게 사는 게 행복하다면, 많이 알수록 할 일이 늘어나잖아. 모를수록 일은 간단해지지.

용밍 그만해. 난 모르겠어! 진화니 진보니 하는 그런 혼란스런 말로 이 좋은 기분을 망치지 마! 그래도 난 매일 좋아지고 있어. 앞으로도 계속 좋아질 거야.

어중 하지만 뒤집어 생각해보면 그때그때 적응하며 사는 것일 수도 있어. 발전이란 환상인 거지, 19세기적 환상! 19세기 사람들은 다들 그렇게 믿었어! 하지만 20세기에 세계대전을 두 번이나 겪으면서 그 환상에서 깨어났지. 진보는 없고 진화만 있다는 걸.

용밍 아고, 그만하셔! 기분 망치지 말고. 나는 집에 가서 내일 놀러갈 짐 싸놓고 시험공부나 해야겠다.

어중 그래. 내일 시험 잘 보고 놀러나 가자.

두 개의 종말론

　서양이든 동양이든 가릴 것 없이 근대 이전의 사람들은 누구나 역사에는 시작과 끝이 있으며, 마치 사람이 태어나서 결국에는 죽어가듯이 역사 또한 언젠가는 종말에 이를 것이라 생각하였다. 물론 신화적 세계관에서 이러한 종말은 새로운 시작으로 이어져 영원히 반복되는 것으로 믿어지기도 하였다. 그러나 서구의 근대인들은 인간의 이성과 과학에 대한 신뢰에 기초하여 인간의 역사는 무한히 진보하는 것이라 생각하기 시작하였다.

　근대 서구인들이 믿었듯이, 또 요즘의 상식적인 생각이 그러하듯이 역사는 무한히 진보하는 것일까? 역사는 멸망하지 않고 무한히 발전하는 것일까? 역사에는 과연 종말이 없는 것일까? 만약 역사에 종말이 있다면 그것은 언제일까?

　물론 이와 같은 물음들이 늘 제기되었던 것은 아니다. 왜냐하면 19세기 이래 인류는 생활수준과 생활양식 자체가 현격하게 개선되었고, 그것이 사회의 발전에 따른 결과임을 인식하고 있으며, 또한 늘 사회의 변화가 발전적인 방향으로 이루어지고 있음을 정면으로 부정하기는 어렵기 때문이다.

　지나온 인간의 역사 전체를 우리가 직접 경험하지는 못했다 하더라도 과거의 역사적 기록과 전해 들은 이야기를 통해 우리가 살고 있는 사회가 과거에 비해 얼마나 발전된 사회인지를 우리는 모두 잘 알고 있다. 이러한 상식에 비추어 본다면 역사가 멸망할지 모른다고 의심하는 것은 제정신이 아닌 사람으로 취급받거나 적어도 비현실적인 문제제기로 치부되기 쉽다.

그러나 우리는 20세기 말부터 일종의 세기말적 현상이라는 이름으로 역사의 '종말'에 대해 이야기하는 것을 쉽게 접해볼 수 있었다. 역사의 종말을 주장하는 전형적인 경우들은 대체로 종교적이거나 예언적 형태로 표현되었다. 이러한 종말론이 선풍적으로 유포되었던 것은, 10여 년 전에 한국 사회를 떠들썩하게 했던, '휴거'가 도래했다는 일부 사이비 기독교인들에 의해서였다. 그러나 휴거는 일어나지 않았고, 휴거를 선전하고 다녔던 목사는 구속된 후 휴거가 일어나지 않을 것이라고 고백했다.

또한 인류 역사에서 나타난 비극적인 사건들, 가령 프랑스 왕 앙리 2세와 케네디 대통령의 죽음, 히틀러의 출현과 제2차 세계대전의 발발 등을 예언했던 과학자이자 예언가인 노스트라다무스가 1999년에 세계 종말이 도래할 것이라고 예언한 것이 유행했던 것도 역사의 종말을 이야기한 것이라고 할 수 있다.

그러나 종말론이 특정 종교나 예언서에만 나타나는 것은 아니다. 역사 이론에서도 종말론은 나타난다. 종교에서의 종말론이 사회의 역동성이 감소되고 정체될 때 나타나듯이, 역사 이론에서의 종말론도 세기말적 시기에 주로 나타났다. 대표적인 경우가 독일의 역사가 슈펭글러 O. Spengler가 이야기한『서구의 몰락』이다. 그는 세계의 각 문화를 관찰한 결과 모든 문화는 나름의 유기체적 순환 과정을 거친다는 유기체론적 역사관에 입각해, 19세기 말에서 20세기 초에 이르는 서구의 역사 과정을 지켜보면서 서구 사회는 종말을 고할 수밖에 없다고 진단했다.

통상 '종말론'은 역사의 종말을 가정하는 비관적인 이론 및 종교로 이해한다. 그러나 종말론은 단순히 비관적인 내용만을 말하지 않는다. 원래 기독교에서의 종말은 천년왕국의 실현을 의미하는 것으로, 더 이상 변화되어야 할 역사가 존재하지 않는 것을 의미한다. 따라서 그 종말은 인류의 완성과 실현으로서 어느 시기가 되면 수난을 겪은 기독교인들의 지상천국으로서 천년왕국이 실현된다는 매우 낙관주의적인 내용을 지니고 있는 것이었다.

최근 역사 이론에서의 종말론은 일본인 사학자 프랜시스 후쿠야마 F. Fukuyama가 쓴 『역사의 종말』이라는 책을 통해 제기되었다. 이 책은 이념사적 발전 과정에서 볼 때 자본주의, 자유주의는 더 이상 새로운 이념으로 발전해 나갈 수 없으며, 따라서 우리가 살고 있는 자본주의·자유주의 사회가 현실에서 다소 불충분할지 모르지만 이념적으로는 역사의 완성이라고 주장한다. 여기에서도 마찬가지로 '종말'은 인류의 파멸이 아니라 역사의 완성이라는 의미로 사용되고 있다.

그러나 낙관적 관점이든 비관적 관점이든 종말론적 역사 이론은 더 이상 역사가 발전하지 않는다는 판단에서는 동일한 입장을 취한다. 낙관적 관점에서는 역사가 완성되었기 때문에 역사의 진보가 있을 수 없다고 주장하는 반면, 비관적 관점에서는 인류가 파멸되기 때문에 역사의 진보가 없다고 주장한다는 점에서 차이가 있을 뿐이다. 그러나 어쨌든 이들 두 가지 종말론은 역사에 대해 더 이상의 진보를 부정한다.

역사의 진보는 필연일까?

그렇다면 이제 역사의 진보는 이루어지지 않는다는 말인가? 예컨대 포스트모더니즘을 표방하는 사람들은 인간 이성에 의해 역사가 보다 완성된 사회로, 보다 진보된 사회로 나아갈 수 있다는 생각을 거부한다. 그들은 오히려 이성을 지니고 있는 인간에 의해 역사가 진보한다는 생각은 '근대성'에 한계 지어진 생각이라고 주장하면서, 현재는 포스트모던의 시기이기 때문에 근대성으로부터 벗어날 것을 권고한다. 포스트모더니즘에 의하면 이성적 주체에 의해 역사가 진보한다는 근대적인 사고는 역사에 일정한 목표가 있다고 보는 목적론이며, 이러한 목적론은 인간을 특정한 목적에 종속시키는 전체주의적 성격을 지닐 수밖에 없으므로 비판되어야 한다는 것이다.

그러나 아직도 대부분의 사람들은 역사가 진보한다는 점을 부정하지 않는다. 인간 역사의 진보에 대한 신념은 근대 이후에 우리의 사고를 지배해왔으며, 지금도 그러한 신념은 여전히 지배적이다. 다만 어떻게, 어디를 향해 진보하느냐에 대해서는 다양한 견해가 있을 수 있다.

중세의 기독교적 관점에서는 세계의 창조자로서 인격신의 섭리가 역사에 작용한다고 보고 세계를 신의 목적을 실현하기 위한 수단으로 해석하였다. 이러한 역사관은 기독교 철학자 아우구스티누스의『신국론』에서 구체적으로 나타나는데, 거기에서는 인격신으로서 창조자의 존재에 대한 믿음과 같은 목적론을 전제하고 있다.

그러나 근대 이후 역사철학의 중요한 주제는 이와 같은 창조신을 목적으로 파악하는 목적론을 배제하면서 어떻게 역사의 진보를 설명할 수 있는가 하는 것이었다. 따라서 근대 이후 역사 이론가들은 신의 섭리 대신 인간 이성을 통해 합리적 사회를 건설하는 것으로 역사의 진보를 설명하려 하였다. 근대의 사회계약론자들은 이성적 주체의 계약에 의해 자연 상태로부터 벗어나 이성적 사회를 건설할 수 있다고 보았다.

특히 근대 역사철학에서 중요한 비중을 차지하는 철학자 헤겔G. W. F. Hegel은 인간 이성에 의해 자유가 확장되는 역사적 과정을 설명하려 하였다. 그는 근대사회에서 개인의 이기심과 이성적 사회, 개인의 주관적 욕망(개인의 자유)과 사회의 보편적 목적(이성적 국가)이 모순을 야기함에도 불구하고 그 모순은 조화롭게 해결될 수 있다고 보았다. 반면 마르크스는 헤겔이 지적한 근대사회의 모순, 즉 경제적 토대와 상부구조의 모순으로 말미암아 근대 시민사회는 필연적으로 붕괴하고, 근대사회와 구별되는 새로운 이성적 사회, 즉 사회주의 사회가 도래한다고 하였다.

그러나 인간의 역사에 필연적 법칙이 있다는 것은 과연 가능한가? 그리고 역사에 적용되는 법칙은 자연과학의 법칙과 같은 성격의 것일까? 다르다면 어떤 점이 어떻게 다른가? 어떤 이들은 역사에도 자연법칙과 같은 필연적 법칙이 적용된다고 주장하였다. 가령 홉스T. Hobbes나 18세기 프랑스 계몽주의자들은 사회나 역사도 물질적 사물과 같은 것으로 생각하여, 그 당시에 발견된 기계적 자연법칙이 사회와 역사에도 적용될 수 있다고 믿었다.

그러나 인간 사회와 역사는 인간의 의식과 의지를 매개로 해서만 성립될 수 있다. 자연과 사회가 구별되는 것은, 자연이 무의식적 물질의 기계적 운동을 통해 변화한다면, 사회는 의식과 의지를 지닌 인간의 자유로운 선택과 실천에 의해 변화한다는 것이다. 그렇기 때문에 역사 과정에 자연의 법칙과 똑같은 기계적 법칙이 적용된다는 것은 불가능한 일이다. 역사에도 법칙이 있다고 옹호하는 사람들은, 이처럼 사회나 역사가 인간의 의지나 의식에 의해서만 성립될 수 있는 것임에도 불구하고, 인간의 의지나 의식이 변경할 수 없는 구조적 필연성이 있기 때문에 사회나 역사도 역시 법칙적으로 파악할 수 있다고 생각한다. 물론 이때의 법칙은 자연법칙과는 구별되는 구조적 필연성 혹은 역사적 필연성을 의미한다. 이와 같이 역사적 필연성을 옹호하는 이론을 '결정론'이라고 한다.

역사의 필연성과 인간의 자유

역사에 필연적 법칙이 있다는 생각은, 많은 사람을 진보적 방향으로 실천하도록 이끌어가기 위해서는 매우 효과적이라 할 수 있다. 대표적으로 마르크스주의는 역사적 필연에 따라 자본주의 사회가 노동계급에 의해 사회주의 사회로 이행한다고 주장했고, 그의 이와 같은 역사 법칙은 많은 국가에서 노동계급들의 실천의 지침이 되기도 하였다.

그러나 역사적 필연성을 강조하는 것이 꼭 진보적인 역사 발전을 가능하게 하는 것일까? 그렇지 않다. 역사적 필연성만을 일면적으로 강조하게 되면, 역사가 필연적 법칙에 의해 발전하는 만큼 인간은 실천적 노력을 할 필요가 없게 되며, 인간의 실천이 없는 역사의 발전이라는 모순적인 결론이 나올 수 있기 때문이다. 나아가 역사 발전을 설명하기 위해 필연적 법칙만을 주장하게 되면, 역사 과정 속에서 인간의 의지와 의식에 의한 선택의 자유는 성립할 수 없게 된다.

그래서 포퍼와 같은 철학자는 역사에 필연적 법칙이 있다고 주장하는 이론은 틀림없이 전체주의에 귀결될 수밖에 없다고 주장한다. 포퍼는 『열린 사회와 그 적들』에서 역사가 필연적 법칙에 의해 발전한다는 역사주의(가령, 헤겔이나 마르크스 등)는 '닫힌 사회'를 옹호하는 전체주의 이론이라고 비판한다. 포퍼는 사회나 역사 과정에서 인간의 의식과 의지에 의한 선택을 강조하면서 개인의 의식적 선택, 자율적 선택에 의해 이루어진 '열린 사회'가 바람직한 사회라고 주장한다.

그리고 최근의 포스트모더니즘에서도, 역사적 필연성을 강조하는 역사주의는 역사에 일정한 목적이 있고 역사는 그 목적을 향해 발전한다는 형이상학적 목적론이 될 수밖에 없다고 비판한다. 역사 과정에는 일정한 목적을 향한 법칙적 필연성은 존재하지 않으며, 보다 중요한 것은 개인들의 자율적이고 다양한 선택이라는 점을 강조하는 것이다. 이처럼 개인의 자율적 선택을 강조하는 경향을 '자유주의'라고 부른다.

오늘날 이와 같은 자유주의를 거부하는 것은 명분상 쉬운 일은 아니다. 그러나 이론적으로 보면 자유주의는 결정적인 약점을 지니고 있다. 한마디로 말하면 자유주의는 역사가 진보하는 방향을 제시할 수 없다는 약점을 지닌다. 왜냐하면 개인의 자율적 선택만을 강조할 때 개인들의 무정부적인 자유에 따른 혼돈이 야기될 뿐 사회 전체의 변화에 대한 합의를 이끌어낼 수 없기 때문이다. 나아가 이들은 사회 전체의 구조적 변화를 '전체주의'라는 이름으로 거부하기 때문에 결코 사회 변화를 지지하지 않게 된다.

순환론은 진보를 대체할 수 있을까?

　결정론과 자유주의의 대립은 오늘날의 역사철학에서도 매우 중요한 쟁점 가운데 하나이다. 필연성과 자유는 역사를 설명하는 데 없어서는 안 될 두 축이라 할 수 있다. 그렇기 때문에 역사적 필연성을 옹호하는 결정론과 인간의 자율적 선택을 강조하는 자유주의는 그 나름의 정당성을 지니면서 서로 화해할 수 없는 평행선을 그을 수밖에 없다.

　그런데 최근에는 이 양자를 조화시켜보려는 이론적 시도들이 제시되기도 하였다. 정확하게 말하면 자유주의자들의 비판을 고려하여 결정론을 보다 부드럽게 해석함과 아울러 사회의 다양한 요소, 그중에서도 특히 문화적 요소를 끌어들이고자 하는 시도라 할 수 있다. 이러한 시도는 인간의 의지적·의식적 요소를 역사 과정의 중요한 범주로 파악하려는 것을 의미한다. 이들에 따르면 특정한 요소나 기준으로 전체 역사 과정을 설명하는 것은 매우 제한적일 수 있다. 중세사회에서는 종교가 지배적인 요소였다면, 자본주의 사회에서는 물질적 요소가 지배적이다. 그렇다면 미래 사회를 지배하는 것이 물질적 과정이라는 필연성 또한 없다고 할 수 있다.

　역사 과정에 문화적 범주를 끌어들여 결정론적 성격을 약화시키고자 하는 이론들은 미래 사회에서는 오히려 문화적 요소가 보다 중요해질 것이라고 주장한다. 그런데 이와 같은 주장은 역사를 설명하는 이론을 넘어서는 다른 문제들과 연관되는 경우가 많다. 예를 들어 서구의 역사 발전 과정과는 다른 길을 걸어 온 서구 이외의 지역에서는, 역사의 진보나 필연성을 이야기하는 이론은 서구 사회의 창작이며 다른 사회나 문화에는 맞지 않는다는 것이다. 이러한 논의는 특히 한국이나 중국, 일본과 같은 동아시아 역사가들에 의해서도 제기되었다.

이들에 따르면 역사의 과정은 혼란한 시기와 안정된 시기가 서로 교체하면서 반복되는 것이라는 순환론이 한 사회의 역사를 파악하는 유용한 관점일 수 있다는 것이다. 하지만 이와 같은 관점은 한 사회 혹은 한 문명의 역사적 과정을 조망하는 것은 가능하지만, 역사를 통해 의미를 발견하고 이를 발판으로 미래 사회의 비전을 제시하는 데 있어서는 무력하다. 더욱이 역사 과정이 혼란과 안정을 반복한다는 틀 또한 일종의 결정론을 전제하고 있다.

이와 같은 이론적 약점 이외에도 역사가 순환한다고 보는 입장은, 역사 순환의 개념을 동일 사회나 역사 단위에 적용하는 것이 아니라 상이한 문명 단위에 포괄적으로 적용함으로써 정치적 의미를 부여하기도 한다. 즉, 20세기 초반에 동아시아의 사상가들은 서세동점西勢東漸의 상황에서 민족적 역량을 강화하기 위한 수단으로 타락한 서구 문명이 결국에는 도덕적으로 건전한 동아시아 문명에 의해 대체될 것이라는 주장은 그 중요한 사례이다.

역사의 진보, 과연 불가능할까?

이와 같은 논의들은 역사 과정에서의 진보적 결정론을 약화시키면서 다양성과 다원성을 도입하고자 한다. 즉, 역사의 과정을 거시적 관점이나 특정한 요소를 중심으로 단선적으로 파악하는 것에 반대하여 역사의 갖가지 층차와 맥락을 중시하려는 입장으로 나아간다. 또 다른 한편으로는 문화적 차이에 기초하여 문명 간의 이질성을 강조하면서 문명 간, 국가 간의 대립을 부추기는 논의가 나오고 있는 것도 사실이다. 얼마 전 세계적인 논쟁을 일으켰던 새뮤얼 헌팅턴 S. Huntington의 '문명 충돌론'은 이러한 시각의 극단적 표현에 해당할 것이다.

문제는 이와 같이 문화적 요소를 일면적으로 강조할 경우 문화 결정론이 될 가능성은 없는 것인가, 나아가 과연 문화가 역사에서 결정적인 요소가 될 수 있는가 하는 의문이 제기된다. 최근 국제화니 세계화니 하면서 자본의 직접적인 경쟁이 전면에 등장하는 지금 문화적인 요소가 지배적일 수 있다는 생각에 대해 맹목적 문화주의라고 비판하는 것도 이러한 문제 제기와 같은 맥락에서 이해될 수 있다.

여기서 우리는 역사 과정에서의 진보가 꼭 역사적 법칙성만을 전제하는 것은 아니라는 점에 유의해야 한다. 예를 들어 인간의 역사는 진보한다는 주장이 꼭 서구 사회의 역사 발전 법칙 – 원시공산제, 고대노예제, 중세봉건제, 근대시민사회의 과정을 거치는 것 – 이 역사의 필연이며 진보라는 주장과 동일한 것은 아니다. 이는 특정 사회나 문화의 역사적 경험을 무차별적으로 적용한 것에 지나지 않는다.

역사가 진보한다는 주장의 의미는 인간의 삶의 조건이 보다 긍정적인 방향으로 진행되었으며 앞으로도 그럴 것이라는 실천적 가치에 있다. 그러한 진보가 어느 특정 가치만을 둘러싸고 전개되는 것으로 설명될 때 목적론이 되며, 그 힘의 추동력을 인간의 자율적 의지나 실천에 두지 않고 초자연적인 존재를 통해 설명할 때 종말론이나 섭리론이 되는 것이다. 따라서 목적론이나 종말론·섭리론으로 기울지 않는, 인간의 지나간 역사 속에서 미래를 위한 유의미한 지침을 발견하려는 관점으로서 역사의 진보를 말하려는 논의는 충분히 의미 있지 않을까.

역사적 사실은 진정 객관적일까

이종관 성균관대 교수

이데아의 나라 국립박물관에 놀러 간 노자는 이런저런 그림을 감상하다가 '마그리트의 방'에 이르러 아는 사람을 보고 발걸음을 재촉한다.

노자 어이, 오랜만일세!

플라톤 선생님, 오랜만에 뵙습니다. 잘 지내셨습니까?

노자 나야 뭐 늘 그렇지. 한데 자네는 뭘 그렇게 유심히 들여다보나? 그 속에 뭐가 있나?

플라톤 아, 이 마그리트의 그림 좀 보세요. 창가에 이젤이 있고 거기에 그림이 얹혀 있어요. 그런데 그림 속 나무의 위치가 참 애매합니다. 이젤 위의 그림이 창 바깥의 풍경과 딱 일치하듯이 그려져 있지 않습니까?

노자 자네 또 그 이상한 철학 얘기하려고 그러지? 눈에 보이는 것은 믿을 수 없다, 감각적인 것은 허상에 지나지 않고 진짜로 존재하는 것은 영원한 이데아밖에는 없다. 그 말 하려는 것 아닌가?

플라톤 이젠 아주 제 마음을 척척 읽어내시는군요. 쩝!

노자 도대체 진짜인가 아닌가 하는 게 뭐 그리 중요한가! 자네가 말하는 그 진리가 밥 먹여주나? 또 진리를 어떻게 말로 전하겠나? 자네가 하는

말은 자네의 뼈와 함께 다 묻힐 걸세! 내가 늘 말하지 않았나, 진리를 말
로 하면 제대로 된 진리가 아니라고. 허험!

플라톤 선생님, 또 그 도道 이야기 하시려는 겁니까? 도대체 선생님 말
씀을 들으면 알쏭달쏭해요! 그에 반해 제가 말하는 이데아는 논리적으
로 분명하지 않습니까? 잘 생각해보면 누구에게나 객관적으로 참이 되
는 것이죠. 수학이 그렇지 않습니까? 누가 1＋1을 2가 아니라고 하겠습
니까?

노자 그건 자네 생각이네. 찹쌀떡 두 개를 떡하고 붙여보게, 그럼 하나
가 되지 않는가!

플라톤 선생님, 또 농담하시깁니까?

노자 자네는 쓸데없는 생각이 너무 많아, 너무 어렵게 생각한다는 거지.
중요한 것은 마음을 읽는 거야. 다른 사람의 마음을 읽는 것만큼 중요한
것은 없다네.

플라톤 선생님, 그렇지 않습니다. 제가 살던 아테네는 객관적인 태도를
중시합니다. 합리적이고 객관적인 태도야말로 민주주의가 싹트는 원천
이 되었습니다.

노자 그 객관적이란 것이 난 도통 무슨 말인지 모르겠네. 그럼 자넨 저
마그리트의 그림이 허상이라고만 생각하나? 그림을 치우면 어떻겠나?
이 세계가 본래 그런 것 아니겠나?

플라톤 그림 속의 그림이니 치우고 확인할 수가 없지요. 감각이란 게 다
그런 겁니다. 진짜는 오로지 이데아이지요. 선생님의 경우도 그렇지 않
습니까? 인간 세계에서 선생님을 기록한 『사기史記』란 책에서는 선생님
이 노담인지 노래자인지 불확실하고, 춘추시대 사람인지 전국시대 사람
인지 확인이 어렵다고 쓰여 있습니다. 도대체 어느 게 맞습니까? 나이가

얼마나 되신 거죠?

노자 험험…….

플라톤 지난번에 공자 선생님을 뵙고 여쭤보니 '노자'라는 분께 예禮를 물어본 적이 있긴 한데, 공 선생님이 말씀하시는 분과 선생님의 모습이 다르던데요. 어찌 된 일입니까?

노자 또 그 이야긴가. 자넨 너무 따지길 좋아하는군. 도대체 그걸 확인해서 뭐하게?

플라톤 역사만큼 객관적이어야 하는 것은 없습니다. 선생님 나라의 이웃 조선에서는 왕이라도 사관史官의 기록에 간섭하지 못했다고 하던데, 그건 참 대단한 일입니다. 객관적인 기록이 있어야 제대로 된 역사의 이해가 있을 테니까요.

노자 자네는 하나만 알고 둘은 모르는군. 도대체 기록된 사실이라는 게 얼마나 되겠는가? 그래, 바로 저 마그리트의 그림이 그걸 잘 보여주는군. 역사적 사실이란 게 바로 그림 속의 그림과 같은 것이네. 마치 딱 들어맞아서 사실인 듯이 보이지만 실제 그 그림 뒤의 풍경이 그림 속의 그림과 같을까? 결국 우리는 몇 가지 사실만으로 상상하는 것이 아닐까? 역사는 역사가에 의해 재구성된 해석이지, 사실이 아니네.

플라톤 그렇지 않습니다. 비록 감각이 속일지라도 그것을 통해 이데아를 찾을 수 있듯이, 우리는 기록을 검토하고 연구함으로써 진정한 역사 이해도 가능한 겁니다. 선생님과 만날 때마다 논쟁이 붙는군요.

노자 저런, 그렇군. 오랜만에 만났으니 자네 스승 소크라테스 선생에게 놀러가 한잔하는 게 어떻겠나?

플라톤 좋습니다. 어서 가시지요.

역사적 사실은 객관적인가
왜 역사가 문제일까?

　현재의 구조는 그 안에 과거를 품고 있다. 현재는 과거와 구별됨으로써 존재하는 것이며 우리는 그 현재의 존재를 위하여 끊임없이 과거를 기억하고자 한다. 우리는 현재가 어떻게 여기 지금 이러한 모습으로 있게 되었는지, 그러한 현재는 우리가 벗어나야 할 것인지 아니면 그대로 미래로 연장시켜야 하는 것인지. 이러한 것들을 결정하기 위해 우리는 끊임없이 과거를 회고하고 이해하여야만 한다. 바로 이러한 인간 존재의 본질적 구조에서 역사에 대한 관심이 등장하며, 이 관심이 좀 더 철저해지고 체계화됨으로써 역사학이 탄생한 것이다.

　그러나 역사학은 과연 역사적 사실을 신뢰할 수 있게 포착하고 법칙화하여 진정 인간 존재의 현재와 미래에 기여하는가? 이러한 문제는 사실 인간이 본격적으로 자신의 과거를 탐구할 때부터 끊임없이 제기되었다. 특히 인간의 학문적 활동이 인간 삶의 중심부를 장악하기 시작한 19~20세기는 역사적 사실과 그 진리를 파악하는 방법, 그리고 역사학의 가능 조건에 대한 고민이 매우 격렬하게 수행되던 시기였다.

역사적 사실은 실증적으로 발견될 수 있을까?

　우선 우리의 상식에 가장 호소력을 가질 수 있는 역사학의 방법은 일어난 일들을 일어나는 대로 기술하고 정리하는 방법일 것이다. 19세기의 역사적 방법론에서 실증주의적 역사학자는 바로 이러한 상식적인 믿음에 기초한 역사학의 방법론을 제시하려 했다. 당시 막강한 위력을 발휘하고 있던 자연과학 앞에서 대부분의 학자들은 자신의 연구 영역에도 과학적 방법을 도입하고픈 유혹에 빠져 있었다. 이때 자연과학의 성공 이유는 대개의 경우 실재의 사실에 바탕을 둔 관찰과 증명에서 찾아졌다. 따라서 이러한 방법은 진리에 이르는 유일한 길로서 지배력을 갖게 되었고, 결국 이 방법은 문자 그대로 실증주의라는 이름 아래 19세기 말 세계를 지배하는 이념으로 등극하게 되었다.

오귀스트 콩트_{A. Comte} 그리고 랑케_{L. Ranke}, 그들이 바로 역사학의 진리도 오직 실증주의적 방법을 통해서만 도달할 수 있다는 신념의 소유자들이었다. 그들은 소위 실증주의 역사학을 제안하였으며 랑케는 역사학의 이념을, 과거의 사건을 '그것들이 원래 일어났던 그대로_{wie eigentlich gewesen ist}' 기술해야 하는 것으로 규정하였다. 이때 역사가에게 주어지는 과제는 자신의 주관적 생각이나 가치관을 제거하고 과거의 사건들이 남겨놓은 물질적 흔적들을 과학적으로 다루어 과거 사건의 객관적 실체를 규명하는 것이다. 실로 랑케의 실증주의 역사학은 역사학에서 사료의 중요성과 그것을 실증적으로 다루는 방법을 발전시키는 데 적지 않은 기여를 하였다. 역사학이 객관성과 과학성으로 장식된 것은 전적으로 이 실증주의 역사학의 공로이다.

하지만 이러한 실증주의적 역사학은 면밀히 검토되어야 할 전제들을 무심히 지나치고 있다. 실증주의적 역사학은 역사적 사건을 자연적 사건과 질적인 측면에서 동일한 것으로 취급하고 있다. 하지만 역사적 사건과 자연적 사건은 그것이 발생하는 것이라는 점에서 같을 뿐 결코 동일한 성질의 것이라 할 수 없는 뚜렷한 차이가 있다. 자연적 사건은 인간과 무관하게 발생하지만 역사적 사건은 대개 인간과 깊은 관련을 맺으며 일어난다. 또 자연적 사건은 대개 반복적이지만 역사적 사건은 거의 반복되지 않으며 각각의 역사적 사건은 그 나름의 매우 독특한 성격을 갖는다.

역사적 사실의 객관성에 대한 의혹 | 실증주의에 대한 도전들

실증주의의 무차별적인 위력 앞에서 불안을 느끼던 일단의 철학자들은 바로 이러한 역사적 사건과 자연적 사건의 이질성을 거점으로 실증주의적 역사학에 도전하기 시작했다.

첫 번째 도전장은 독일 남부에서 신칸트학파를 이끌던 빈델반트 W. Windelband에 의해 던져졌다. 빈델반트는 「역사와 자연과학」이라는 논문에서 자연적 현상의 반복성과 균일성을 역사적 사건의 특수성과 일회성에 대비시키며 역사가 문화의 가치 영역임을 부각시켰다. 그리하여 그는 두 학문의 방법론이 달라질 수밖에 없음을 주지시켰다. 즉, 자연과학은 그것이 다루는 현상의 균일성과 반복성이란 성격상 보편 법칙을 파악하고 제시하는 법칙 정립적 nomothetisch 방법을 지니는 반면, 역사학은 한 사건이 다른 것과 구별되는 개별적 특성을 기술하는 개성 기술적 ideographisch 방법을 사용해야 한다는 것이다.

하지만 또 다른 한편에서 훨씬 근본적인 도전이 실증주의적 역사학에 제기된다. 이러한 도전의 선봉자는 바로 생철학과 역사주의(인간과 인간에게 다가오는 모든 것이 역사적으로 규정되어 결코 역사적 상황을 벗어날 수 없다)를 철학사에 뚜렷하게 각인시킨 딜타이_{W. Dilthey}였다. 빈델반트는 주로 역사적 사실의 특수성과 문화 및 가치성에 관심을 가지고 있었다. 하지만 딜타이는 역사적 사건의 객관적 실재성이라는 믿음을 격렬하게 동요시킨다.

딜타이의 시선은 역사적 사건이 자연적 사실처럼 인간 밖에 독립적으로 존재하는 것이 아닌 인간과의 관계 속에서 비로소 발생한다는 점을 꿰뚫고 있었다. 여기서 딜타이는 다음과 같이 부각시킨다. 역사적 사건은 바로 인간 삶의 표현이며 또 역사를 탐구하는 자는 역사적 상황에서 그의 삶을 살아가며 역사에 참여하고 있는 존재라는 것이다.

이로써 딜타이는, 역사에 객관성을 기대한다면 그것은 빗나갈 수밖에 없다는 것을 강력하게 시사한다. 그 이유는 다음과 같다. 역사의 사건이 삶의 표현이라면 그것은 오직 삶과의 관계에서 삶의 원리에 따라 파악될 수 있을 뿐 자연적 사건의 법칙, 즉 인과론에 의해 설명될 수 없는 것이다. 또 역사적 사건의 탐구자가 결코 역사를 벗어날 수 없는 역사적 존재로서 역사에 동참하고 있다면, 역사는 결코 순수하게 관찰될 수 있는 대상으로서 역사 탐구자 앞에 설 수 없다. 만일 어떤 역사적 사건이 순수하게 역사적 탐구자의 삶이 개입되지 않고 관찰될 수 있는 객관적 대상으로 그 탐구자 앞에 제시되어 있다면, 그 역사적 사건은 이미 역사적 사건으로서의 특성을 상실한 것이다.

이러한 견해에서 보면 역사적 사건의 진리에 이르는 길은 결코 역사적 사건을 대상으로 보고 관찰하고 탐구하는 것이 아니다. 그것은 그 역사적 사건을 표출했던 삶의 흐름_{erleben}을 뒤좇아 들어가는 것_{nachleben}이다. 이렇게 지나간 삶이 밖으로 드러낸 사건들을 현재에 뒤좇아 들어가 그 삶과의 관계에서 파악하는 방식을 딜타이는 감정 이입 혹은 이해 _{verstehen}라고 불렀다.

물론 여기서 학문으로서의 역사학의 객관성은 더 이상 기대할 수 없다. 그러나 이미 언급한 바와 같이 역사의 진리는 인간의 삶과 무관하여 누구에게나 무차별적으로 똑같이 관찰될 수 있는 그 자체로 있는 죽은 사물, 즉 객관적 대상의 형태로 드러날 수 있는 성질이 아니다. 이제 역사의 진리 여부는 현재의 삶이 지난 삶의 흐름을 다시 뒤좇아 갈 수 있는가에 달려 있다. 즉, 현실의 삶이 어느 정도 다른 삶에 이입할 수 있는가가 바로 역사의 진리성을 확보하는 관건이다.

물론 다른 삶에 이입하는 것은 쉽게 달성되지 않는다. 하지만 역사가 인간 삶의 표현이고 또 역사의 탐구자 역시 삶의 존재라면 거기에는 삶의 장이라는 공동의 공간이 펼쳐져 있으며 삶을 흐르게 하는 동기가 꿈틀거리고 있다. 바로 여기에 다른 시간대의 두 삶이 서로 합류될 수 있는 가능성이 있는 것이다. 이 가능성을 실현하는 것은 물론 쉽게 이루어지지 않는다. 그러나 그것이 결코 불가능한 것도 아니다.

딜타이의 역사주의에서 역사적 사실은 무지한 기대임이 여실히 폭로되었다. 하지만 역사에는 진정 진리가 자리 잡고 있을까? 유감스럽게도 딜타이는 이러한 물음을 전혀 제기하지 않았다. 그는 역사적 사실의 객관적 설명 가능성을 부정하였지만, 역사의 진리성 자체를 의심하지는 않았다.

그러나 혼란과 제국주의의 전쟁으로 점철된 19세기 말과 20세기 초를 넘어서면서 그 시대의 우울은 역사의 진리성 자체에 의혹을 갖는 철학자를 등장시킨다. 테오도오 레싱 _{T. Lessing}은 역사의 멜랑콜리를 짙게 체험하며 역사의 바탕이 무의미한 것임을 폭로하려고 했다. 레싱은 그의 논문 「무의미한 것에 대한 의미 부여로서의 역사」에서 각혈하듯

설파한다. 역사란 권력 변동으로부터 돌출하는 우발적 사건들의 파노라마로서 어떠한 확고한 기반 없이 혼란스럽게 펼쳐진다고. 또 진정한 역사의 존재도 부정되어야 한다고. 우리가 역사라고 기억하고 이해하는 것은 단지 우리의 욕망이 겹겹이 쌓여 있는 것에 불과하며 기억을 위장하여 우리가 바라는 것을 미래에 투사하는 것에 불과하기 때문이다.

그리하여 레싱은 인간의 역사란 직접적으로 살아온 현실도 아니고 논리적 · 수학적 의미도 진리도 아니며 인간의 의식이 현실화된 것은 더더욱 아니라고 단언한다. 그것은 오히려 결코 막이 내리지 않는 '신화 꾸미기'이며, 역사학자들의 역할은 이 신화가 꾸며질 수 있는 기초를 제공하는 것에 불과하다. 역사학이 만일 지나간 현실의 진리를 파악하는 학문으로서 독립적으로 존재한다면, 그것은 언제나 무의미한 현실로부터 의미 있는 신화를 꾸며냄으로써 위안을 받는 삶의 적대 행위를 하는 것이다.

역사에는 필연 법칙이 작용할까?

물론 실증주의와 다른 입장이라고 해서 모두 역사적 사실의 객관성에 도전하며 극단적으로는 역사의 무의미성을 탄식하는 허무주의로 끝을 맺는 것은 아니다. 역사적 사실들을 발생시키며 그 사실들의 관계를 정립시키는 진정한 원리는 결코 자연과학적인 것과 다르다는 것을 어떤 입장보다도 강력하게 주장하지만, 또 역사적 사실이 그냥 밖에 놓여 있어 관찰될 수 있는 객관적인 상태로 존재한다는 것을 부인하지만, 역사적 사실의 발생과 그들의 관계가 매우 역동적인, 그러나 필연적인 법칙을 따른다는 것을 강조하는 흐름도 철학사에 뚜렷한 흔적을 남기고 있다.

이러한 역사관은 이미 근대 관념론에 의해, 특히 헤겔에 의해 그 계기가 마련되었다. 헤겔은 그의 저서『정신현상학』에서 다음과 같은 사실을 보여주려 했다. 모든 나타나는 것에는 자기인 것과 자기가 아닌 것이 혼재하는 모순의 상태가 내재하고 있으며, 따라서 모든 사건은 이 모순적인 현 상태를 극복하기 위한 현 상태의 부정 과정 속에서 끊임없는 변화를 겪을 수밖에 없다. 여기서 헤겔은 모순의 상태와 그 모순적 현 상태를 부정하여 모순을 극복하는 과정이 바로 정신의 존재 원리인 변증법이라고 주장한다.

헤겔은 바로 이 정신의 변증법적 원리를 기반으로 역사관을 마련한다. 즉, 모든 나타나는 사건은 정신이 최초 물질로서의 자신의 모순 사태를 부정의 과정을 통하여 단계적으로 극복해 나아가 결과적으로 자기 자신으로 돌아오는 자기완성의 절차 속에서 등장하는 역사적 사건이라는 것이다.

하지만 정신의 변증법을 기반으로 한 헤겔 역사철학은 과도한 관념론적 추상성 때문에 곧 반발을 불러일으키며 헤겔 사후에 즉각 역사유물론으로 전도된다. 역사유물론은 헤겔의 변증법을 물려받지만 헤겔과는 반대로 변증법을 모든 물질적·자연적 존재의 원리로 파악하고, 역사를 이 자연적 물질의 변증법적 운동이 전개되는 과정으로 역전시킨다. 그러나 이러한 전도에도 불구하고 역사의 전개 법칙이 우연한 사실의 나열이 아니라(변증법이라는) 필연성에 근거하고 있다는 입장은 오히려 가장 강력하게 응고된 형태로 주장된다.

마르크스 이후 본격화되는 이 역사유물론은 자연적 사실을 비롯하여 인간의 역사적 사실까지도 물질의 변증법적 원리에 따르는 것으로 본다. 인간의 사회에 나타나는 현상은 어떤 정신이나 관념의 전개로부터 파생되는 것이 아니다. 그것은 바로 신체를 소유한 자연적 존재로서의 인간이 자신의 생존을 위해 자신의 신체에 물질을 공급하는 인간의 자연적 활동과, 그에 요구되는 노동과 노동의 수단 그리고 인간 상호 간에 노동이 조직화되는 방식에서 유래한다. 따라서 이러한 과정에서 발생하는 모든 역사적 사실은 역사의 물질적인 변증법적 전개 과정의 소산으로 필연성을 갖는다.

여기서 사실을 있는 그대로 관찰하여 사실과 사실 간의 필연적 인과관계를 파악하려는 실증주의는 사실의 역동적인 변증법적 구조를 전혀 이해하지 못하는 표피의 철학으로서 역사의 진리를 포착할 수 없는 철학으로 격하된다.

필연성도 객관성도 없는 역사?

과연 실증주의자들은 이러한 도전에 침묵하고만 있는가? 그들은 역사가 인과론의 지배를 받는 영역이 아니라는 것을 어느 정도 수긍하면서도 나름대로 반격을 칼을 갈고 있었다. 그리고 20세기 중반 신실증주의가 도래하고 그것이 포퍼의 반증주의로 세련화되면서 본격적으로 반격은 시작된다. 그 반격의 칼은, 역사의 법칙을 비자연과학적인 것으로 본다는 점에서는 초기 실증주의자들의 적이었지만 역사적 사실을 법칙화하려 했다는 점에서는 그들의 동지였던 철학에 더욱 예리하게 겨누어진다. 그 철학은 바로 역사유물론이다.

포퍼는 역사유물론을 위시하여 역사적 사실을 역사 발전 법칙의 필연적 결과로 파악하는 모든 철학에 도전적으로 치명적인 손상을 입힌다. 인간을 전체주의의 함정으로 몰아넣어 참을 수 없는 질곡을 생산하는 철학이라고. 포퍼는 『역사주의의 빈곤』이라는 저서에서 역사 발전의 필연법칙을 주장하는 철학을 역사주의historizismus라고 규정하고 그러한 역사주의는 정치적 비극으로 끝날 수밖에 없음을 경고하였다(물론 포퍼가 비판하는 역사주의는 앞에서 우리가 딜타이를 다룰 때 언급했던 역사주의와 다르다. 포퍼가 비판한 역사주의는 역사의 필연 법칙을 주장하는 일종의 역사 형이상학이며, 딜타이의 역사주의는 모든 것을 특수한 역사적 상황 안에서 발생하는 것으로 보는 입장으로 역사적 상황의 상대성을 주장하는 역사 상태주의이다. 우리말로 두 입장은 똑같이 역사주의로 번역되지만 원어로는 구별된다. 포퍼가 비판하는 역사주의는 Historizismus Historicism이고 딜타이의 역사주의는 Historismus Historism이다).

역사주의에 대한 포퍼의 비판의 핵심은 역사주의가 이미 방법론적으로 과거에서부터 현재와 미래까지의 모든 역사적 사실 전체를 대상화하여 탐구하는 전체주의적 특성을 지닌다는 것이다. 하지만 이러한 전체주의적 방법론은 인간이 이성의 불완전성을 인정한다면 결코 성취될 수 없는 것이라고 고백되어야 한다.

요컨대 불완전한 인간은 역사 전체를 결코 대상화할 수도 파악할 수도 없다. 나아가 이러한 전체론적 방법론에 근거해 주장되는 역사의 법칙은 역사의 미래를 이미 결정된 것으로 보고 현재의 모든 것을 그 미래의 목적에 끼워 맞추는 강압과 배제의 구조를 발생시킬 수밖에 없다는 것이다. 즉, 미리 결정된 미래의 목적에 부합되는 역사적 사실은 수용되면서 그러한 역사적 사실이 일어나도록 인위적으로 계속 조작되지만, 그렇지 않은 사실들은 역사에서 제거되어야 할 사실로 역사의 무대에서 추방되며 앞으로도 일어나지 말아야 할 것으로 억압된다.

따라서 포퍼의 결론은 다음과 같이 간추려진다. 하나의 사회가 이러한 역사철학에 기초하여 이끌어진다면 그 사회에는 바로 이러한 억압과 배제의 구조가 이식되는 것이 불가피하다. 많은 전체주의 국가에서 목격되었던 질곡의 역사는 그것을 적나라하게 보여주고 있다.

최근 들어서는 포스트모던 철학의 영향 아래 역사적 사실을 반실재론적·반객관주의적 관점에서 이해하는 경향이 더욱 짙어지고 있다. 그 대표적인 인물은 미셸 푸코이다.

푸코를 이해하기 위해서는 우선 프랑스 지성계를 지배하던 구조주의structuralism에 대한 언급이 불가피하다. 구조주의적 역사관은 역사적 사실을 단절된 개별적 사실이 아니라 서로 관련된 체계로서 이해하며, 따라서 하나의 역사적 사실은 전체적 연관성 아래서만 의미를 가질 수 있다는 입장을 견지한다. 역사적 사실은 시간의 흐름에 따라 나열된 것이 아니다. 상이한 시점에 발생하는 역사적 사실들에는 한 시대를 구획하는 공통의 구조가 관통하고 있다. 따라서 구조주의자들은 시간의 흐름에 따라 역사적 사실을 기술하는 통시적diachronic 접근보다 시간적 상이성을 넘어서 한 시대의 기층에 놓여 있는 구조를 파악하기 위한 공시적synchronic 접근을 선호한다. 구조주의적 역사관에서 역사는 연속적인 전개 과정이 아니라 구조의 전체적인 변화라고 하는 불연속성과 단절에 의해 특징지어진다.

후기 구조주의자인 미셸 푸코는 구조주의자들로부터 역사의 불연속성과 역사적 사실의 상호관련성을 물려받는다. 하지만 그는 역사적 사실들의 전체적 상호관련성을 틀 지우는 구조가 견고한 객관성을 갖고 있는 것이 아니라 매우 불안정하고 불완전한 것임을 강조하며 구조주의가 갖는 전체론적 성격을 약화시켰다.

푸코는 우선 역사적 사실에 접근할 때 과거를 현재와 단절시키고 과거의 이질성을 명백히 함으로써 과거의 역사적 사실이 현재와 같은 개념과 가치에 의해 서술·평가될 수 없음을 설파하였다. 즉, 푸코는 현재로부터 시작하여 현재와의 뚜렷한 차이성이 부각될 때까지 시간을 거슬러 올라가 현재와 단절되는 역사적 시기를 확보한다. 그리고 이 역사적 시기의 이질성을 강조함으로써 과거와 현재의 연속성에 기초하여 현재를 과거에 비해 진보된 것으로 판단하는 역사관에 타격을 가한다. 요컨대 푸코는 역사적 사실을 규칙성, 불연속성 그리고 역전의 원리라는 세 가지 관점에서 바라본다.

그의 역사관은 역사를 이성에 의한 해방의 역사로 보는 진보적 입장을 전복시키는 데 매우 중요한 역할을 한다. 이러한 푸코의 역사관은 역사적 사실에 대한 반실재론적·반전체주의적 입장과 연결된다. 그는 어떠한 역사적 사실도 단일한 객관적 질서의 소산이 아니며 역사적 사실이 향해야 하는 역사의 목적도 존재하지 않는다고 주장한다. 어떤 역사적 사실이 역사적 서술 속에서 의미를 부여받으며 전승되는 것은 그 시대를 지배하는 개념적 체계, 즉 그 시대의 용어나 범주 등 역사적 기록물에 부여되는 언어적 질서에 의해 선택되고 누락된다. 따라서 푸코에게 더 중요한 것은 기록된 역사적 사실이 아니라 역사적 사건들을 정리·분류·서술하는 언어 질서가 발생하는 과정이다. 우리에게 전해진 역사적 사실은 이러한 언어들에 의해 떠받들어지고 있는 부유물질들에 불과한 것으로 사실성을 상실한다.

이러한 근거에서 푸코에게는 본격적인 역사책을 저술하는 것보다 근대 이후 합리성으로 장식한 새로운 언어적 질서의 출현으로 누락되고 침전되어 침묵을 강요당한 역사적 사실들을 발굴하는 것이 더 시급할 수밖에 없었다. 이를 통해 근대의 언어적 질서가 사실의 배후에서 은밀하게 행사하고 있는 배타적 권력이 폭로되기 때문이다.

역사적 사실에 대한 이러한 접근 방법을 푸코는 전통적 역사학에 대비하여 고고학적 역사학이라고 부른다. 전자가 역사의 연속성이란 가정에 입각하여 편재에 이르는 역사상의 주된 흐름에 시선을 맞추고 있다면, 푸코의 고고학적 역사학은 역사의 발전 과정에서, 특히 근대 역사의 서술에서 누락된 것들, 그리고 제거되어 억압된 조야하고 사소한 것들을 발굴하는 데 관심을 기울인다. 푸코가 끊임없이 학문적으로 천박한 주제인 성, 광기, 감옥의 역사 등에 관심을 가지며 『성의 역사』, 『광기의 역사』란 제목의 책을 저술한 이유는 이러한 그의 고고학적 역사관 때문이다.

반객관주의적 견해가 지닌 의미

지금까지 우리는 역사적 사실의 객관성 여부에 관한 여러 입장들을 살펴보았다. 그 결과 처음에 실증주의적 입장은 역사적 사실의 객관성을 의심하지는 않았으나 점차 역사적 사실의 독특성이 강조되면서 역사적 사실을 반객관주의적 입장에서 이해하려는 방향으로 흘러가는 것을 알 수 있다. 이러한 경향을 확인하면서 우리는 매우 당혹하지 않을 수 없다. 역사의 진리가 결코 객관적으로 인간의 손에 잡히지 않는 것이라면, 우리에게 전해지는 모든 역사는 하나의 허구로서 그 자체가 무용한 것일까? 만약 그렇다면 우리는 역사에 관심을 가질 필요가 없을까?

이미 앞서 밝히 바와 같이 인간은 그 존재 구조상 역사 없이는 살 수 없다. 우리는 끊임없이 과거를 이야기하고 평가하면서 현재를 과거와 구별하며 또 미래를 그린다. 이러한 상황을 고려하면 역사적 사실에 대한 반객관주의적 입장은 바로 다음과 같은 의미를 갖게 될 것이다. 우리는 전해진 역사적 사실과 그에 대한 서술 및 평가에 의지하여 살아야 하지만, 한편으로는 그것을 절대화시키지 말고 끊임없이 되짚어 보며 새롭게 기술하고 평가하는 태도를 필요로 무관심과 허무주의를 주장하는 것이 아니라 역사적 사실에 대한 지속적인 관심과 끊임없는 대결을 고무하는 것이다.

과연 이데올로기의 종언일까

김창호 경기대 교수

온 시민이 환호하는 가운데 이데올로기 냉전 시대의 상징처럼 보이는 레닌의 동상이 철거된다.

시민 1 이보게, 예나리조바! 이제 새로운 세상이 온 거야. 이데올로기의 시대는 갔다구. 이제 자유의 시대가 온 거야!

시민 2 ……. 와아!

시민 1 와아! 드디어 무너졌어, 레닌이 갔다구! 와아! 아니, 그런데 자네 표정이 왜 그 모양인가?

시민 2 글쎄, 레닌 동상이 철거된다고 모든 문제가 해결되는 걸까? 이보게, 리버티스키! 자네는 이제 무얼 해서 먹고 살 텐가?

시민 1 글쎄, 아직은 나도 모르겠네. 뭐 대충 생각해놓은 게 있긴 하네. 자넨 어찌할 텐가?

시민 2 난들 알겠나? 근데 자네가 생각이 있다니, 뭔가?

시민 1 예나리조바, 자네만 알고 있게! 실은 미국에 친척이 있는데 맥도날드에 다닌다네. 이제 미국 자본주의가 봇물처럼 쏟아져 들어올 거 아닌가. 그 분위기를 타야지. 뭐 다른 수가 있겠나. 미국의 친척에게 잘 이야기해서 어디든 지점의 매니저 노릇이나 할까 해! 그 친척이 도와주겠다고 했으니 말이야.

내 힘이 되면 자네도 추천해보겠네.

시민 2 리버티스키, 자넨 운이 좋군! 어쨌든 고마운 말이야! 한데 철거되는 레닌 동상이 기억에서 잊히면 암울했던 냉전 이데올로기는 다 사라지는 것일까?

시민 1 글쎄. 그걸 내가 어찌 알겠나?

시민 2 그러게 말이네……. 쯔쯧!

레닌 동상을 철거했던 두 사람의 대화는 우려가 아닌 사실이 되었다. 2003년 개봉된 영화 〈굿바이 레닌!Goodbye, Lenin!〉은 교통사고를 당해 혼수상태로 누워 있는 어머니를 구하기 위해 거짓말을 하는 아들 알렉스의 이야기다. 본래 알렉스의 어머니는 소년단에게 공산당 노래를 가르치던 동독의 열성당원이었다. 하지만 어머니가 누워 있는 동안 서독과 동독은 통일되었고, 알렉스는 어머니가 큰 충격을 받을까 봐 차마 독일이 통일되었다는 소식을 전하지 못한다. 대신 알렉스는 어머니에게 거짓말을 하기로 결심한다.

하지만 서독에서 밀려오는 사람들, 자본주의의 상징인 코카콜라 현수막을 비롯한 수많은 자본주의의 흔적들을 어떻게 다 없앨 수 있을까. 알렉스는 서독에서 수많은 난민이 동독으로 몰려오고 있다고 둘러댄다거나, 이미 생산이 중단되어 구할 수 없는 동독제 커피와 피클을 찾느라 휴지통을 뒤진다. 거짓말은 일파만파로 커져 친구와 함께 비디오테이프를 만들어 동독이 선진국 대열에 올라섰다고 어머니에게 알린다.

하지만 영화 속에서 알렉스의 거짓말과 나란히 보이는 사실적인 에피소드는 알렉스의 거짓말이 얼마나 허무한 것인지를 더욱 극명하게 부각시킨다. 헬리콥터에 매달려 도심 한복판으로 철거된 레닌의 동상이 지나가고, 동독 최초의 우주비행사였던 사람이 택시 기사로 등장하고, 알렉스의 누나는 버거킹의 점원이 되어 나온다.

인간이 사회에서 살아간다고 할 때 우리는 과연 이데올로기로부터 자유로울 수 있는가? 이데올로기의 종언이란 지배적인 이데올로기가 다른 것으로 대체되는 것일 뿐, 완전한 이데올로기가 없는 사회란 있을 수 없는 것이 아닐까?

과연 이데올로기는 사라지고 있을까?

  19세기 이후의 역사는 이데올로기의 역사라 할 만큼 자유주의, 민족주의, 전체주의, 민주주의, 보수주의, 사회주의 등과 같은 다양한 이데올로기들이 등장하고 있다. 우리들 역시 특정 이데올로기 체제에 속해 살 수밖에 없었던 탓으로, 이러한 이데올로기들에 의해 직접 · 간접적으로 많은 영향을 받아왔다.

  20세기에 이르게 되면 이데올로기의 시대는 절정에 달한다. 1919년 러시아 혁명 이후 세계적으로 자본주의와 사회주의라는 양내 체제 사이의 냉전적 대립이 격화되면서 이데올로기는 우리의 생활양식에 영향을 미치는 수준을 넘어 생존을 뒤흔들어 놓고, 사고 구조를 왜곡하기에 이르렀다. 20세기에 일어난 수많은 전쟁들이 냉전 이데올로기의 대립에 의해 일어났으며, 한국전쟁 또한 마찬가지였다. 이데올로기의 대립에 의한 전쟁 속에서 인간의 삶은 희생되고 왜곡되어왔다.

  20세기 후반 내내 우리 민족이 겪어야 했던 남북의 분단과 대립, 특히 남한 사회의 반공 이데올로기에 의해 왜곡된 우리의 삶 등도 그러한 냉전 이데올로기적 대립의 산물에 불과하였다. 베트남과 독일이 하나의 체제로 합쳐진 오늘날 세계 유일의 분단국가로서 아직도 남북한은 분단에 의해 왜곡된 이념적 갈등과 이로부터 야기되는 갖가지 문제로부터 자유롭지 못하다.

  1980년대 말에 들어서면서 인류는 새로운 역사적 경험을 하게 된다. 사회주의 체제는 자유의 원리보다 평등의 원리를 '형식적'으로 강조함으로써 자본주의에 비해 생산력 발전이 정체될 수밖에 없었다. 이로 인해 사회주의 사회는 사회 발전의 추동력을 상실하게 되었고, 그 결과 사회주의 체제는 몰락하였다. 이제 20세기 이후 자본주의와 함께 격렬한 이데올로기적 대립을 이루었던 사회주의라는 한 축이 붕괴됨에 따라 이데올로기의 대립은 더 이상 무의미한 것이 되어버린 것처럼 보인다.

그래서 요즘 사회에서는 정치적 문제나 이데올로기적 문제로 고민하는 것은 시대에 뒤떨어지고, 현실 감각이 뒤떨어진 것으로 간주되기도 한다. 정치나 이데올로기에 비해 경제가 중요하며, 우리의 행위도 정치적·이데올로기적 정당성보다 경제적 효율성에 그 기준을 두어야 한다고 주장하기도 한다. 이데올로기가 공동화됨에 따라 경제적 이해관계만이 유일한 행위의 규칙이 되기 때문에, 이념적·정치적 요소보다는 각 개인이나 집단의 이해관계가 사회의 지배적인 요소가 되었다는 것이다. 최근 자본주의와 사회주의 이데올로기의 냉전적 대립이 와해되고 난 이후 WTO, NAFTA, EU, APEC 등의 역할이 강화되는 데에서 볼 수 있듯이, 국제관계에서도 경제적인 요소가 지배적인 역할을 한다.

어쨌든 전 세계적 차원에서 이데올로기를 대신하여 경제가 지배적인 요소가 되었다는 것이 다니엘 벨_{Daniel Bell}의 '이데올로기의 종언'을 사실적으로 입증하는 것처럼 보이기도 한다. 이러한 '이데올로기의 종언'을 주장하는 사람들은 이데올로기를 인간의 삶을 왜곡하는 불필요한 것으로 간주하는데, 이러한 견해들은 최근 몇몇의 미래학자들에 의해 보다 구체적이고 분석적으로 제시된 바 있다. 즉, 이제 세계는 탈이데올로기 시대이며, 근대의 산물인 이데올로기는 이제 새로운 탈근대의 사회를 맞이하게 됨에 따라 세계와 현상을 이해하는 중요한 기준이 아니라는 것이다.

변화하는 세계와 이데올로기

이데올로기의 종언을 주장하는 학자들은 이데올로기가 사라지게 되는 현실적 근거를 주로 기술체계의 변화에서 찾는다. 지나치게 단순화하는 것으로 보일 위험성이 있음에도, 이들의 주장을 요약하면 대략 세 가지를 꼽을 수 있다. 그들에 따르면, 기존의 대량생산 체제 하에서는 노동과 소유가 분리되어 있었으며 제한된 공간에서 노동자들의 집단화가 필연적일 수밖에 없었기 때문에 노동자들의 세력화, 그에 따른 노동과 자본의 대립, 나아가 자본주의와 사회주의의 대립이 불가피하였다고 본다.

하지만 현대에 와서 이러한 상황은 달라졌다는 것이다. 첫째, 포스트포디즘의 등장과 함께 대량생산 방식으로부터 '다품종 소량생산'이 지배적인 방식으로 생산 형태가 변화하였으며, 다품종 소량생산은 컴퓨터 및 정보통신의 발전에 의해 가능하게 되었다고 본다. 이러한 기술적 조건 아래에서는 노동과 소유가 결합된 형태로 생산이 이루어지므로, 노동과 소유의 분리에 기초한 전통적 의미의 이데올로기 대립은 의미가 없게 된다는 것이다. 둘째, 육체노동에 의한 생산에 비해 정신노동에 의한 생산이 보다 높은 생산력을 갖기 때문에 전통적 의미의 육체노동자를 자본주의를 지양하는 주요 세력으로 간주하는 것은 시대착오적이라는 것이다. 그리고 셋째로, 정보통신의 발달은 세계의 지역적 분할을 불가능하게 하면서 세계적 차원의 통합을 가능하게 한다는 것이다.

이와 같이 이데올로기의 종언을 주장하는 견해에는, 이데올로기가 근본적으로 인간의 삶을 왜곡하고 억압하는 것이며 따라서 인간의 삶으로부터 배제되어야 할 것이라는 관점이 전제되어 있다. 그런데 이와 같이 이데올로기를 부정적으로 보는 견해는 비단 최근에 대두된 것만은 아니다. 근대 이후 이데올로기 개념이 '내용적으로' 형성되는 과정에서 이미 그 개념은 부정적 의미로 사용되었던 것이다.

이데올로기가 부정적 의미로 사용되는 것은 그것이 과학적 인식을 방해하고 왜곡한다는 의미에서이며, 근대 이후의 기계적 세계관과 자연과학에 근거하여 중세의 종교적 도그마를 비판하면서부터이다. 오늘날 이데올로기 개념이 과학에 대립되는 왜곡된 지식, '허위의식'으로 규정된 것도 바로 과학과 이데올로기를 대당對當 관계로 보는 전통적 관점이 그대로 적용되고 있는 것이라 할 수 있다.

그러나 과연 과학이 이데올로기로부터 자유로울 수 있을까? 과학 자체도 일정하게 이데올로기적 성격을 지니는 것은 아닐까? 만약 이러한 물음에 대해 긍정적으로 생각한다면, 과학은 반反이데올로기적이면서 동시에 이데올로기적인 것인가?

반과학으로서의 이데올로기

이데올로기 개념은 자연을 대상으로 삼는 자연과학과 같이 인간의 관념을 대상으로 삼는 과학을 제창하였던 데스튀트 드 트라시 Destutt de Tracy에 의해 창안되었다. 이 개념을 통해 그는 종교적·형이상학적 편견을 극복한 이데아에 관한 과학을 정초定礎하고자 하였다. 그러나 이러한 개념의 발생과 달리 이데올로기의 현실적 의미는 중세 기독교적 도

그마에 대한 과학의 투쟁으로부터 형성된다.

근대 이후 자연과학의 발전은 중세의 종교적 세계관을 붕괴시키는 데 결정적인 역할을 수행한다. 그러므로 근대 이후의 자연과학은 혁명적 이론의 중심에 속하지 않을 수 없었다. 자연과학에 기초한 기계적 세계관은 이와 같은 중세의 종교적 세계관과의 투쟁 가운데 형성되었다. 당시 자연과학의 발전에 기초한 기계적 세계관을 정당화하려는 철학적 시도는 무엇보다 종교적 도그마로부터 해방하는 일에서부터 시작하지 않을 수 없었기 때문이다.

근대에 이성적 주체를 철학의 중심 개념으로 파악한 데카르트에서 실증주의의 창시자인 오귀스트 콩트에 이르기까지 종교와 형이상학에 대한 비판은 철학에서 중심적인 내용을 이루었는데, 그 가운데 가장 많이 알려져 있는 것이 베이컨의 우상론이라 할 수 있다. 한편 종교에 대한 이와 같은 비판적 태도와 이데올로기 개념을 결합시킨 사람이 마르크스이다. 그는 자본주의 사회를 분석하면서, 자본주의 사회에서 이데올로기는 현실의 모순을 반영하는 것이면서 동시에 현실의 모순을 은폐한다면서 이데올로기를 '허위의식'이라 규정한다. 마르크스의 이러한 규정은 근대의 자연과학과 철학이 취한 관점과 마찬가지로 이데올로기를 과학의 반대, 혹은 반反정립antithese으로 간주함으로써 인지적 영역에서의 오류로 파악한다.

이처럼 이데올로기를 부정적으로 파악할 경우 이데올로기와 과학의 차이가 전면에 등장하지 않을 수 없다. 이데올로기는 왜곡된 지식이지만 과학은 진실한 지식이라고 간주되는 한, 이데올로기가 허위의 함정에 빠져 있는 때 과학은 이데올로기의 본질을 꿰뚫어 폭로하는 것이 된다. 따라서 과학만이 이데올로기를 극복하는 유일한 수단이 된다. 이데올로기와 과학은 반대의 특성을 지니며, 양자는 서로 소급 불가능한 것이 된다. 다시 말해 이데올로기와 과학은 전적으로 다른 종류의 관념이라는 것이다.

그러나 과학과 이데올로기를 이와 같이 명백하게 구분하는 것이 과연 가능한가 하는 의문이 남는다. 이데올로기와 과학 사이의 경계를 명확히 하지 않는다면 이데올로기로부터 과학을 구별하려는 시도는 설득력을 지니지 못하게 된다.

이데올로기로서의 과학

그러나 이와 반대되는 주장도 있다. 즉, 과학과 이데올로기는 구분이 불가능할 뿐 아니라 과학 그 자체가 이데올로기의 근원이 될 수 있다는 주장도 있다. 물론 이들도 이데올로기를 부정적인 관점에서 파악한다는 점에서는 동일하다. 이 견해에 따르면 과학과 기술도 특정 계급의 이해를 옹호하며, 그럼으로써 현실의 모순을 은폐하는 측면이 있다고 본다. 선진 자본주의 사회에서 과학과 기술은 마치 어떤 이념적 지향으로부터 중립적인 것으로 신비화되어 있으면서 과학이라는 이름으로 특정의 계급적 이해를 관철한다는 것이다.

이러한 견해는 프랑크푸르트학파에 의해 구체적으로 개진되었는데, 그들에 따르면 과학과 기술, 나아가 그것에 기초한 기술적 합리성은 과학조차도 특정 계급의 이해를 반영할 뿐만 아니라 사회적 지배의 원천과 그것의 모순을 은폐하고 정당화한다는 점에서 이데올로기라는 것이다. 다시 말해 과학과 기술이 자연을 합리적으로 지배하기 위한 도구였듯이 사회에서도 마찬가지로 인간을 합리적으로 통제하고 지배하기 위한 수단이 되었다는 것이다. 즉, 경제와 관료제도가 보다 합리화되고 컴퓨터와 같이 그 제도를 운영할 수 있는 보다 과학적이고 기술적인 장치들이 마련되면서 인간의 삶은 자유를 상실하게 되었다는 것이다.

더욱이 과학과 기술로 모든 것을 해결할 수 있다고 믿고 또 과학과 기술이 특정의 가치에 의해 오염되지 않은 가치중립적인 것이라고 간주하는 과학 기술에 대한 맹신은 '기술 합리성'이라는 이데올로기를 낳는다. 특히 전체주의 사회에서는 이와 같은 '기술 합리성'의 이데올로기가 지배적 이념이 되며, 전체주의 사회에서의 관료제도의 발달, 즉 인간에 의한 테크노크라시적 기술의 발전은 전체주의적 지배의 본질을 은폐함으로써 그것을 정당화하고, 또한 대중의 저항을 무력화하여 대중을 탈정치화한다는 것이다.

이러한 관점에 따른다면 과학과 기술의 사용에 따라 그것이 이데올로기가 되는 것이 아니라 과학과 기술 그 자체가 인간의 소외와 허위의식, 즉 이데올로기를 낳는 근원으로 간주된다. 그렇다면 이들에게 과학과 기술은 더 이상 인간의 진보를 촉진하는 요소로 간주되지 않는다. 오히려 과학과 기술은 사회적 혁명의 과정에서 근본적으로 전복되어야 할 것으로 간주된다.

그러나 이러한 견해는 과학과 기술, 인간의 합리성을 협소하게 파악하여 그것의 부정적 측면만 확대하고 강조함으로써 긍정적 측면들은 무시한다는 비판으로부터 벗어날 수 없다. 과학과 기술에 부정적인 측면이 있다고 해서 과학과 기술을 버리고 원시로 되돌아갈 수는 없는 것 아닌가? 과학과 기술, 인간의 합리성을 버리고 과연 바람직한 사회에 이르는 것이 가능할까?

과학적이고 긍정적인 이데올로기

지금까지는 이데올로기를 부정적으로 보는 시각들을 중심으로 살펴보았다. 그중에는 이데올로기를 과학의 반정립antithese으로 보는 관점도 있었고, 과학 그 자체가 이데올로기의 기원이라고 보는 관점도 있었다. 과학과 이데올로기의 관계에 대해 서로 대립되는 견해를 지니고 있는 두 관점 모두 이데올로기를 부정적으로 파악한다는 점에서는 마찬가지이다. 그러나 과연 인간은 이데올로기로부터 자유로울 수 있을까? 그리고 인간이 이데올로기 속에서 살아야 한다는 것을 구태여 부정적으로 생각할 필요가 있을까?

인간은 태어나면서부터 공동체 속에서 살게 되는데, 사회의 구성원들이 하나의 공동체를 이루고 살기 위해서는 구성원들을 통합시킬 수 있는 이념적 통일이 필요하다. 그런 점에서 각 구성원들이 하나의 사회공동체를 이룰 때 필연적으로 그 공동체의 통합을 형성하고 유지할 수 있는 이데올로기가 요구된다. 만약 사회의 통합을 이룰 수 있는 이데올로기가 없다면 그 사회는 하나의 공동체를 이루기 어려울 것이다.

게다가 이데올로기는 비단 한 사회공동체의 통합에만 관계하는 것은 아니다. 그것은 한 사회 내에서의 특정한 계급·계층들의 통합과도 관계된다. 그래서 이데올로기란 특정 계급·계층의 이익과 연결되어 그것의 인지적 가치가 달라질 수도 있는 의견, 가치 및 지식의 체계를 가리킨다고 할 수 있다. 이때 이데올로기가 현실을 왜곡하는 '허위의 식'이라는 개념은 이데올로기의 본질이 아니다. 이렇게 볼 때 이데올로기가 비과학적 인식의 근거가 되는 것도 아니다. 그렇다면 이데올로기 중에는 과학적 전제 위에 서 있는 것도 있을 수 있고, 비과학적이거나 허위의식으로서의 이데올로기도 있을 수 있다. 여기서 중요한 것은 이데올로기가 본래부터 과학과 구별되는 개념이 아니며 이데올로기도 '과학적'일 수 있다는 것이다.

그렇다면 각 계급의 다양한 이데올로기들 가운데 과학적인 것과 비과학적인 것은 어떻게 구별할 수 있는가? 긍정적 관점, 즉 이데올로기를 사회통합의 핵심 요소로 간주하는 관점에 따르면, 이데올로기가 과학적이냐 비과학적이냐 하는 것은 그 이데올로기 담지자 계급의 특수성에 의해 결정된다고 한다. 이데올로기가 과학적이 아니라면, 그것은 이데올로기이기 때문이 아니라 오히려 어느 특정 계급의 특수성 때문이라는 것이다. 이러한 관점은, 부르주아 이데올로기는 지배계급의 이해를 옹호하고 따라서 현실의 모순을 은폐한다는 점에서 비과학적이며, 반면 프롤레타리아의 이데올로기는 진보계급의 이데올로기이기 때문에 과학적이라 주장해왔던 레닌주의에 의해 대변된다.

그러나 이러한 관점, 즉 이데올로기가 과학에 대립되는 것이 아니며 이데올로기 또한 과학이 될 수 있다는 관점에 따른다면 과학과 이데올로기 사이의 구분은 모호해진다. 이처럼 이데올로기의 통합적 성격만을 강조하면 이데올로기의 부정적 현상을 비판할 수 있는 인식적 수단(과학)을 가질 수 없게 된다.

탈이데올로기라는 이데올로기

사람들이 흔히 말하듯 현재의 사회가 이데올로기의 시대는 지나가고, 이데올로기가 아닌 경제가 사회와 국제관계를 움직이는 강력한 요소가 되고 있음은 부정할 수 없는 현상임에 틀림없다. 그러나 이러한 '탈이데올로기론' 혹은 '이데올로기의 종언'을 말하는 것 또한, 이제 세계를 지배하는 것이 경제이며 결국 경제가 우리의 삶을 통합하고 규제하는 것이라고 하는 또 하나의 이데올로기가 되고 있다. 따라서 정확히 말하면 우리는 지금 탈이데올로기 시대에 살고 있는 것이 아니라 '경제'라는 새로운 이데올로기 시대에 살고 있을 따름이다.

중세 시대의 종교나 근대 이후의 사회주의와 자본주의 체제와 같은 이데올로기에 비해 경제 이데올로기가 갖는 힘은 더욱더 파괴적이다. 최근 전 지구적 규모에서 미국을 중심으로 자본주의 세계체제가 새롭게 형성되었다는 논의나, 이러한 미국 주도의 세계질서 재편이 실제로는 신자유주의 이데올로기의 껍데기에 지나지 않는다는 논의들은 여전히 우리가 이데올로기의 시대에 살고 있음을 보여주는 증거이다. 이는 탈이데올로기론 또한 실제로는 하나의 이데올로기임을 잘 보여준다.

이처럼 우리가 탈이데올로기의 시대가 아니라 경제 이데올로기 시대에 살고 있다면, 이데올로기란 개념은 여전히 사회를 분석하는 데 매우 유용한 개념이 된다. 그렇다면 이데올로기를 어떤 관점에서 바라보고 어떤 개념으로 파악하는 것이 현실적으로 적절할 수 있을까? 앞에서 살펴본 바와 같이 이데올로기를 보는 관점은 다양하다. 따라서 하나의 관점과 개념을 배타적으로 선택하기보다는 현실을 분석하는 데 적절한 여러 관점을 그때그때 유연하게 적용할 필요가 있을 것이다.

역사의 주체, 엘리트일까 민중일까

김범춘 전 서울시립대 강사

전설적 무예를 지닌 세 명의 자객이었던 은모장천, 파검과 비실의 도움을 받아 열 걸음 앞까지 가서 진왕秦王 정政을 암살할 수 있는 기회를 잡았음에도 불구하고, 무명無名은 머뭇거렸다. 왜 그랬을까? 복수의 일념으로 살아온 그간의 세월이 후회스러운 것이었을까? 아니면 허무함 때문이었을까?

순식간에 무명은 칼을 빼어 들고는 진왕의 몸을 둘로 쪼갤 듯이 날아들었다. 예상했던 일이었음에도 진왕은 피하지 못하였다. 아니, 피하지 않은 것인지도 모른다. 순간 세상은 아득해지고 죽음의 손이 진왕을 덮치는 듯했다. 그러나 아무 일도 없었다. 무명이 겨누었던 칼날은 진왕의 몸을 스치듯이 지나 겨드랑이 사이에 끼어 있었다.

진왕 왜 날 죽이지 않았는가?

무명 폐하께서 추측하신 대로 은모장천, 비설은 당신을 암살하려는 저를 순순히 도왔습니다. 그러나 파검을 이해하지 못했습니다.

진왕 그게 무슨 말인가?

무명 제가 폐하를 암살하기 위해 떠나기 직전, 파검이 손바닥에 두 글자를 써서 보여주며 지난번의 암살의 기회 때에 폐하를 죽이지 않았던 이유라고 했습니다.

진왕 그게 무슨 글자였는가?

무명 '천하天下!'

진왕 으음, 천하라. 그게 이유라고 하던가? 그런데 자네는 왜 날 죽일 수 있었으면서 죽이지 않은 것인가?

무명 파검이 보여준 두 글자 때문입니다!

진왕 자네도 천하 때문이란 말인가?

무명 폐하는 한 인간으로서는 아무것도 아닙니다. 저는 한 인간에 대해 복수하려는 일념에 불타 있었지요. 그런데 제가 죽이려는 사람이 한 인간이 아니라 천하의 주인일지도 모른다는 생각이 들었습니다. 천하의 모든 나라들이 전쟁의 소용돌이에 휘말리고 있는 지금 이 시대에 폐하야말로 평화를 가져다주실 분이길 바라기 때문입니다. 누군가가 통일하기까지 전쟁은 계속될 것이고, 또 나와 같은 자객은 계속 생길 테니까요. 하루빨리 천하를 얻어 전쟁을 그치게 하고, 나와 같은 불행한 백성이 한 사람도 나오지 않도록 하십시오.

진왕 그렇군. 천하라……. 으음.

무명은 진왕을 뒤로하고 밖으로 나왔다. 무명이 나오자 조용히 숨어 있던 수많은 진왕의 신하들이 나와 "죽여라!", "법대로 처리하라!"하고 소리 높여 외쳤다. 무명은 뒤도 돌아보지 않고 굳게 닫힌 문을 향해 걸어갔다.

순식간에 엄청난 화살이 날아들었다. 손가락 하나 넣을 틈이 없을 정도로 빽빽하게 화살이 성문에 박혔다. 오직 가운데만 덩그러니 마치 한 사람의 그림자를 그리듯이, 문 가운데에만 화살이 꽂히지 않았다. 그렇게 해서 한 '이름 없는 사람, 무명無名'은 역사의 어둠 속으로 스러져갔다.

기원전 221년, 진왕은 중국 최초로 천하를 통일하고 제국 진秦을 선포했다. 그리고 자신이 세운 제국이 영원하리라 생각하며 스스로 시황제始皇帝라 칭하였다.

피와 전쟁, 암살과 음모로 얼룩진 춘추전국春秋戰國 시대의 혼란한 역사를 통일한 것은 진시황의 위대함으로 이루어진 것이었을까? 아니면 낙엽처럼 스러진 이름 없는 수많은 백성들의 피와 땀으로 이루어진 것이었을까? 과연 진왕 정은 한 인간이 아니라, 곧 천하였던 것일까? 아니면 이름 없는 수많은 백성 하나하나가 역사였던 것일까? 어느 시대의 역사든 이런 물음은 늘 있었다. 도대체 역사의 진정한 주체는 누구인가?

역사의 아포리아

역사의 주체 문제는 역사는 무엇이고, 그 역사를 다루는 이론 또는 학문은 가능한가라는 근원적인 물음에 맞닿아 있다. 그리고 이러한 역사에 관한 물음은 언제나 아포리아_{aporia}에 부딪히게 된다. 왜냐하면 먼저 역사는 직접적인 관찰이나 경험이 불가능한 과거의 사건이나 인물에 대한 이야기이며, 이러한 이야기는 오직 전해지는 기록이나 사람의 기억력에 의존할 수밖에 없기 때문이다. 현실에 존재하지 않는 것에 대한 기록은 그 기록이나 기억의 진위를 확인하는 것이 매우 까다롭고, 무엇보다도 기록한 사람과 기억하는 사람에 의해 마음대로 조작될 수도 있다는 자의성을 지닌다. 역사적 기록이나 개인적 기억의 자기검열과 조작은 실제로 역사와 일상에서 공공연한 사실이다.

다음으로 지금 우리가 역사 해석에서 공정하기 위해 나름대로 노력하는 것과 마찬가지로 과거의 역사적 기록이나 기억에 일정한 가치를 부여할 수 있다고 할지라도, 다시 말해 적어도 역사적 기록은 우리가 우려하는 만큼 자의적이고 독단적으로 조작된 것이 아닐 수 있다고 할지라도, 주관성의 문제를 우회할 수는 없다. 그것이 사관史官의 일이든, 군주의 일이든 승자의 일이든, 패자의 일이든 간에 자신의 가치관과 사회적 관심을 넘어서 투명한 사실을 기록한다는 것은 거의 불가능하다. 그렇기에 역사는 사실을 기록하는 것이 아니라 언제나 새로이 해석된다는 주장이 힘을 갖게 되는 것이다. 이러한 역사적 기록과 해석에서의 주관적 관점의 개입은 비단 역사의 문제만이 아니라 학문 전반의 근본 문제이기도 하다.

끝으로 역사는 과거에 대해서 무엇을 말할 수 있다고 할지라도, 그것을 현재나 미래에 투영하여 정당한 지침을 끌어낼 수 없다. 흔히 '역사에서 배운다'고 하지만 그 배움은 어디까지나 개인 차원에서의 깨달음과 수용의 문제이기 때문에, 세계를 설명하고 이해하는 공준公準이 갖는 수학적 보편성이나 자연과학적 법칙성의 권위를 가질 수는 없다. 흔히 철학에서는 이런 사정을 역사적 '사실'에서부터 미래의 '당위'를 이끌어낼 수 없다는 것으로 설명하는데, 이를 간단히 존재론적인 비약이라고도 한다. 다시 말해 어떤 사실이 있었다는 것만으로는 결코 어떤 일이나 행위를 해야 한다는 정언적 명령이 정당화될 수 없다는 것이다. 이처럼 자의성, 주관성, 상대성이라는 역사의 아포리아 앞에서 기록된 역사 자체가 흔들리게 되고, 그렇게 흔들리는 역사에서 주체를 찾는 일 또한 사정은 마찬가지이다.

이러한 역사의 문제 상황을 염두에 둔다면, 역사의 주체는 과연 엘리트인가 민중인가 하는 우리의 주제가 쉽게 엘리트니 민중이니 새로운 계층이니 하고 대답하기가 녹록하지 않은, 어쩌면 논의 자체가 성립하지 않을 수도 있는 아주 난감한 것임을 알 수 있을 것이다. 여기서는 특정한 주체를 구해내고, 그 주체의 입장에서 역사를 해석하고 이끌어나가야 한다는 거대한 이야기가 아니라 도대체 주체의 문제가 왜 나타나는 것인지, 그리고 만약 우리가 역사 속에서 무엇인가를 얻어야 한다면, 그것이 무엇인지를 다루고자 한다.

이러한 논의의 결과는 때로는 역사의 아포리아에도 불구하고 마치 현실과 미래를 이끄는 지침을 제시하는 것처럼 보일 수도 있을 것이고, 때로는 우리 시대의 관심과 요구를 보여주는 시대적 요구나 개인적인 주장처럼 보일 수도 있을 것이다. 하지만 한 가지 분명한 사실은 보편적으로 수용 가능한 논거 없이 특정한 개인이나 집단 또는 계급이 역사의 주체라는 식의 판에 박힌 이야기를 되풀이해서는 안 된다는 것이다.

엘리트 대 민중이라는 이분법의 역사

근대 이전의 역사를 살펴보면 엘리트나 민중이라는 근대적 대립구도는 사실 신화적 역사단계에 그 기원을 갖고 있다. 한계를 지닌 인간과는 달리 완전한 신들이 역사를 주재해 나간다는 생각은 단지 인간 대 신이라는 대립구도라기보다는 인식의 한계나 지식권력 또는 문제 해결 능력을 둘러싸고 일어나는 대립구도로 이해해야 한다. 인간이 신에 복종하는 까닭은 바로 인간의 지식이 갖는 한계 때문이고, 그러한 한계는 문제를 해결할 수 없다는 능력의 부족을 인간 스스로 인정하게 만든다. 말하자면 지식이 권력이고 능력인 것이다.

이러한 인간과 신의 대립구도는 보통사람과 영웅에서부터 노예와 시민 또는 귀족으로 모양을 바꾸기도 하고, 농노와 귀족 또는 세속인과 사제의 대립으로 나타나기도 하며, 임금노동자와 자본가 또는 일반인과 지식인 엘리트라는 옷으로 갈아입기도 한다.

이처럼 새로운 옷을 갈아입는다 하더라도 늘 한쪽에는 지배당하는 계급이, 다른 한쪽에는 지배하는 계급이나 그 계급에 빌붙은 중간계층이 있었다. 언제나 한편에는 천한 몸과 육체노동이 있었고, 다른 한편에는 고상한 이성과 정신노동이 있었다. 이성은 몸을 지배했고, 정신노동은 육체노동을 지배했다. 그리고 이제는 간단히 그 한쪽에 있는 사람들을 엘리트로, 다른 한쪽에 있는 사람들을 민중이라고 부르고 있다. 엘리트는 신분계급질서와 지식에 기초하여 사회문화적인 리더십을 행사하고, 도덕적이고 지적인 삶을 개혁하고 이끌어나가는 능동적 계층이다. 반면에 민중은 행사되는 리더십을 수용하고 노동력에 기초하여 자신에게 부여된 사회문화적 삶을 살아가면서 질서에 순응하는 수동적 계층이다. 이러한 이분법적 결정구도를 회복하기 어려울 만큼 뒤흔들고 민중을 새로운 주체, 인간형으로 세우고자 하는 노력은 근대의 산물이다.

알다시피 근대는 자본주의의 시대이고, 자본주의는 자본가와 임금노동자를 축으로 하는 사회구성체이다. 역사적으로 자본주의는 봉건적 사회를 깨부수면서 나타나는데, 바로 이 과정에서 부르주아지라는 새로운 계급이 등장하였다. 상업자본에 기초해서 부를 축적한 봉건 상인계급은 자신의 상업적 이익을 지켜내기 위해 봉건 귀족계급과 대립하게 되었다. 이 대립에서 우위를 차지하기 위해 상인계급은 현실 적응감각이 뛰어난 교육받은 중산계층을 자기편으로 끌어들이게 되고, 더불어 자신의 사회적 지위를 향상시키기 위해 예술가와 문필가, 철학자와 같은 지식계층을 사적으로 후원하기 시작하였다. 금융자본과 결탁한 상인계급은 봉건 귀족계급에 승리하게 되고, 이 중 과학기술의 발달에 힘입은 일부는 산업자본가의 길을 걷게 되었다.

이처럼 지식집단은 때로는 자본가의 이해를 대변하는 피고용인으로서, 때로는 인간의 일반적인 권리를 주창하는 개혁적 사회 구성원으로서의 역할을 수행하게 되었다. 즉, 지식인으로서의 엘리트는 자본주의의 태동기에 자본가의 이해를 대변하는 지식인이나 인간으로서의 권리를 주장하는 선각자적 지식인을 가리키는 것이었다. 이들이 근대의 사회적 변화를 이끌어왔다는 점을 부정할 수는 없다. 권리장전 이래의 모든 인권적 법률의 제정과 시행에서 비록 이후 민중이라는 이름을 갖게 되는 노동자, 농민과 같은 피지배계급의 저항이 있기는 했지만, 그러한 흐름을 추동하는 핵심적인 힘은 자본가와 엘리트였다. 자본가는 자신의 이해관계를 보장받기 위해서 엘리트와 연합하고, 엘리트는 선각자로서의 사회적 책임감과 자신의 사회적 지위를 위해서 자유와 평등과 같은 계몽주의적 인권에 주목했던 것이다. 그런데 신에서 영웅으로, 제사장으로, 엘리트로 이어지는 역사 주체의 질긴 끈을 단번에 끊어버리는 사상 역시 자본주의화 과정에서 생겨났는데, 마르크스주의가 바로 그것이다.

마르크스주의는 그 자체 출발에서부터 분명 일종의 엘리트수의이고, 레닌 이후의 수많은 혁명에서도 엘리트주의였고, 우리나라 역시 예외는 아니었다. 다만 마르크스주의는 이론적이고 현실적인 목표에서 자본주의와 같은 특정한 계급의 특권을 인정하지 않는 모든 개인의 자유로운 공동체를 지향한다는 점에서 민중적이며, 그러한 목표를 실현하는 근본 동력으로서 노동자계급을 제시한다는 점에서도 민중적이다.

그런데 변혁주체로서 노동자계급이 제시되는 까닭은 단순히 노동자계급이 자본주의 사회의 피지배계급이라는 사실이 아니라 노동가치설에 따른 가치의 창출자였기 때문이다. 알다시피 마르크스주의의 핵심은 잉여가치의 발견과 자본주의적 생산관계, 그리고 계급투쟁에 기초하는 역사관이다. 그러나 과연 노동자계급이 사회변혁운동에서 역사의 주체였는가 하는 질문에 대해서 그 답은 그렇게 명쾌하지 않다. 왜냐하면 노동자계급에게 단결을 호소하고 새로운 투쟁의 장을 개척하고 무엇을 위해 누구와 싸워야 하는지를 알려주는 것은 대부분 사회주의적 지식계층이었기 때문이다. 물론 지식 엘리트의 지도가 있다고 할지라도 민중의 참여가 없다면 변혁은 성공할 수 없고, 그런 점에서 민중이 주체라고 제한적으로 말할 수는 있을 것이다. 하지만 이러한 민중주체론은 제한적인 것이며 상대적 관점의 문제일 수 있다. 비록 노동자계급의 성숙과 발전에 따라 점차 지식계층의 영향을 벗어나기는 하였지만, 단언적으로 역사의 주체가 지식 엘리트가 아니라 노동자 민중이라고 주장하거나, 역사 흐름의 주류를 엘리트주의가 아니라 자발적 민중주의라고 말하기에는 개운치 않은 뒷맛이 남아 있다.

시민이라는 새로운 주체의 등장

1980년대 후반의 동구 공산권의 몰락과 뒤따른 소련의 붕괴라는 세계사적인 스캔들은 한국에서 학생운동의 몰락과 노동운동의 제도권 진입, 사회주의적 변혁 가능성의 소멸과 맞물리면서 사회질서의 자유주의적 편향과 새로운 사회 주체의 등장을 가져왔다. 한편에서는 사회주의 이론으로 무장한 저항엘리트가 경쟁에서의 패배로 불리든 잘못된 사회주의적 실험의 실패로 불리든 간에 사회적 힘을 잃게 되었고, 다른 한편에서는 사회적 분배불평등에서 비롯된 인간적 권리의 실현을 위한 노동자계급의 투쟁에 밀린 자유주의 지배 엘리트도 사회적 지배력에서 불안을 경험하게 되었다. 이런 위기의 시기에 많은 좌파 지식 엘리트는 자신들의 이해관계와 관심에 따라 다양한 시민단체, 즉

NGO라는 비정부기구를 결성하여 권력을 감시하고 분산시키려는 노력을 기울이게 되었다. 또한 일부 좌파 지식 엘리트는 좌우가 공존하는 중도적 민주정부에 진출하여 제도권 내에서 사회개혁을 실현하고자 하였다. 뿐만 아니라 자유주의적 우파 지식 엘리트도 시민단체를 결성하여 좌파 시민단체와 대립각을 세우게 되었다. 이제 지배계급과 민중, 자본가계급과 노동자계급이니 하는 이념적이고 계급적인 성격보다는 인권이라는 보편성에 근거하는 시민이라는 주체가 역사의 동력으로 등장하였다. 이른바 '시민의 시대'가 열린 것이다.

이 시민의 시대는 인터넷을 통해 쌍방향 대화가 가능해지면서, 두세 줄짜리 댓글을 달 줄 아는 사람이라면 누구나 시민이라는 이름으로 사회질서에 개입하고 변화를 만들어내는 수인이 된 것처럼 착각하는 시대이기도 하다. 그러나 시민의 시대에도, 비록 큰 지형에서는 엘리트 대 민중이라는 이분법이 사라진 듯하지만, 여전히 이슈를 선점하고 퍼뜨리고 공론으로 만드는 세력은 엘리트이다. 다만 이 엘리트는 이전의 자유주의 엘리트와는 달리 자신이 역사의 주체라는 계몽적 자긍심을 공공연히 드러내지는 않으며, 언제나 상록수의 마음으로 시민과의 '연대'를 주장하면서 평등한 시민의 자발적인 사회운동을 강조하고 있다. 이들은 민중이나 노동자계급이라는 이름을 사용하지 않음으로써 이념적 색채를 애써 피하고 지우려고 한다는 점에서는 이전의 사회주의 엘리트들과도 다르다. 그러나 민중의 자리에 저항적 알맹이가 빠진 법률적 시민이 들어섬으로써 엘리트 대 민중이라는 대립구도는 사라졌을지 모르지만, 그러한 대립구도가 지녔던 생생한 비판 정신과 변혁 정신은 수그러들고 있다. 말하자면 최소한의 이론적이고 지성적인 조건도 갖추지 못한 섣부른 '시민주의'의 확산은 자유주의적 자본주의의 새로운 지배전술일 수 있다는 것에도 주목해야 한다.

붉은 별이 떨어졌다고 할지라도, 사회주의적 사회변혁운동이 결함을 가진 실패작이었을지라도, 이것이 자본주의 사회의 현실에 관한 비판의 절멸로, 변혁 가능성의 절멸로 해석될 필요는 없다. 언젠가 NGO가 모든 것을 대신할 것이라는 식의 막연한 낙관은 사회주의적 이념에 경도되었던 사회혁명을 위한 노력보다도 더 어처구니없는 것일 수도 있다. 주체 없는 다양성의 시대, 포스트 주체의 시대라는 전염병에도 그 전염병을 퍼뜨리는 주체는 있고, 전염 당하는 자들도 있다. 해체의 시대에도 해체하는 주체와 해체당하는 자가 있게 마련이다. 모두가 우리를 구속하고 억압한 역사의 주체를 거부한다고 하지만, 이러한 역사 주체에 대한 거부는 특정한 주체의 의도일 수도 있다. 역사는 때로는 겉으로 드러나는 주체가 끌어가는 듯하기도 하고, 때로는 무엇이 주체인지 도무지 가려낼 수 없는 애매함 속에서 진행되지만, 특정 역사 시기에서 특정 사회를 이끌어가는 지배적인 세력으로서의 주체는 분명히 있다.

그런데 역사를 누가, 무엇이 이끌어가는가 하는 물음, 더 나아가 역사의 주체를 해체한다는 주장까지도 포함하여 역사에 관한 물음은 모두 다 단순히 주체의 정의나 주체의 독점적 지배권력과 연관되는 문제만은 아니다. 그것은 역사를 바라보고 해석하고, 그것을 바탕으로 현실을 설명하고 미래를 예견하고 변화를 만들어내는 중대한 '세계관'의 문제이다. 그렇기에 시민의 시대에도 주체의 해체를 주장하기 이전에, 시민은 과연 시민사회의 주체인지 그렇지 않은지, 무엇보다 시민은 무엇인지, 시민사회란 어떤 사회인지에 대한 깊고도 폭넓은 논의가 필요하다. 적어도 오늘날 시민은 너무 많은 계급, 너무 많은 계층, 너무 많은 사람을 다 포함하는 것이기에 사실 아무것도 포함하지 않는 빈 그릇과 같다. 뿐만 아니라 시민사회에서의 시민은 도대체 누구에게 저항하는지, 누구에게서 무엇을 뺏고 누구에게 무엇을 주어야 하는지도 구분하기 어려울 만큼 사회정치적 목표가 애매한 과도적 개념이다.

역사주체론에서 역사변혁론으로

역사의 주체는 누구인가 하는 물음에 대한 대답은 우회할 수밖에 없다. 오늘을 사는 우리는 이전 역사의 주체가 아니었고, 이후 역사의 주체도 아니다. 노골적으로 말한다면, 우리는 주체이고 싶은 욕망을 지니고 있지만, 그 욕망이 어떤 내용을 갖는지, 무엇을 의미하는지를 잘 알지 못한다. 그렇기에 우리는 늘 주체를 말하면서도 객체이고, 다른 주체를 비판하면서도 왜 우리가 주체가 되어야 하는지에 대해서는 제대로 된 답을 내놓지 못한다. 시민운동을 이끄는 엘리트는 '나는 민중의 편이다'라거나 '나는 민중을 위해 일하는 지식인이다'라고 말하면서도 '민중은 쉽게 속는다'라거나 '민중을 이끌어내야 한다'라는 식의 계몽주의에 여전히 빠져 있다. 민중은 '이제 우리는 우리의 힘으로 간다'라고 하면서도, 늘 '지식인은 대체 무얼 했는가' 하고 힐난조로 비판을 늘어놓으면서도 엘리트 지식인의 손길을 은근히 기대한다. 아무도 대놓고 속내를 말하고 겉으로 드러내지 않기에, 그 결과 어떤 길로도 나아가지 못하고 맴돌 뿐이다.

마르크스는 '인간의 해부는 원숭이 해부의 열쇠'라고 말한다. 이 말은 역사의 딜레마를 푸는 열쇠일 수도 있다. 즉, 역사적 사실에 대한 직접적인 관찰이 불가능하고 다양한 해석만이 난무하는 상황에서 역사법칙과 주체를 밝히는 일은 어떻게 가능한가? 원숭이가 비록 진화적으로 인간 이전 단계의 생물학적 존재이지만, 원숭이와 인간이 영장류로서의 공통점을 가지고 있다면, 비록 원숭이를 직접 해부해본 적이 없다고 할지라도, 인간의 해부는 원숭이를 해부하는 지침이 될 수 있을 것이다. 경험 가능한 현실 자본주의 사회를 해부하여, 그 해부적 성과를 기초로 이전 역사사회를 추론하는 것은 유비추리의 오류에도 불구하고 가능한 이론적 수단임에는 틀림없다.

말하자면 자본주의 사회가 자본과 노동의 대립을 축으로 하는 계급사회라면, 이전 사회도 그와 유사한 계급적 대립을 통해 유지되어 오지 않았을까 하는 가설을 세울 수 있고, 이 가설을 역사적 기록을 통해서 검증해낼 수 있을 것이다. 이런 탐구와 추론을 거쳐서 마르크스는 대담하게 "지금까지 인류의 역사는 계급투쟁의 역사다."라고 말할 수 있는 것이다. 또한 그 투쟁에서 새로이 상승하는 계급이 기존의 유지하는 계급을 제치고 나온다고 주장할 수 있는 것이다.

만약 우리가 마르크스의 주장을 받아들인다면, 신이나 영웅, 귀족, 자본가, 엘리트, 지식인이라는 식으로 이름만 바꾼 채 등장하는 지배계급이 역사의 주체라는 견해를 문제 삼을 수 있을 것이다. 역사는 엘리트로 통칭할 수 있는 지배계급의 지배의 역사가 아니며, 민중으로 일컬어지는 피지배계급의 저항의 역사만도 아니다. 역사는 사회적 갈등을 겪는 개인과 계급들의 생성과 소멸의 기록이며, 그 생성과 소멸의 원인과 결과에 관한 반성이다. 이러한 역사적 인식의 태도에서는 역사의 주체가 엘리트인지 민중인지는 사실 큰 의미를 갖지 않는다.

왜냐하면 어떤 특정한 계급이나 계층이 역사적 주체로 등장했다면, 그 등장의 배경과 힘이 무엇인가 하는 것이 핵심이지, 그 주체의 이름은 중요하지 않기 때문이다. 그러한 상황 속에서 그러한 주체의 등장이나 소멸은 역사발전의 필연은 아니지만, 그 우연적 사건의 발생은 그러한 사회역사적 상황 안에서는 어느 정도 필연적인 것이다. 말하자면 주체는 어쩌면 계급이나 계층이 아니라 사회역사적인 갈등 또는 모순의 내용 그 자체일 수도 있다.

그러므로 엘리트와 민중이라는 이분법적 '역사주체론'은 단순명쾌하고 역사 해석에서의 이해관계를 분명히 표현하기는 하지만 역사를 설명하고 이해하는 논리적이고 실질적인 잣대로서는 적절하지 않으므로 마땅히 폐기되어야 한다. 그 자리를 특정 역사사회의 시내적인 한계와 요청이 무엇인지를 포착하고 현실을 변혁해나가는 세력이 다름 아닌 역사의 주체라는 역동적이고 가변적인 '역사변혁론'이 대신해야 할 것이다. 왜냐하면 누구도 역사 주체에 관해 완전히 정당한 설명은 내놓을 수 없고, 그렇기에 제한된 해석이나 주장은 개인적인 것일 뿐이기 때문이다. 또한 역사 주체는 정해진 경로를 따라 마치 대를 잇듯 결정되는 것이 아니므로 시대와 사회에 따라 새로이 등장하는 모든 사회 구성원에게 역사 주체가 되는 길은 열려 있는 것이며, 주어진 역사적 상황에서 갈등하고 대립하는 요소의 투쟁의 결과로서의 역사 또한 열려 있을 수밖에 없는 것이기 때문이다. 그러므로 역사의 주체나 사회변혁의 주체보다는 사회적 역사 현실에 대한 분명한 인식과 그 인식에서 만들어지는 실천 지침이 역사변혁론에서는 우선한다. 이런 관점에서는 이른바 역사의 주체에 관한 논의는 그러한 인식과 실천이 만들어내는 일종의 부산물일 수 있다.

개인의 자유와 공동체, 무엇이 먼저인가

개인과 사회

3

왜 다수는 언제나 소수에 우선해야 할까

조효제 성공회대 교수

김열정 교수가 오늘따라 온 힘을 다하여 강의에 열중하고 있다. 그가 오늘 학생들과 더불어 읽는 책은 플라톤의 대화편 『향연』이다. 한참을 읽어나가던 김 교수가 갑자기 미소를 지으며 물었다.

김 교수 여러분! 이 부분을 주목해주세요. 우리에게 동성애자는 매우 낯선 사람들이지요. 그런데 소크라테스 시대에는 어땠을까요? 다음 대목을 허리수 씨가 낭독해볼까요?

허리수 예, 제가 읽어보겠습니다.

"파이드로스가 맨 먼저 이야기했는데 그의 말은 이러했네. '에로스는 위대한 신이요, 인간들 가운데서나 신들 가운데서나 놀라운 신입니다. 특히 그 출생에서 그러하지요. 신들 가운데서 그가 가장 오래된 신이니까요. (……) 가장 오래된 이 신은 또한 최대한 좋은 것들의 근원이에요. 저로서는 사람이 어려서는 자기를 신실하게 사랑해주는 자를 얻는 것과, 또 사랑하는 자에게는 사랑스러운 소년을 얻는 것보다 더 좋은 일을 알지 못하니까요. 사실 사람의 일생을 통하여 훌륭한 생활을 할 수 있도록 이끌어주는 것은, 좋은 가문이나 높은 지위나 부귀나, 이 밖의 다른 어떤 것도 아니고 오직 사랑입니다. 이와 같이 내가 말하는 것이 무슨 뜻인지 아십니까?

(……) 사랑하는 자는, 어떤 추악한 일을 하다가 들키거나 또는 남에게 모욕을 당하면서도 비겁한 탓으로 그것을 감수하는 경우, 그의 부친이나 친구나 다른 누구보다도 자기가 사랑하는 그 소년이 그걸 보는 것을 가장 괴로워하는 거라고. 이와 마찬가지로 사랑받는 소년은 소년대로 어떤 추악한 일을 당할 때 특히 그의 애자愛者가 그걸 보는 것을 부끄러워해요. 그러므로 어떤 국가나 군대가 오직 애자들과 애소년들로만 구성되는 어떤 방안을 발견할 수만 있다면 그보다 더 좋은 생활양식은 없을 것입니다. 왜냐하면 그들은 온갖 비루한 짓을 멀리하고 서로 아름답고 훌륭한 일을 하려고 경쟁할 테니까요.”

김 교수 잠깐! 거기까지입니다. 수고했어요. 허리수 씨, 이게 무슨 이야기 같아요?

허리수 글쎄요. 여기서 말하는 사랑하는 사람과 소년이 동성애 관계라는 말씀인가요?

김 교수 잘 봤습니다. 여기서 ‘사랑하는 자’ 또는 ‘애자’라는 말은 동성애자 가운데 나이가 많은 사람을 가리키는 ‘에라스테스’를 옮긴 말이고, ‘소년’이나 ‘애소년’은 나이가 적은 쪽인 ‘파이디카’를 가리킨 말입니다. 소크라테스 시대에는 동성애가 아주 자연스런 것이었어요. 물론 소크라테스도 동성애자였습니다.

허리수 정말이에요? 그런데 파이드로스라는 사람은 동성애자들로 군대를 조직해야 좋다고 하는 것 같네요. 나아가 국가나 사회까지도요.

김 교수 맞아요! 어때요, 여러분! 그의 주장을 이해할 수 있겠어요?

오박력 말도 안 되는 이야깁니다. 동성애자들로 군대를 조직할 수 있다는 것은 착각입니다.

김 교수 하지만 문화인류학자들의 연구에 의하면 이런 현상은 매우 보편적으로 발견되는 것입니다. 여러분, 후견인 제도라는 것 아시죠? 후견인 제도는 바로 대표적인 전사 동성애자 제도예요. 나이 많은 군인이 어린 소년에게 군사기술을 가르치면서 보호해주고, 소년은 성적인 봉사를 통해 서로의 유대감을 친밀하게 쌓는다는 것이죠. 이렇게 우리에게는 낯선 것이 다른 시대, 다른 문화권에서는 일반적인 것일 수도 있어요.

오박력 그래도 전 받아들이기 어렵습니다. 동성애자가 일반적인 모습이었다니.

허리수 전 이해가 갈 듯합니다. 예전에 어떤 책을 읽으니까, 침팬지의 한 종은 서로 간의 친밀감을 확인하기 위해 얼굴을 비비거나 서로의 몸을 핥아주는 등 신체 접촉을 통해 유대감을 형성한다더군요.

김 교수 그렇습니다. 내가 오늘 『향연』을 읽으면서 동성애가 보편적인 현상이었다는 걸 증명하려는 것만은 아닙니다. 분명 동성애자는 오늘날 '사회적인 소수'입니다. 바로 사회적으로 소수인 사람들에 대한 편견을 말하고 싶었습니다. 허리수 씨는 무슨 말인지 잘 이해하시겠죠?

허리수 예, 잘 알 것 같습니다. 얼마 전에 편의점에서 수표를 주고 물건을 사려다가 주민등록증을 달라기에 보여줬더니, 주민번호가 2로 시작하는 것을 이상하게 여긴 점원이 이것저것 캐물어서 무척 기분 나빴어요. 당당하게 성을 선택해 지금은 온전히 남자로 살고 있는데 과거에 여자였다는 것이 왜 문제가 되는지 모르겠어요.

김 교수 오박력 씨는 어때요? 오박력 씨도 군대를 안 가려고 하는 양심적 병역 거부자 아닙니까? 그 때문에 감옥에도 다녀왔죠?

오박력 그 일은 떠올리고 싶지도 않습니다. 왜 양심에 따라 병역을 거부한 사람을 죄인 취급하는지 모르겠습니다.

허리수 저라면 행복한 마음으로 군대에 갔을 겁니다. 남자라면 당연히 군대에 가는 것 아닌가요?

김 교수 저런저런! 허리수 씨나 오박력 씨나 모두 사회적으로 소수입니다. 그런데 서로 간에도 이해를 못 하는군요. 그렇다면 일반 사람들은 어떻겠어요. 여러분은 비정상이거나 모자라는 사람이 아닙니다. 그냥 일반 사람들과 조금 '다르게 사는 사람들'일 뿐입니다. 바로 이 점을 이해하는 것이 중요합니다. 우리 사회 안에 살고 있는 수많은 소수자, '다르게 사는 사람들'에 관한 이야기를 해봅시다.

민주화 이후의 민주주의 문제

절차 민주주의가 진행되면서 우리 사회에서는 민주화 이후의 민주주의 문제에 대해 질문을 하기 시작했다. 제도적 민주화의 과제에 가려져 왔던 문제들이 봇물처럼 터져 나오기 시작한 것이다. 그중에서 가장 큰 문제 중의 하나가 절차 민주주의로 해소하기 어려운 민주주의의 음지에 대한 관심이라 할 수 있다. 다수결 원칙 앞에서 소외되거나 늘 패배할 수밖에 없는 처지에 놓인 사람들을 어떻게 대우할 것인가 하는 문제가 우리 민주주의의 중요한 과제로 등장한 것이다. 여성, 특수종교 신도, 이주노동자, 성적 지향 소수자(동성애자, 양성애자), 탈북자 등과 같은 소수자에 대한 처우 문제가 어느새 우리에게 절박하고 중요한 과제로 다가왔다.

사실 이런 문제들이 갑자기 생겨난 것은 아니다. 시대 상황 때문에 뒷전으로 밀린 채 유보되어왔을 뿐이다. 그러나 이들 소수자에 대한 차별과 권리 박탈이 민주적 다수결 원칙의 이름으로 정당화된다면, 그리고 '더 중요한' 어떤 과제 때문에 이런 문제를 언제까지나 유보시킨다면 우리는 '그러한 민주주의가 도대체 왜 존재해야 하는가'라는 본질적인 의문을 던질 수밖에 없다. 이 글에서는 다수와 소수 간의 관계를 중심으로 현대 민주주의와 자유에 관한 핵심적인 질문을 짚어보려고 한다.

민주주의의 딜레마

'다수는 언제나 소수에 우선하는가?'라는 질문을 다시 새겨보자. 이 질문의 바닥에는 민주주의에 대한 핵심적 긴장이 깔려 있다. 그 핵심적 긴장은 두 가지 형태로 나타난다. 첫 번째 긴장은 민주주의 사상을 '다수결 원칙'이 작동되는 제도로 보느냐, 아니면 그것을 '한 사람 한 사람을 보호하는 원칙'으로 보느냐를 놓고 표출된다. 주말에 어디로 여행을 갈 것인가를 놓고 가족들 사이에 의견이 갈렸을 때 '그럼 투표로 정합시다. 한 표라도 더 나온 쪽으로 갑시다'라고 하는 것은 아주 단순한 다수결 원칙의 표현이다. 다수결 원칙의 밑바탕에는 숫자가 많으면 도덕적으로 옳거나 공리적으로 효과가 있다는 '양적 정당화'의 사고가 존재한다. 그리고 그런 양적 정당화가 질적 정당화로 이어진다고 믿는다.

요즘에는 이러한 양적 사고를 너무나 당연시하지만 한때 고대 그리스에서는 이런 발상을 이상하게 여겨서 어떤 문제를 결정해야 할 때 제비뽑기로 정하는 것을 가장 민주적이라고 여긴 경우도 있었다. 이것은 '무작위 원칙'에 의한 민주주의 사상을 대변한다. 현대에도 정치 지도자를 유권자 중에서 무작위로 뽑자는 '복권형 선거이론'이 있을 정도이다.

그리고 다음과 같은 실제로 있었던 사례를 통해 생각해보자. 서울의 어느 지역에 인접한 두 동네가 있다. 한 동네는 고급 아파트 단지로 이루어진 부유한 곳이고 옆 동네는 문화시설이나 시민 편의시설이 열악한 곳이다. 그런데 두 동네 간에 대중교통 서비스의 차이가 크다. 못 사는 동네에는 마을버스나 노선버스의 종류와 운행횟수가 적고 노선도 불편하다. 사실 이곳에는 승용차가 있는 집이 적어서 대중교통이 더 필요한데도 말이다. 그래서 사람들이 구청에다 민원을 제기했다. 구청에서는 ‘당신 동네의 인구가 적으니 당연히 버스 서비스도 적은 것일 뿐’이라고 설명했다. 이 설명에 만족하지 않은 주민들은 ‘민주주의 시대에 어찌 이런 차별이 있을 수 있느냐’고 불평을 터뜨렸다. 자, 이 경우에 주민들은 민주주의를 다수결 제도로 여기기보다는 민주주의가 ‘약자를 보호하는’ 어떤 공정한 원칙이어야 한다고 이해했던 것이다. 그렇다면 이 두 가지 중 어느 쪽이 민주주의의 본령에 가까운가?

　민주주의에 대한 두 번째 긴장은 민주주의의 모형에 관한 문제이다. 직접 민주주의가 좋은가, 대의 민주주의가 좋은가 하는 문제를 놓고 오랫동안 논쟁이 있었다. 원론적으로 말하자면 모든 문제를 모든 시민이 직접 결정하는 직접 민주주의가 참된 민주주의일 것이다. 그러나 현실적인 제약이 분명 존재한다. 모든 사람이 생업을 팽개치고 일 년 내내 의사결정만 할 수는 없는 노릇이다. 따라서 지구상에 존재하는 대부분의 민주주의는 유권자가 대표를 뽑아 의사결정기관(의회)으로 보내고 그 대표들이 유권자들을 위하여 대신 결정하는 대의적 요소를 지닐 수밖에 없다. 그런데 대의 민주주의는 그 대표가 진정한 대표인가 하는 문제로부터, 선출과정에서 민의가 구조적으로 왜곡될 가능성, 그리고 정당정치의 발전 정도에 따라 다수결의 결과가 독이 될 수도 약이 될 수도 있다는 등의 결함을 지니고 있다.

　여기서 우리는 ‘다수는 언제나 소수에 우선하는가’라는 질문이 민주주의에 내재된 두 가지 핵심적 뇌관을 건드리는 질문임을 알 수 있다. 한편으로, 투표를 통해 한 표라도 더 받은 사람 또는 정책을 채택하는 것이 민주적일 것 같지만 그랬을 때 부당하게 피해를 입는 소수가 나오게 마련이다. 또 다른 한편으로 민주주의를 실천하는 모형로서 대의 민주주의를 선택했을 때 소수에 속하는 집단은 자신의 이익을 대변해주는 대표자를 영원히 내기 어려운 경우도 생긴다. 어쩌다 대표자를 뽑아서 국회에 내보냈다 하더라도 그 대표자 역시 소수여서 의회 내의 다수의 대표자들에 의해 의견이 무시될 수도 있다. 민주주의가 원래 평등 정신 아래에서 인간이 다른 인간을 차별하지 않고 모든 인간에게 의사결정의 문호를 개방한다는 취지로 생겨났지만 그것의 현실적 양태에서 또 다른 차별로 이어진다는 사실은 민주주의의 역설이라 하지 않을 수 없다.

'다수의 전횡' 논쟁

민주주의의 이론 내에 다수의 결정 권한과 소수의 권리를 놓고 존재해온 긴장은 19세기 들어 크나큰 사상적 난제로 대두하였다. 산업혁명과 프랑스 혁명을 거치면서 구체제, 귀족계급, 지주계급은 인민demos에 의한 통치, 즉 민주주의가 시대의 대세임을 심각하게 인식하기 시작했다. 고전적 자유주의 사상이 이때 개화한 것도 다 이러한 시대정신 때문이다. 그런데 대중 민주주의 사상을 정립하기 시작한 자유주의 사상가들에게 가장 큰 문제는 등가성의 원칙에 의한 민주주의가 원래 의도와는 달리 '엉뚱한' 결과를 내면 어떻게 하나 하는 염려였다. 즉, 배운 것도 없고 재산도 없고, 분별력도 없(어 보이)는 다수의 '어중이떠중이' 들이 엉터리 입법을 해서, 많이 배우고 진정한 공익에 대해 알고 있는 소수의 지혜를 억누르면 어떻게 될까 하는 걱정이었다. 이것을 '다수의 전횡 tyranny of the majority' 논쟁이라고 한다.

19세기 초에 미국을 방문하고 『미국의 민주주의』를 저술한 알렉시스 드 토크빌 Alexis de Tocqueville은 미국의 민주주의가 유럽식 신분제보다 더 새롭고 잠재력 있는 제도이지만 다수가 소수를 무시하고 횡포를 부릴 가능성이 많다고 보았다. 그래서 그는 다수의 전횡이 귀족의 전횡보다 더 무섭다고 했다. 귀족은 영예를 추구하기 위해 전횡을 시행하지만 무지한 다수는 오로지 자기들의 이익을 위해 전횡을 시행할 거라고 보았기 때문이다. 편견과 흥분과 이해관계가 정치판을 휩쓸 것이고 그렇게 되면 민주주의 자체가 무너질 수도 있을 것이었다. 토크빌은 흑인들이 투표권이 있어도 백인들의 폭력을 두려워하여 '자발적으로' 투표에 기권하는 사례가 다수의 전횡을 잘 보여주는 예라고 생각했다.

물론 토크빌은 미국의 민주주의가 몇 가지 안전장치 때문에 다수의 전횡으로까지 전락하지는 않는다고 설명한다. 행정부의 중앙집권화 경향이 적은 것, 지방자치와 분권화 경향, 활발한 자발적 결사체들의 존재, 전문적인 사법부와 배심원단 등이 그런 장치였다.

토크빌의 영향을 받은 존 스튜어트 밀 J. S. Mill은 이 문제를 더욱 심각하게 고려하였다. 밀 역시 무지한 노동계층의 사람들이 타인에 대한 관용 없이 다수결 제도를 함부로 남용할 가능성을 경계했다. 여기에서 밀의 유명한 자유 원칙이 나온다. 즉, 다수의 전횡을 막기 위해 소수를 보호할 필요가 있는데 그것이 바로 자유 liberty의 본질이라는 것이다. 다수결로 권력(권위)을 잡았더라도 개인의 자유를 보장할 수 있는 균형을 찾으려 한 것이 밀의 정치철학 기획의 본질이라고 할 수 있다. 밀에 따르면 권력이 개인의 자유를 구속할 수 있는 유일한 근거는 타인에 대해 해를 끼치지 못하도록 하는 데 있다. 다시 말해 타인에게 해가 되지 않는 한 개인의 자유는 절대적으로 보장되어야 하고, 이는 설령 다수결의 원칙으로도 어길 수 없는 신성한 원칙이라는 것이다. 물론 남에게 해를 끼치지 않는 범위가 어디까지인가에 대해서는 여러 해석이 있을 수 있으나 일반적으로 밀이 타인의 이익에 대한 침해를 염두에 두었다고 보고 있다.

밀은 도덕이나 가치를 (그것이 아무리 훌륭해 보이더라도) 외부에서 주입하는 것을 반대하는 입장이다. 오히려 개개인 스스로가 자유를 통해 시행착오를 포함한 모든 가능성을 적극적으로 실험함으로써 궁극적으로 진정한 진보가 이루어진다는 최소주의적 개입을 주장하고 있다. 아무리 인기 없고 엉터리처럼 들리는 소수의견이라도 그것이 표현되고 토론됨으로써 진보가 이루어진다는 것이다. 왜냐? 그 의견이 진리라면 억압해선 안 되며, 그것이 허위라 하더라도 그것이 왜 거짓인지를 토론을 통해 밝힘으로써 기존의 진리를 재확인할 수 있다는 것이다. 따라서 진리라 할지라도 늘 도전받고 시험받아야만 그 진리가 진리로써 생명력과 힘을 가질 수 있다는 주장이다. 여기서 소수의 견해를 존중해주는 것이 다수의 생존과 건강을 위해서도 긴요하다는 밀 특유의 자유주의가 표현된다.

그런데 다수가 소수를 억압할 때 노골적으로 다수결이라는 이유만으로 밀어붙이지는 않는다. 사회통합, 국론분열 방지, 국민감정 존중, 정치 안정, 진실이 행복을 증가시키지 않음 등등의 이유를 제시하곤 한다. 사실 이 중에는 상당한 근거가 있는 경우도 있을 수 있다. 그러나 이 모든 정당화가 원론적으로 봤을 때 밀의 자유 원칙 앞에서 그 근거를 상실하는 경우가 많음을 기억해야 할 것이다.

'다수의 전횡'을 어떻게 풀 수 있을까?

　물론 현실의 민주주의 속에서 다수결 제도가 앞으로도 일반적인 원칙으로 계속해서 기능하리라는 점은 충분히 예견할 수 있다. 그러나 다수결의 위험과 한계가 이미 밝혀진 이상 다수결 원칙이 제대로 작동하도록 조건을 만들어주는 것도 민주주의의 순기능을 위해 긴요한 일이 된다. 한 가지 확실한 점은 다수결이라는 최종결정에 이르는 과정이 중요하다는 점이다. 예를 들어 적절한 전제조건 없이 다수결만을 고집하는 것은 자세한 진찰 없이 바로 수술에 들어가는 행위와 비슷하다. 분별없이 행해지는 다수결로 '수술은 성공했으나 환자를 죽이는' 우를 범해서는 안 된다.

　우선 정보의 비대칭성이 시정되어야 한다. '잘 알고 내리는 결정informed decision'이 되어야 하는 것이다. 또한 결정에 참여하는 사람들이 진정한 '이익'에 대해 충분히 계몽되어 있어야. 공익과 공동선에 대한 충분한 토론과 합의가 필요한 이유가 바로 이것이다. 이 과정에서 포퓰리즘, 충동, 선정주의, 감성적 온정주의, 개인주의적 이기심은 최대한 배제되어야 한다. 이는 선거에서 미디어가 차지하는 비중에 대해 우리에게 진지한 반성을 촉구하는 대목이다.

　관용을 의미하는 '톨레랑스tolerance'에 대한 대중의 태도도 다수의 전횡을 방지할 수 있는 하나의 방법이다. 300년 전까지만 해도 프랑스에서 톨레랑스는 멸칭이었다. 특히 종교문제에 있어 사악한 이단을 관용하는 것은 도덕적 해이라고 여겼다. 톨레랑스라는 개념 자체가 이단이라는 결정이 나온 적도 있다. 이때만 해도 불관용인 '엥톨레랑스intolerance'의 시대였던 것이다.

그러나 오늘날 타인의 (인기 없는) 견해와 자유에 대해 관용해야 함은 다수와 소수 간의 관계 속에서 민주주의의 사활적 요청이 되었다. 즉, 자유주의의 핵심인 '톨레랑스' 정신이 민주주의와 결합할 경우에만 민주주의가 제대로 기능한다는 것이다. 자유와 민주의 관계를 조합해서 네 가지 유형을 만들 수 있다. '비자유 비민주' 체제는 독재라 할 것이다. '비자유 민주' 체제는 민주화 도상에 있는 개도국에서 많이 발견된다. '자유 비민주' 체제는 현실 속에서 잘 발견되지 않는다. 마지막으로 '자유 민주' 체제가 있다. 여기서 우리는 자유주의적 톨레랑스가 얼마나 민주주의에 중요한 전제인지 알 수 있다.

마지막으로 다수에 의한 전횡에 대해 궁극적인 보호막으로서 시민적·정치적 인권과 경제적·사회적 인권이 보장되어야 한다. 그 어떤 '민주적' 결정 또는 시장경제적 결정으로도 박탈할 수 없는 최후의 어떤 마지노선, 그것이 바로 인권이다. 그러므로 현대국가의 두 축인 대의 민주주의적 다수 결정과 시장경제적 결정의 전횡으로부터 소수를 보호할 수단으로서 인권이 중요한 것이다.

성숙한 민주주의를 위하여

원래 교육받은 유산계급이 '우매한' 무산계급 다수의 횡포를 염려해서 등장했던 이 논쟁이 오늘날에 이르러 소위 '보편적' 민주주의에서 배제되고 소외된 약자를 위한 논쟁으로 변한 것은 역사의 아이러니다. 소수를 보호하기 위해 여러 제도적 장치가 고안되어왔다. 소수집단에 대표성을 주는 방안, 소수집단의 정책적 보호 등이 그것이다. 그런데 이 글에서는 다수와 소수 간의 논쟁을 민주주의의 일반적 틀 안에서 다루었고 의사결정 권한의 공정한 배분에 초점을 맞추었다. 이 글을 마치면서 추가로 세 가지 생각거리를 제시하려고 한다.

첫째, 민주적 의사결정의 영역 바깥에 존재하는 삶의 영역이 있을 수 있다는 것을 인정해야겠다. 정치의 목적은 공동체적 삶을 잘 운영하는 것이다. 그런데 애초 그러한 공동체 수준에서의 의사결정 대상이 되어서는 안 되는 사안이 존재한다는 것이다. 다수가 간섭할 수 없는 삶의 영역, 더 나아가 다수가 그것을 존중해줄 의무가 있는 삶의 영역이 있을 수밖에 없다는 성숙한 태도가 공동체의 민주주의에 선결되어야 할 조건이다.

둘째, '다수가 언제나 소수에 우선하는가'라는 질문이 양적 정당화의 전제 위에서 성립된다는 말은 이미 위에서 살펴보았다. 이것은 사람들 사이의 '등가성', 즉 '1인 1표'를 전제로 한 다수결 원칙을 의미한다. 그러나 만일 주식시장에서처럼 그 사람이 보유한 돈의 양, 즉 '1원 1표', 또는 '1주 1표' 원칙에 의해 자본주의 사회 내에서의 일반적 의사결정이 내려진다면 어떻게 되겠는가. 더구나 그러한 영향력의 행사가 일반대중에게 잘 알려지지 않는 교묘한 방법으로 이루어진다면 어떻게 되겠는가. 현대 세계에서 자본은 선거과정, 미디어, 여론조작, 입법로비, 광고 등에서 막강한 영향력을 발휘하고 있다. 이러한 영향력은 우리가 자각하지 못하는 사이에 우리 의식 깊이 자리하고 있는 선호도까지 조작할지도 모른다. 이렇게 보았을 때 '다수'는 단순히 사람 숫자가 아니라 영향력을 많이 행사하는 세력, '소수'는 영향력이 적은 세력으로 정의할 수 있을 것이다. 따라서 우리는 대의 민주주의에서 다수결 원칙이 다수의 전횡으로 이어지지 않도록 안전장치를 고안했던 것처럼, 자본주의 하에서도 1원 1표의 원칙이 대자본의 횡포로 이어지지 않도록 어떤 장치를 마련해야만 할 것이다.

셋째, 소수에 대해서도 우리는 언제나 천사의 지위만을 부여할 수는 없다. 수적으로 적더라도 일종의 과두정이나 독점을 통해 소수가 다수를 지배하는 상황도 얼마든지 있을 수 있다. 또한 소수라는 '집단' 논리에 내재된 함정도 직시해야 한다. 소수라고 해서 그 집단 내 구성원들의 이익이 언제나 동일한 것은 아니며 오히려 소수집단이기 때문에 개개인에 대한 집단의 순응 압력이 더 높을 수도 있다. 개인에 따라서는 자기 이익에 따라 그 집단에 귀속되고자 하는 소속감의 정도가 다를 수 있다. 또한 그런 소집단 내에서의 권력관계가 비대칭적이고 억압적일 가능성을 완전히 배제할 수 없다. 그래서 우리가 '소수자 집단'이라고 말할 때에는 그것이 갖는 이중적 의미―해방을 추구하지만 정체성을 강요하고, 피해자이면서도 가해자가 될 수도 있는―에 대해 신중하게 생각해보아야 할 것이다. 이 문제는 집단의 권리에 있어 고려해야 할 점이기도 하다.

이렇게 말했을 때 '이익의 궁극적인 담지자가 누구인가'라는 의문이 제기되며 그 문제를 해결하기 위해 기존의 민주주의를 최대한 혁신하고 새로운 방법을 고안해야 한다는 결론에 도달하게 된다. 이것은 일종의 순환론법으로서 민주주의와 자유, 더 나아가 자본주의의 본질을 묻는 원래의 질문으로 환원된다. 결국 다수와 소수의 문제는 민주주의의 영원한 난제일지도 모른다.

따라서 민주주의를 그냥 내버려 두어도 잘 작동하는 제도로 당연시해서는 안 되며, 민주주의가 진정 대중의 총의를 반영하면서도 동시에 소수를 보호하는 제도로 제대로 기능하는지를 언제나 감시해야 할 책무가 우리에게 부과되어 있다고 하겠다.

욕망은 언제나 규제되어야 하는가

조광제 철학아카데미 공동대표

영원한 제국을 꿈꾸었던 중국 최초의 통일 황제 진시황의 능이 발굴되었다. 1974년부터 발굴 작업이 시작되어 진시황 시대를 복원하는 데 중요한 자료가 되고 있다. 진시황릉의 동쪽 담을 따라 1km 떨어진 곳에는 병마용 갱 4개가 자리하고 있다. 어느 겨울, 한국에서 온 관광객 몇 명이 진시황릉을 찾았다.

병마용 1 어이, 거기 제일 앞줄 왼쪽, 움직이지 말라구! 저기 예쁜 관광객이 잘 안 보이잖아!

병마용 2 으이그, 밝히는 건 여전하군. 자넨 아직도 정신 못 차렸나? 이천 년 전에 묻힐 때에도 그렇게 말썽을 부리더니만. 쯧쯧!

병마용 1 이봐! 즐기는 게 남는 거라구. 자네 오른쪽 팔 부서지지 않았나? 세상에 영원한 게 어딨어. 영원한 제국을 꿈꾸고, 영원히 살고자 했던 시황제조차 죽지 않았나.

병마용 2 하긴 그러고 보면, 황제보다 우리가 더 오래 산 셈이 되는군! 하지만 자네 얼굴을 보게. 너무 밝혀서 얼굴이 시커멓게 되더니 이천 년이 지난 지금도 얼굴이 그대로 시커멓구만! 『황제내경 黃帝內經』의 이야기가 딱 맞아!

병마용 1 무슨 말이야?

병마용 2 자넨 『황제내경』도 모르나?

병마용 1 그게 무슨 책인데?

병마용 2 『황제내경』은 의사들이 주로 읽던 의학책이야. 거기엔 사람이 타고난 수명인 100세까지 살 수 있는 방법이 적혀 있네.

병마용 1 그래? 그 방법 나도 좀 알려주게.

병마용 2 그럼세. 옛날 어느 황제가 지혜로운 의사이자 현인이었던 기백岐伯에게 물었네.

"내가 들으니 아주 옛날 사람들은 백 살이 되어도 평소 건강하게 잘 움직였다고 하던데, 요즘은 쉰 살만 되어도 골골대는 까닭은 무엇입니까?"

"옛날 성인들은 쓸데없는 고집을 피우지 않고, 욕심을 줄였으며 마음을 늘 편안히 하여 몸이 피곤해도 고달픔을 느끼지 않게 하였습니다. 또 어떤 음식이든 맛있게 먹고, 몸이 편안하게 옷을 입었으며, 여유롭게 여가를 즐기되 소박하게 살았습니다. 이 때문에 백 살이 되어도 건강하게 살 수 있었던 것입니다. 그런데 요즘 사람들은 술을 음료수처럼 마시고 행동거지에 절도가 없이 욕정만을 추구하려고 합니다. 이처럼 몸속의 힘이 다 빠져나가도록 힘을 쓰고 사니 쉰 살만 되어도 몸이 늙는 것입니다."

병마용 1 이보게, 자네 말대로라면 내가 문제가 아니라 저 사람들이 문제로구먼!

병마용 2 자네 말이 맞아. 도대체 어제 얼마나 술을 마셨기에 지금까지 술 냄새가 나고, 또 저 여자는 이 한겨울에 여름옷같이 입었군, 이 추운 날씨에 말이야!

병마용 1 오래 살고 싶으면 절제할 줄 알아야 하는 법인데…….

병마용 2 그래도 나는 이런 시대에 태어났다면 하는 생각이 자주 드네. 관광 온 사람들이 하는 말을 들으면 우리가 살던 시대는 너무 못 하는 게 많아! 우리가 가진 욕망이라야 별게 있나, 제때 밥 먹고 춥지 않게 옷 입고, 살만한 집과 논밭이나 있으면 그만 아니었나. 거기에 군대나 부역에 끌려가지 않으면 하는 게 욕심이었지.

병마용 1 동감일세. 저 사람들이 말하는 한국이 어딘지는 모르겠지만 정말 부럽네. 아마 『황제내경』에서도 자유롭기를 바라는 것조차 절제해야 될 욕망이라곤 하지 않을 거야!

병마용 2 그렇고말고!

병마용 1 어이, 그건 그렇고. 조금 비키게나. 저 처자가 잘 안 보이잖나!

진시황릉 '병마용 갱'

물음의 구도 분석

우선 '욕망은 언제나 규제되어야 하는가?'라는 물음의 구조를 분석해보자. 물음에서 중심이 되는 것은 '욕망'이다. 그리고 이 욕망에 대해 다른 방향의 논의가 아니라 '규제되어야 하는가의 여부'를 집중적으로 논의하라고 요구하고 있다. 말하자면, 이 물음에는 '욕망'이 무엇인가에 대한 정의가 어느 정도 합의된 상태를 전제로 하고 있다. '……되어야'라는 용언의 변용어미에는 당위가 들어 있다. 당위는 암암리에 '……해서는 안 된다'라고 하는 명령법을 포함하고 있다.

그런데 이 암암리의 명령법은 '규제되어야'라는 용언을 통해 노골적으로 드러나 있다. '규제'라는 것은 전적으로 부정하거나 거부하는 것이 아니다. '규제'는 적당한 수준에서 허용하면서 적당한 수준에서 불허하는 양면을 지니고 있다. 문제는 어느 정도의 수준에서 규제할 것인가이다. 묘하게도 '언제나'라는 부사어가 그러한 당위에 따른 명령을 강하게 한정짓고 있다. '언제나'는 시간을 나타내는 부사어지만 '반드시'라는 말로 바꿀 수 있다. 이는 '경우에 따라', '때때로' 등과 대비된다.

여기에서 가장 애매한 것은 '규제하다'라는 말이다. 이 때문에 이 물음은 그 자체로 일종의 역리를 지닌다. 언뜻 보기에는 이 물음은 규제되어야 한다거나 규제되어서는 안 된다고 하는 양자택일의 답을 요구하는 것 같다. 그런데 '규제'라는 말의 어정쩡한 의미 때문에 그러한 양자택일의 의미가 무너진다. 규제의 수준을 아주 높여 허용의 폭을 최소화하면 욕망을 최대한 부정하는 쪽으로 나아갈 것이고, 규제의 수준을 아주 낮추어 허용의 폭을 최대화하면 욕망을 최대한 긍정하는 쪽으로 나아갈 것이다. 규제의 폭을 최소화하면 규제되어서는 안 된다고 하는 대답과 거의 차이가 없다. 그럴 경우, 규제되어야 한다거나 규제해서는 안 된다고 하는 구분이 거의 의미가 없어지는 것이다.

그 밖에도 이 물음에는 애매함이 폭넓게 자리 잡고 있다. 도대체 욕망이 무엇인가 하는 것도 큰 문제다. 학자에 따라 상당히 다른 방식으로 의미를 규정하는 데다 학술적인 차원을 떠나 일상적으로도 욕망이란 말은 너무나 다종다양하게 쓰이기 때문이다. 설사 욕망을 일정하게 잘 한정해서 정의한다 할지라도 규제의 주체가 누구인가 하는 것도 애매하다. 사회 내지는 공동체의 차원에서 규제해야 하는가, 아니면 개개인 당사자가 알아서 규제해야 하는가가 불분명하기 때문이다. 또 규제하는 주체가 정해진다 할지라도 그러한 주체가 욕망을 규제할 수 있는 능력이 과연 있는가 하는 것도 애매하다.

이렇게 이 물음이 온통 애매함으로 가득 차 있다고 해서 이 물음에 답하고 하는 노력이 아무런 의미가 없다고 말할 수는 없다. 오히려 이런 물음에 답하고자 노력해야 한다. 왜냐하면 인간의 삶 자체가 어쩌면 애매함으로 가득 차 있기 때문이다. 애매함의 고리들을 풀어나가는 것이 삶의 과정이기도 하기 때문이다.

욕망이란 무엇인가?

먼저 욕망을 최대한 나름대로 의미 있게 규정하지 않을 수 없다. 특히 이 물음이 어느 정도 합의된 것으로 여기고 있는 욕망이 무엇인가를 알아야 한다. 욕망에 관한 연구는 철학적인 것과 심리학적인 것으로 대별된다.

 철학에서의 욕망에 관한 연구는 주로 플라톤에서부터 정식화된 것으로 본다. 플라톤은 욕망을 육체와의 관계를 벗어날 수 없는 영혼의 한 부분으로 본다. 즉, 주로 생물학적인 욕구를 충족시키는 데 몰두하는 것으로 본다. 플라톤은 욕망을 합리적인 계산을 하는 이성nous과 행동을 실천에 옮기는 용기thymos와 대립된 것으로 보면서 그 자체로는 진리를 담보해낼 수 없는 것으로 본다. 그래서 플라톤은 욕망은 반드시 이성에 의해 지배되고 규제되어야 하는 것으로 본다. 아리스토텔레스Aristoteles는 욕망을 영혼의 역동적인 기능으로 본다. 그러면서 욕망을 미래를 염두에 두면서 발동되는 이성적인 욕망과 현재의 쾌락에 의해 지배되는 욕망으로 나눈다. 따라서 아리스토텔레스는 욕망과 이성을 쉽게 대립된 것으로 보지 않는다. 특히 미래를 향한 이성적인 욕망은 가장 바람직한, 즉 가장 욕망함직한 최종 목적을 향해 나아가는 원동력이 되는 것으로 본다. 데카르트는 욕망을 육체적인 운동에 의해 영혼에 영향을 미치는 정념 중의 하나로 보면서 영혼이 자기에게 적합하다고 여겨지는 것들을 갖고자 하여 영혼이 흔들리는 것으로 보았다.

 욕망의 철학적 탐구에서 욕망을 가장 본질적이고 근원적으로 본 인물은 스피노자Baruch de Spinoza이다. 스피노자는 잘 알려진 대로 '신＝자연＝실체'라고 하는 일종의 범신론적인 존재론을 펼친다. 각각의 사물은 신의 양태로서 신의 역량을 표현한다. 이 신의 역량에 의해 욕망은 존재하고 발동한다. 각각의 사물이 욕망을 지닌 셈이다. 각각의 사물이 지닌 욕망은 각각의 사물이 스스로를 파괴하거나 자신의 현존을 상실할 수 없도록 한다. 이때 각각의 사물은 스스로의 존재를 강화하기 위해 끊임없이 노력한다. 스피노자는 이를 각각의 사물이 코나투스conatus

를 지녔다고 한다. 스스로의 존재를 강화하고자 노력하는 코나투스가 바로 스피노자가 말하는 본질적이고 근원적인 욕망이다. 말하자면 스피노자는 각각의 사물이 스스로를 보존하면서 재생산해 내는 힘인 욕망을 제시한 것이다. 그래서 스피노자는 "욕망은 어떤 사물을 주어지는 그대로이게끔 구성하도록 결정되어 있는 것으로 인식된다. 그런 한에서 욕망은 각 사물의 본질 자체 또는 본성이다."라고 말한다. 스피노자는 욕망을 존재하는 모든 것들이 바로 그렇게 존재하도록 하는 생산적인 힘으로 본 것이다. 푸코나 들뢰즈Gille Deleuze가 라캉Jaques Lacan이 주장하는 결핍으로서의 욕망을 거부하고 '생산하는 욕망' 또는 '욕망하는 생산'을 주장하는 것은 바로 이러한 스피노자의 욕망 개념을 받아들이기 때문이다.

결핍으로서의 욕망 개념은 욕망의 과잉 문제와 직결된다. 욕망이 넘쳐남으로써 욕망의 대상은 항상 부족하고, 따라서 욕망은 늘 만족 상태에 이르지 못하고 결핍 상태에 빠져 있다고 여겨지기 때문이다. 여기에서 욕망은 욕구besoin, need와 구별된다. 욕구는 일정한 한계를 지닌 주체를 전제로 하는 반면, 욕망은 한계를 벗어나는 주체를 전제로 하는 것으로 여겨지기 때문이다.

헤겔의 욕망 개념은 바로 이러한 결핍으로서의 욕망에 직결된다. 헤겔은 자기의식의 운동을 욕망으로 특징짓는다. 의식은 대상인 타자에서 출발하여 자신으로 복귀하는 운동인데, 이때 의식은 자기동일성을 실현하기 위해 대상인 타자를 부정해서 넘어선다. 대상인 타자를 부정해서 넘어서는 지점에서 욕망은 새로운 의식을 향한 욕망이 된다. 대상을 통해서는 충족될 수 없는 것, 즉 항상 결핍될 수밖에 없는 것이 헤겔이 본 욕망이다. 이러한 헤겔의 입장은 정신분석학자 라캉에게 새로운 방식으로 이어진다.

라캉은 욕망을 욕구besoin와 요구demande의 관계에서 성립한다고 본다. 욕구는 순수한 육체적 생존을 위해 충족되어야 할 생물학적 필요성으로, 생물학적 '본능'에 상응하는 개념이다. 욕구는 그것에 고유한 특정한 대상에 의해 충족될 수 있다. 다양한 욕구가 있고, 각 욕구에 상응하는 특정한 대상들이 있다. 요구는 결국 완벽한 사랑에 대한 요구이다. 젖먹이 어린아이가 어머니에게 요청하는 것은 표면상으로는 욕구의 대상, 즉 젖이다. 어린아이가 배가 고프면 어머니의 젖을 원하며 이를 통해 욕구를 충족한다.

하지만 아이가 진정으로 원하는 것은 순수한 욕구의 충족이 아니라 어머니가 항상 같이 있어 주는 것이다. 아이가 요구하는 것은 어머니의 절대적인 현존과 사랑이다. 즉, 어머니와 전혀 분리됨이 없이 만끽하게 되는 희열jouissance이다.

그러나 어린아이의 희열에 대한 요구는 욕구로 해석된다. 한편 어린아이가 자라는 과정을 거치면서 어머니는 수시로 어린아이를 떠난다. 이때 어린아이는 한없이 불안해진다. 이제 어린아이는 어머니의 욕망의 대상이 됨으로써 항상 어머니가 자기에게 현존하도록 하려 한다.

하지만 언젠가 어머니의 욕망의 대상이 자기가 아니라 아버지임을 깨닫게 된다. 아버지가 끼어들어 자신의 요구에 대해 억압과 거세를 일삼으면서 어머니에 대한 금기가 만들어진다. 금기는 명령법을 통해 언어의 상징적 세계를 연다. 어린아이는 상징계 속으로 들어가게 되면서 말을 배운다. 어린아이가 정확하게 욕망을 갖게 되는 것은 이때부터다. 희열에 대한 요구는 상징계에 진입하면서 욕망으로 변한다. 그러니까 어린아이가 상징계를 살면서 갖게 되는 욕망은 기실 어머니와의 희열에 대한 것이다. 하지만 그러한 욕망을 채워줄 수 있는 대상인 어머니는 완전히 금기의 어두운 영역 속에 숨어들어 있다. 어린아이의 욕망은 부분적인 대상만을 통해 완전히 간접적으로 추구된다. 그런 점에서 욕망은 처음부터 환유적이다. 하지만 부분적인 대상으로는 결코 어린아이의 욕망이 채워질 수 없다. 욕망은 끝없이 대상을 넘어선다. 근본적으로 욕망은 결핍에 시달린다.

들뢰즈와 가타리 Félix Guattari는 이러한 결핍으로서의 욕망 개념을 부정한다. 그들은 욕망을 스피노자에 따라 전 우주적인 연관 속에서 고찰한다. 그들은 "욕망은 기계이고, 기계들의 종합이며, 기계적 배치다. 즉, 욕망하는 기계이다."라고 말한다. 또 "욕망은 생산의 질서에 속한다. 즉, 모든 욕망은 욕망하는 생산인 동시에 사회적 생산이다."라고 말한다. 그들은 어떤 흐름이든 그 흐름을 절단하고 채취하는 방식으로 작동하는 것이면 무엇이든 기계라고 한다. 만약 교수가 학생들의 대학 생활의 흐름을 일정한 방식으로 절단하고 채취하면 교수—기계가 된다. 그러니까 그들에게 있어서 욕망은 그저 인간만의 문제가 결코 아니다. 오히려 그 반대로 인간 또는 인간 사회가 욕망하는 기계들 내지는 욕망하는 미시—다양체들의 집합 관계를 바탕으로 해서 성립된다. 그러니까 그들이 볼 때 욕망은 프로이트 Sigmund Freud나 라캉처럼 가족이라는 극장 속에 가두어 둘 수 없는 것이고, 스피노자의 실체에 해당하는 기관 없는 몸에 근거한 전 우주적인 문제인 것이다.

욕망은 언제나 규제되어야 하는가?

욕망을 규제해야 한다는 생각은 플라톤적이다. 이성은 항상 진실을 똑바로 목도하고 그럼으로써 우리 인간을 진리에 따라 살 수 있도록 하는데, 이러한 이성을 흐리게 하는 것이 욕망이라는 것이 플라톤의 생각이다. 그리고 그러한 욕망은 순수한 이성적 영혼이 감옥과 같은 육체 속에 감금됨으로써 생겨나는 부차적이면서 이성에 방해가 되는 것이다. 여기에는 욕망이란 고삐 풀린 망아지와 같아서 제멋대로 발동되고 따라서 심지어 욕망이 제 스스로의 목을 죄는 방향으로 발동되기도 한다는 것이 전제되어 있다.

사람들이 욕망을 추구하는 이유는 어찌 보면 간단하다. 욕망의 충족에는 즐거움이 따르고, 즐거움이 점증되어 희열을 가져오기도 하기 때문이다. 그런데 욕망의 충족은 여러 가지 현실적인 조건들을 만족하지 않으면 이루어질 수 없다. 물속에 비친 자신의 모습에 매료되어 수면과 식음을 전폐하면서까지 자신과 하나를 이루고자 하다 결국 죽고 만 나르시스의 비극은 욕망 충족의 역리를 말해준다. 즉, 현실적인 조건을 무시하고서 당장 주어진 욕망 충족의 가능성에 집중하다 보면 결국 미래에 있을 욕망 충족의 기회를 완전히 박탈당하는 것이다. 욕망 충족에 견주어 현실의 조건들을 정확하게 파악하고 평가하는 것은 욕망의 기능이 아니다. 욕망 스스로는 결코 그러한 일을 할 수가 없다. 그래서 필요한 것이 이성이고, 욕망의 입장에서 보면 이성은 전체적인 시간의 경과를 감안하여 욕망 충족을 최대한으로 끌어올릴 수 있는 전략이자 전술이다. 이럴 때 이성은 원리상 본래 계산적인 것으로 드러난다.

욕망과 이성의 관계를 이렇게 보게 되면 이성을 통해 욕망을 규제하는 것은 욕망을 더 잘 충족시키기 위한 방책이다. 욕망을 규제함으로써 욕망의 영토를 벗어나 전혀 다른 가치를 지닌 것으로 나아가고자 한다면, 이야기가 전혀 달라진다. 예컨대 플라톤의 선의 이데아, 아리스토텔레스의 목적론에 의거한 명상적인 행복, 플로티누스의 일자―者, 칸트의 정언명법적인 선의 의지, 불교적인 해탈, 기독교적인 신의 섭리 등을 실현하기 위해 욕망을 규제해야 한다면, 욕망은 이기적이고 순간적이고 진리를 방해하는 것으로 취급된다. 역사를 통해 나타난 금욕주의적인 인생관은 철저히 욕망을 규제되어야 할 것으로 본다. 금욕을 통해 욕망을 추구한다고 할 수도 있는데, 이때 욕망은 변질되어 욕망 아닌 욕망, 즉 몸과 감각을 벗어나 버린 욕망이 되고 만다.

욕망은 근본적으로 몸과 감각, 그리고 그에 따른 전신적인 감정의 문제다. 성 행위의 절정에서 느끼는 격렬한 오르가슴, 격렬한 축제를 통한 카오스적인 격정, 낭만주의적이고 표현주의적인 예술의 격렬한 감정 등의 문제다. 말하자면 니체가 말한 디오니소스적인 도취, 라캉이 말한 어머니와 어린아이 간의 완전한 희열, 바타유G. Bataille나 지라르R. Girard가 말하는 폭력과 성스러움이 한 덩이가 되어 구분이 되지 않는 전 우주적인 통합 등이 진정으로 욕망의 근원성과 위력을 말해준다. 이렇게 볼 때, 욕망은 일자, 유일신, 선의 이데아 등과는 완전히 대척을 이루는 또 하나의 전 우주적인 원리가 된다. 그래서 스피노자가 말한 전 포괄적인 욕망은 이러한 전 우주적인 원리로서의 욕망에 대한 존재론적인 기반이 된다.

욕망은 몸과 감각을 꿰뚫고서 관철된다. 욕망은 파동의 방식으로 존재한다. 문제는 강도와 밀도다. 강도와 밀도가 높은 욕망이 있고 강도와 밀도가 낮은 욕망이 있다. 강도와 밀도가 아주 높은 욕망이 몸을 가로지르게 되면 죽음에 이를 수도 있다. 죽음을 사양하지 않을 정도로 강렬한 욕망에의 충동을 느끼게 되면, 그러한 욕망에의 충동이 사회 전체를 마치 유행처럼 휩쓸게 되면, 그 자체로 인류의 역사를 완전히 뒤집는 혁명이 될 것이다. 이를 견딜 수 있는 사회는 없다. 욕망에 대한 규제 이념이 사회구성체를 형성하는 원리와 긴밀하게 결합되어 있음을 여기에서 알 수 있다.

그러나 스피노자와 들뢰즈/가타리의 생산하는 욕망 내지는 욕망하는 생산을 염두에 두면 이야기는 달라진다. 만일 이런 의미의 욕망을 사회 전체적으로 규제하고 억압하게 되면 사회 구성원들의 내적 에너지, 특히 창조적인 내적 에너지가 고갈될 수 있다. 자연을 형성 변용해 나가는 것도 욕망이고, 사회를 만들어 재창조해 나가는 것도 욕망이다. 사회가 욕망을 억압하고 일정한 방향으로만 흐르도록 하는 사회체제가 굳건해지면 이윽고 욕망은 견디지 못하고 화산처럼 가장 약한 부면을 뚫고서 대대적인 분출을 일으킨다. 본래 생산하는 욕망 내지는 욕망하는 생산은 그 자체가 최대한 다양한 회로를 만들어내고 그것들을 통해 온갖 종류의 다양체들을 만들어내기 때문이다.

욕망에 대한 규제 이념과 자본주의 체제

결과론적인 이야기가 될지 모르지만, 현재 자본주의 체제가 전 세계적으로 체제 경쟁에서 승리한 이유 중 하나는 자본주의 체제가 무한대의 욕망 충족이 가능한 쪽으로 사회의 법제를 구비하고 있어 사회 구성원들의 생산적 에너지를 최대한 발휘할 수 있도록 한다는 사실이다. 문제는 자본주의 체제에서 부추기는 욕망은 철저히 자본을 확대재생산하는 데 도움이 되는 쪽으로만 향해 있다는 점이다.

요컨대 욕망을 오로지 이윤 창출을 위한 수단으로만 취급함으로써 욕망에 철저히 이중적인 장치를 적용하는 것이 자본주의 체제다. "욕망을 마음껏 발휘하고 충족시키도록 노력하라.", "욕망을 충족시키기 위해 최대한 절제를 하고 생산적인 노력에 집중하라." 일하지 않는 자는 욕망을 충족시킬 수 있는 자격이 전혀 주어지지 않는 것이 자본주의 체제다.

욕망에 대한 규제 이념은 자본주의 체제와 정말 잘 어울린다. 노골석으로 욕망을 자제하라고 권하지는 않는다. 다만 연기하라고 권유할 뿐이다. "지금 주어지는 욕망 충족의 기회를 연기하면 더 큰 욕망 충족의 기회가 다가올 것이다." 연기된 욕망은 자본으로 바뀌면서 사회 전체적으로 더 큰 자본의 힘이 형성된다. 더 큰 자본의 힘은 그만큼 사회구성원의 욕망을 조절하는 데 훨씬 더 큰 융통성을 발휘한다.

그 와중에 향유로서의 욕망은 소유로서의 욕망으로 바뀐다. 제대로 된 욕망 충족은 향유다. 연기되는 욕망 충족은 부富라는 이름으로 소유로 바뀐다. 소유는 철저히 왜곡된 향유의 형태다. 욕망에 대한 규제 이념은 향유에 대한 규제 이념이지 소유에 대한 규제 이념이 아니다. 소유 중심의 사회구성체를 향유 중심의 사회구성체로 바꿀 필요가 성립한다.

공동체주의는 여전히 유효할까

박정순 연세대 교수

1989년 6월 4일 중국 북경의 천안문 광장에서 끔찍한 사건이 일어났다. 천안문 광장에서 민주화를 요구하며 연좌시위를 벌이던 학생, 노동자, 시민들을 계엄군이 탱크와 장갑차로 강제 해산시키는 과정에서 무기를 발포해 많은 사상자가 난 것이다. 시내 곳곳에서도 수천 명의 시민, 학생, 군인들이 시위 진압 과정에서 죽거나 부상했다.

당시 중국 내에 있던 외국 기자들은 즉각 전 세계에 이 사건을 보도했고, 세계의 여러 나라는 이와 같은 비인도적 처사에 항의하며 강력한 비난 성명을 발표했다. 그 뒤 민주화 운동의 상징적 인물이 된 천체물리학자 방려지方勵之는 미국 대사관으로 피신했고, 중국에서는 이날을 '피의 일요일'로 부르게 되었다.

그로부터 10여 년 뒤인 6월 4일, 중국에 유학 중이던 한 프랑스인 대학생이 중국인 친구와 천안문 광장을 거닐다 우연히 "피의 일요일" 사건에 대해 이야기를 나눈다.

리베르땅 참으로 안타까운 일이야, 아직도 정부가 무력으로 시민들을 진압하는 사건이 일어나다니 말이야. 안 그래?

중국인 그 얘긴 하지 않았으면 좋겠군.

리베르땅 자네들은 그게 문제야. 사회나 국가의 문제에 대해서 개인이 자유롭게 이야기하는 게 얼마나 중요한 일인지 모르는 것 같아.

중국인 물론 그렇지. 하지만 말을 한다고 해서 문제가 해결되는 것은 아니잖나. 우리도 상당한 노력을 하고 있네!

리베르땅 그건 나도 인정하네, 중국 경제가 발전하는 속도는 정말 놀라울 정도야. 아마도 이런 놀라운 발전을 이룩할 수 있는 힘은 전통적으로 내려오는 공동체주의적인 문화와 연관이 있는 것 같아.

중국인 자네들은 참 이야기가 왔다 갔다 하는군!

리베르땅 그건 무슨 말인가?

북경의 천안문 전경

중국인 어느 때는 자유가 중요하다고 하고, 어느 때는 공동체가 중요하다고 하니 말이야. 왜 자네들은 자네들 사회의 문제의식으로만 세상을 보는 것인가?

리베르땅 도무지 이해할 수가 없군!

중국인 한때는 중국의 인권 문제를 크게 욕하면서 자유주의화되어야 한다고 하더니, 이제는 중국의 유교적 공동체적 가치에서 배울 점이 많다고 하니 말이야. 중국은 오로지 중국일 뿐이야.

리베르땅 아니, 그게 뭐가 문제가 되지? 우리 서양이 선진 사회인 것은 분명해. 이른바 근대적 기획의 승리이지. 하지만 지금 서양 사회를 보면 너무나 파편화되어 오로지 개인만 있어. 공동체적인 의식이 없단 말일세. 그에 비해 동양의 여러 나라에는 아직 그런 미덕이 남아 있지 않나?

중국인 그게 그 소리 아닌가? 언제는 봉건적인 전통 가치 때문에 독재의 나라들이라고 욕하다가 이제는 동아시아의 나라들이 경제적으로 살 만하니까 모두들 달려들어 자유주의화하자고 서로 난리들이지. 그러면서 심심하면 인권 운운하고. 개인의 자유, 개인의 실현 그런 것들은 우리도 너무나 잘 알고 있네. 자네들은 자네들만 안다고 소리치는 데 너무 익숙해 있어!

리베르땅 무슨 말인지 알겠네. 하지만 자유주의적인 가치도 공동체주의적인 가치도 모두 다 중요하지 않은가? 이랬다저랬다 하는 것은 정치인들 이야기지. 내가 그런 뜻으로 한 말은 아니지 않은가.

중국인 아, 내가 조금 흥분했나 보군. 저리 가서 차나 한잔하세.

리베르땅 그러세.

자유주의와 공동체주의는 근대 개인주의적 세계관에 의혹이 제기되면서 인간과 사회의 관계를 새롭게 정위하려는 광범위한 논쟁으로 받아들여지고 있다. 하지만 각 국가 간의 상황이나 조건이 다르기에 논쟁의 양상은 지극히 복잡하다. 도대체 자유주의와 공동체주의 논쟁은 어떤 맥락에서 제기되고, 또 어떤 논쟁이 벌어지고 있는 것일까?

현대 공동체주의의 대두와 그 시대적 배경

인간은 말 그대로 떨어져 살 수 없기 때문에 어떤 사회적 관계 속에서 서로 함께 살고 있다. "인간은 사회적 동물이다."라는 아리스토텔레스의 언명을 통해 단적으로 나타났듯이, 인간의 본질을 그러한 공동체적 삶의 양식을 통해서 파악하려는 공동체주의 사상은 고대와 중세 시대를 거쳐 다양하게 전개되어 온 유구한 사상이다. 그렇지만 근·현대 공동체주의는 자유주의에 대한 비판으로서 등장하게 된다. 자유주의에 대한 공동체주의적 비판의 역사는 자유주의가 등장한 근대 이후 끊임없는 재발적 증후군으로 나타났으며 기본적으로 그것은 공동체 상실을 염려하는 실낙원의 이야기이다. 그것은 자유주의가 그 실천적 이념으로 볼 때 '해방 liberation'의 철학이었지, '소속 belonging'의 철학은 아니었기 때문이다. 자유주의는 착취와 불합리성으로 점철된 억압적인 중세적 공동체를 해체하고, 인권과 자유를 가진 근대적 개인 the modern individual 을 출현시킴으로써 인간 사회와 공동체는 그러한 개인들의 자발적인 계약적 합의에 의해서 이룩되는 것으로 설명하였다.

보편적 자유와 권리, 신분적 평등, 박애, 다원주의적 관용, 입헌적 제한정부, 가치관에 대한 국가의 중립성, 법치주의 그리고 계몽주의적 합리성을 기치로 들고 나온 자유주의는 엄청난 '해방의 힘 liberating force'을 가지고 근대의 지배적 이념으로 자리 잡아 왔다. 이러한 해방의 힘은 잔인성과 무지몽매와 미신, 신분적 구속과 불관용, 자의적 정부의 횡포로부터 인간을 구해냄으로써, 특권을 가진 인간에 대한, 궁극적으로는 인간 자신에 대한 인간의 승리를 구가하는 근대적 개인을 역사의 중심 무대에 등장시킨다. 인간 사회와 공동체는 이제 그 억압적 굴

레를 벗어던지고, 그러한 근대적 개인들의 자유와 평등의 실현을 위한 부차적인 현실적 장치로서 새롭고도 제한된 의미만을 부여받게 되었다. 즉, 자유주의에서 개인은 고립적인 존재로서 사회와 정치제도를 형성하는 초사회적인 존재라는 원자적 개인주의가 전제되고 있다. 이러한 자유주의적 개인은 시장에서 자신의 이익을 극대화하려는 경제적 동기를 최우선시하였으므로 또한 자본주의의 근간으로 등장하게 되었다.

그러나 근대적 개인은 시민혁명과 산업혁명을 통해서 신분사회에서 계약사회로, 퇴니스_{Tönnies}의 주장처럼 공동사회(게마인샤프트)에서 이익사회(게젤샤프트)로 이행하게 됨으로써 개인적 자유와 인권과 분업을 통한 물질적 풍요를 얻게 되었지만, 개인들 사이의 살벌한 경쟁 속에서 공동체적 삶과 형제애를 잃게 되었다는 비판이 대두하게 되었다. 따라서 18세기 이후의 사회학 사상과 정치철학은 생산, 신앙, 소비, 참여 혹은 도덕의 공동체들을 통해서 자유주의의 그러한 상실을 회복할 수 있다는 신념을 각양각색으로 제시하였던 것이다. 루소, 헤겔, 마르크스의 자유주의 비판도 공동체주의적 신념을 기본으로 하고 있다는 것은 주지의 사실이다. 이러한 공동체주의의 비판에 대해서 자유주의 사상가들은 반자유주의적인 공동체주의는 결국 시대착오적이고 비현실적인 복고주의, 혹은 개인적인 경제적 유인을 무시한 지속 불가능한 비효율적인 집산주의적 경제 체제, 혹은 보수주의적이고 권위주의적이고 전체주의적인 억압의 체제로 전락함으로써 건전한 사회 비판을 불가능하게 만들고 개인의 자유와 인권도 침해하고 말 것이라고 주장하였으며, 그러한 주장은 20세기 역사가 어느 정도 입증하고 있는 것이 사실이다.

또한 근·현대를 거치면서 개인적 이익과 기능 중심으로 고도로 분화된 자유주의적 개인주의 사회와 문화를 통해서 돌이킬 수 없이 사라져버린 전통적인 지역공동체에 의거한 공동체주의적 삶이 과연 현대 사회에서 가능할 것인가 하는 물음도 제기된다. 이러한 관점에서 공동체주의는 여전히 유효한가라는 논제는 중요한 이론적 실천적 안건이 된다고 하겠다. '공동체주의는 여전히 유효한가'라는 논제는 사회학, 인류학, 정치학 등 다양한 관점에서 논의될 수 있으나 여기서는 정치 및 사회 철학 분야의 논쟁에 초점을 맞추었다.

'자유주의 대 공동체주의 논쟁'에서 공동체주의의 자유주의 비판

공동체주의는 여전히 유효한가라는 논제는 현대 철학에서 전개된 '자유주의 대 공동체주의 논쟁'을 통해서 탐구하는 것이 가장 적절할 것이다. 현대 서구 사회에서 1980년대 이후 본격화된 '자유주의 대 공동체주의 논쟁'은 기본적으로 근대 이후 자유주의와 공동체주의 사이에 전개된 대립의 역사를 답습하면서도 새로운 상황 속에서 전개된다. 그 상황이란 그동안 자유주의의 철학적 정초로서 작동해왔던 공리주의를 비판하고 나선 롤스J. Rawls의『정의론A Theory of Justice』(1971) 이후 재정립된 '자유주의의 새로운 모형'에 대해서 공동체주의자들이 비판을 전개하고 있다는 것이다.

이러한 공동체주의의 자유주의 비판은 공산주의의 붕괴 이후 자본주의에 대한 계급투쟁을 통한 사회주의적 비판이 퇴조함으로써 관심을 받게 되었다. 이러한 퇴조에 따라 자본주의의 이념적 동반자인 자유주의의 개인주의 문화가 야기하는 각종의 도덕적 폐해를 비판함과 동시에 그 대안적 체제를 추구하는 것으로 이론적·현실적 관심이 바뀌게 되었던 것이다. 이렇게 1980년대 이후 등장한 공동체주의는 서구 사회에서 주도적인 위치를 차지하고 있던 현대 자유주의의 사회제도와 관행의 부적합성과 그 이론적 한계에 대한 비판을 제기함으로써 그 논쟁이 촉발되었던 것이다.

롤스는 '최대 다수의 최대 행복'을 목표로 하는 공리주의가 전체의 복지를 위해서 소수의 자유와 인권을 침해할 가능성을 함축하고 있다고 힐난한다. 그래서 그는 전통적인 사회계약론을 부활시켜, 최초의 공정한 상황에서 권리에 준거한 개인주의적 합의에 기반하여 자유주의의 보편적인 철학적 정초를 구축하게 된다. 롤스가 주도한 이러한 자유주의의 새로운 유형은 노직, 드워킨, 거워스, 액커만, 고티에, 라즈, 킴리카, 라모어, 갈스톤 등을 통해 다양하게 발전하게 된다.

그러나 자유주의는 1980년대 이후 매킨타이어, 샌들, 테일러, 왈처, 웅거, 바버, 벨라, 에치오니 등의 공동체주의자들로부터 다양한 비판을 받게 된다. 특히 매킨타이어A. MacIntyre는 『덕의 상실After Virtue』(1981)에서 현대 서구 사회의 도덕적 위기는 공동체 문화의 파괴와 덕의 윤리의 상실에서 기인한다고 진단하였다. 그는 그러한 위기가 계몽주의적인 합리성으로 무장한 자유주의적 개인주의 때문에 야기되었다고 비판하고, 아리스토텔레스적인 덕의 윤리의 부활을 통해서 그러한 위기를 극복하려고 시도함으로써 현대 공동체주의의 부활을 선도하였다.

공동체주의자들은 다양한 입장을 가지고 있지만, 자유주의에 대한 비판은 대체로 다음과 같은 여덟 가지의 관점에서 요약될 수 있을 것이다.

첫째, 자유주의는 가족 혹은 지역 공동체를 경시하거나 무시함으로써 인간의 가치 있는 삶에 대한 중요하고도 대체할 수 없는 구성요소인 공동체와 공동선을 손상한다.

둘째, 자유주의는 정치적 결합을 단순히 도구적인 가치만을 가진 것으로 과소평가함으로써 정치적 공동체에 대한 적극적인 참여가 인간의 가치 있는 삶에 대해서 갖는 중요성을 망각한다.

셋째, 자유주의는 자유로운 개인적 계약이나 선택의 결과가 아닌 가족에 대한 의무, 공동체와 국가를 유지하려는 헌신 등 개인적·사회적 덕목들에 대한 적절한 설명을 제공할 수 없거나 그러한 설명과 양립할 수 없다.

넷째, 자유주의는 자율성을 가지고 있다고 상정하는 개인적 자아가 선택의 대상이 아닌 공동체적 삶과 공동선의 가치를 수용하며 그러한 방식으로 자아가 형성된다는 것을 인식하지 못함으로써 자아에 대한 불완전한 개념을 가지고 있다.

다섯째, 자유주의는 정의正義가 공동체주의 보다 고차적인 덕목들이 붕괴된 상황에서만 필요하거나 또는 기껏해야 교정적인 덕목에 불과하다는 것을 인식하지 못함으로써 정의를 사회제도의 제일 덕목이라고 잘못 간주하고 있다.

여섯째, 자유주의는 가치통합적인 사회적 목적론을 배제함과 동시에 개인들의 다양한 가치관에 대해서는 중립성을 유지함으로써 정의의 원칙을 통한 절차주의적인 통괄만이 도덕과 국가의 우선적 임무라고 생각하는 편협한 권리중심적인 도덕체계와 국가관을 가지고 있다.

일곱째, 자유주의는 개인적 권리의 보장과 정의원칙의 실현을 모든 사회를 평가할 수 있는 보편적인 정당화 기준으로 제시함으로써 한 사회와 공동체가 가지고 있는 특수적이고 다원적인 역사적 상황을 무시한다.

여덟째, 자유주의적 개인주의 문화는 공동체적 귀속의 상실과 가치의 상대성으로 말미암아 삶의 근본적 지표와 사회적 통합성을 상실한다.

따라서 자유주의는 고립적이고 파편적인 개인, 이기심의 만연, 이혼율의 증가, 정치적 무관심, 나르시시즘, 상업주의적이고 감각주의적 탐닉의 만연, 폭력적인 대중문화, 마약의 범람 등 다양한 도덕적 난맥상과 실패를 드러내 보인다.

공동체주의의 이론적·현실적 유효성에 대한 자유주의자들의 반박

1 자유주의의 공동체주의 포섭 가능성

공동체주의자들의 최대 공헌은 자유주의자들로 하여금 자유주의에 대한 솔직한 자화상을 그리도록 도와준 것이다. 그래서 공동체주의는 '자유주의 이후_{post - liberalism}'의 철학일지언정, 결코 '자유주의 사후_{postmortem - liberalism}'의 철학일 수는 없다. 공동체주의가 자유주의 이후의 철학이라는 의미는 "공동체주의가 민주주의적 관행이 확립된 자유주의 전통 속에서 발전되어왔으며, 또한 공동체의 가치가 어떤 교정이 필요할 정도로 하락하도록 놔두는 자유주의 문화 속에서 발전되어왔다"라는 의미이다. 자유주의자들은 그러한 교정은 자유주의 속에서 이루어져야 하며, 그러한 교정이 자유주의 문화 자체를 위협한다는 것은 어불성설이라고 주장한다.

공동체주의자들의 자유주의 비판에 대해서 자유주의자들은 자유주의가 실현되는 사회는 개인주의만이 조장되는 것이 아니고 또한 기본적 자유가 한 개인을 다른 사람들로부터 고립시키기 위한 것만은 아니라는 것을 항변한다. 자유주의는 전통적으로 집회와 결사의 자유, 양심의 자유, 거주이전의 자유를 통해 다양한 종교·문화·예술·과학의 공동체와 지역공동체 그리고 시민사회를 형성할 수 있도록 했다는 것이다. 물론 자유주의는 공동체에서의 탈퇴와 공동체들 사이에서의 자유로운 이전도 보장하고 있지만, 공동체주의는 흔히 자유주의의 공동체 형성과 보존에의 기여를 망각하고 있거나 아니면 탈퇴나 이전 등 해체적 경향만을 강조하고 있다고 반박한다.

2 공동체 개념의 모호성과 공동체 구성의 현실적 한계

공동체주의자들의 비판에 대해서 자유주의자들은 이러한 방어적 대응과 자유주의에 대한 적극적인 재해석을 통해서 공동체주의보다 더 진정으로 공동체를 보호할 수 있다는 입장을 개진함과 아울러 공동체주의자들에게 다양한 직접적인 역공을 가한다. 자유주의자들은 대체로 자유주의가 가진 문제점을 인정하기는 하지만, 공동체주의적 대안은 더 참혹한 결과일 것이라고 응수한다. 자유주의자들은 공동체주의자들이 스스로 강조하는 것처럼 그들이 꿈꾸는 공동체가 현대사회에서 돌이킬 수 없이 사라진 것이고 근대 자유주의적 철학과 관행이 그러한 상실을 야기하였다고 한다면, 우리는 공동체를 어떻게 재건할 수 있을 것인가? 공동체주의자들의 주장은 현실적 기반과 살아 있는 전통을 결여한 '반역사적 지성주의'일지도 모른다.

공동체주의자들은 매킨타이어와 샌들처럼 흔히 지방적(중간적, 혹은 탈중앙화된) 공동체나, 샌들이나 테일러처럼 공화주의적 공동체, 혹은 왈처처럼 국가적 정치공동체를 언급한다. 그러나 어떠한 공동체주의자도 그러한 공동체가 현재 존재하는 공동체와의 관계, 그리고 그러한 공동체의 창출과 유지를 위한 조건과 방식에 관한 직접적인 설명을 제공하지 않고 있다. 또한 공동체주의자들은 그러한 지방공동체가 국가에 대해서 갖는 관계에 대해서도 거의 논의하지 않고 있으며, 기존의 지방공동체들 사이의 갈등과 기존 공동체와 신설 공동체 사이의 갈등을 어떻게 해결할 것인가에 대해서도 논의하지 않고 있다.

자유주의자들 중에서 크리텐든과 필립스는 공동체주의자들이 가지고 있는 공동체 개념에 대한 구체적인 논의를 통해서 공동체주의를 논박한다. 크리텐든은 공동체를 네 가지의 별개의 필요조건과 모두 합친 공동 충분조건으로 정의한다. 즉, ① 총체적 삶의 방식의 공유, ② 면접적 관계, ③ 모든 공동체 구성원의 복지에 대한 고려와 복지를 증진시킬 상호의무, ④ 개인의 정체성의 구성이 그것들이다. 크리텐든은 이러한 공동체는 소규모 촌락이나 적합하고 또 필연적으로 개인의 자율성을 침해하게 될 것이라고 비판한다.

필립스도 공동체주의자들의 저작을 통해서 공동체주의자들이 원하는 공동체를 역시 네 가지의 개별적 필요조건과 공동 충분조건으로 정의한다. ① 공동 영역과 지역, ② 공동의 역사와 공유된 가치, ③ 광범

위한 정치적 참여, ④ 높은 정도의 도덕적 연대가 그것들이다. 그는 매킨타이어, 테일러, 벨라, 샌들이 꿈꾸고 있는 고대 그리스 폴리스, 중세 공동체, 미국 건국 초기의 공화정 촌락을 면밀히 조사한 뒤, 역사적 자료를 통해볼 때 억압받고 배제된 집단들이 항상 존재했기 때문에, 그 셋 중 어떤 것도 그러한 정의에 들어맞지 않는다고 지적하고, 그들의 공동체 개념은 낭만적이 아니라 오류에 가득 찬 잘못된 노스탤지어의 정치학에 불과하다고 혹평한다. 따라서 재생하거나 부활시켜야 할 어떠한 공동체주의적 공동체도 없다고 결론을 내린다.

3 공동체주의의 규범적 · 방법론적 딜레마와 난점

　자유주의자들의 공동체주의에 대한 역공 중 가장 강력한 부분은 공동체주의가 독재주의, 전체주의, 권위주의, 보수주의, 다수결 횡포의 함축성을 지니고 있다는 규범적 비판일 것이다. 그것은 공동체주의가 자아의 공동체적인 구성적 결부와 귀속, 개인의 사회적 역할 강조, 가치에 대한 공유된 이해와 통합을 바탕으로 '공동선의 정치'를 주장하고 있기 때문이다. 공동체주의는 그러한 사회의 실현을 위해서 가능한 동질적인 사회를 만들려고 할 것이며, 완전주의적 가치를 강요하고, 사적 영역과 공적 영역의 통합을 시도할 것이며, 사회적 갈등을 무시하고, 소수자의 권리와 자유를 억압하고 개인의 자율성과 다원주의적 관용을 해치게 될 가능성이 비일비재할 것이라고 자유주의자들은 우려한다. 이러한 우려는 단순한 개연성이 아니라 역사적 사실이며 논리적인 필연성이라고 주장한다.

　우선 자유주의자들은 개인의 권리가 공동선과 일반적 복지를 위해서 개인에게 행할 수 있는 것의 한계를 지정한다고 본다. 그래서 공동 체주의자들이 만약 개인의 권리를 공동선의 정치로 대체하려고 한다면 도대체 개인의 권리와 자유를 어떻게 보장할 수 있을 것인가 하고 반문한다. 논리적 필연성을 주장하는 자유주의자들은 공동체주의자들의 자아 개념은 자아 정체성과 공동체의 상호구성적 결부와 통합에 근거하고 있는데, 그러한 자아 개념과 20세기에서 등장한 전체주의 사회는 밀접한 관련이 있다고 갈파한다. 자유주의 철학자 롤스는 저작 『정치적 자유주의 Political Liberalism』(1993)에서 공동체주의적인 통합적 가치관은 현대 다원주의 사회에서 부적합한 포괄적인 교설로서 사회적 합의를 찾기 어렵다고 지적하고, 그러한 포괄적 가치관을 사회적으로 유지하는 것은 오직 국가 권력의 억압적 사용을 통하는 길밖에 없다고 갈파한다.

물론 자유주의자들은 공동체주의자들이 실질적으로 보수주의적이고 전체주의적인 공동체를 옹호하고 있다고 주장하는 것은 아니다. 오히려 그들은 공동체주의가 그러한 전체주의적 함축성의 문제를 자유주의에 의존하지 않고서는 해결하지 못한다고 웅변한다.

물론 공동체주의자들 가운데 자유주의자들의 비판에 대해서 그렇다고 대답하는 사람은 아무도 없다. 그들은 오히려 전체주의의 가능성을 다른 데서 찾음으로써 비난의 예봉을 피하려고 한다. 공동체주의자 샌들은 사회적 불관용과 전체주의적 가능성은 자유주의적 개인주의가 만연되어 공동체가 파괴된 결과인 아노미적 상태에서 일어난다고 강변한다. 그러나 이러한 강변은 그동안 전체주의와 독재가 어디서 어떻게 등장했는가 하는 발생학적 측면에서 보면 납득할 수 없는 것이다. 전체주의와 독재는 비자유주의 국가에서 발생했으며, 그것은 결국

민주주의라는 이름으로 국민의 열광적인 정치적 참여를 강요했고, 그 강요의 힘은 어떠한 사회적 예외도 허용하지 않았던 역사를 볼 때 공동체주의자들의 변명은 구차하게 들린다.

자유주의자들은 공동체주의에 대한 규범적 비판과 아울러 공동체주의에 대한 방법론적 난제를 들고 나온다. 만약 공동체주의자들이 주장하는 것처럼, 자유주의적 개인주의의 만연이 공동체의 상실을 불러왔다면, 자유주의는 현대사회에 대한 정확한 이론적 반영이라고 할 수 있다. 그런데 만약 공동체주의자들이 공동체 재건의 가능성을 확보하기 위해서 자아의 구성적 결부와 함께 현대사회의 이면에 암묵적으로 존재하는 공동체의 맥락을 주장한다면, 자유주의는 자아와 현대사회에 관한 정확한 이론적 반영은 아니다. 이 경우 공동체 상실에 대한 자유주의의 문책은 불가능한 것이 된다.

공동체주의는 방법론적으로 볼 때 보수주의와 상대주의를 함축하며, 따라서 '단순 공동체주의의 딜레마'와 '해석학적 순환'이라는 보다 정교한 철학적 방법론 상의 난제에 직면하게 된다. '단순 공동체주의의 딜레마'는 만약 가치에 대한 사회적 의미가 현재 공동체가 가지고 있는 분배적 관행과 제도에 의거하고 있다면, 그러한 사회적 의미는 보수적인 것으로 비판적 원칙으로 작동할 수 없다. 만약 가치에 대한 사회적 의미가 공동체의 현재 관행과 제도에 의거하지 않고 그러한 의미를 통해서 관행과 제도를 비판할 수 있다면, 그러한 가치가 정당하다는 것을 공동체주의적 가치론에 의해서 어떻게 알 수 있는가?

또한 이 딜레마의 두 번째 뿔은 가치가 하나가 아니고 서로 경쟁하는 가치들인 경우로 재구성될 수 있다. 이때도 역시 공동체주의적 방법론은 전혀 손을 쓸 수 없다. 코헨은 사회적으로 많은 논란과 갈등을 함축하고 있는 가치들의 경우에는, 그러한 상충하는 의미를 평가하기 위해서도 지도적 원리로서 자유주의의 일반적이고 보편적인 정의의 개념이 필요하다고 주장한다. 공동체주의자 왈처와 매킨타이어가 추구하는 가치의 사회적 의미와 전통에 대해서 만약 상충된 해석들이 존재할 경우, 이데올로기적 허위의식을 배제하고 진정한 해석만을 추려내서 평가하는 기준은 '해석학적 악순환'을 피할 수 없다. 다양한 해석들은 오직 총체적인 해석 틀 안에서만 의미를 갖고 평가될 수 있지만, 그러한 총체적인 해석 틀은 다시 다양한 해석들에 의거하지 않고서는 산출될 수 없기 때문이다.

공동체주의의 유효성 논제와 현대철학의 과제

이러한 '자유주의 대 공동체주의 논쟁'에 대해서 한편에서는 이 논쟁이 더욱 확산일로에 있다고 주장되기도 하고, 다른 한편에서는 이미 논쟁은 끝이 났고, 양자는 상호수렴하고 있다고 지적되기도 한다. 그렇지만 대체로 그 논쟁의 결과, 자유주의와 공동체주의는 극도의 양극화 또는 이원론의 횡포로부터 벗어나야 한다는 시각이 정립된 것도 사실이다.

따라서 자유주의는 지역적이고 민족적이고 인종적인 역사, 문화, 언어, 종교의 담지체인 공동체의 존속과 공동선의 추구에 보다 많은 관심을 기울이게 되었으며, 공동체주의도 개인의 인권과 자율성을 보호하는 공동체의 개념 정립과 공동체 실현의 다양한 현실적 전략에 대해

보다 많은 관심을 보이고 있는 것도 사실이다. 물론 개인의 자율성과 공동체의 질서는 모든 형태의 사회에 내재해 있는 본질적·갈등적 딜레마이지만, 현실적으로 어느 정도 그 갈등을 조정하고 절충할 수 있느냐 하는 것은 각 공동체의 구성원들이 처한 시대적 상황과 사회적 역량에 달려 있는 것이다. 자유주의와 공동체주의는 한 사회의 구성원이 가지는 자기 정체성의 중요한 두 가지 요소로서, 그러한 자기 정체성이 하나의 통일적 인간관계로 형성되고 발전되기 위해서는 통합적으로 고려되지 않으면 안 될 것이다.

이 논쟁을 우리 한국 사회에 적용해본다면 우리에게는 어쩌면 자유주의적 개인주의의 폐해를 공동체주의적으로 보완해야 하기보다는 오히려 지연, 혈연, 학연이라는 전근대적인 폐쇄적 연고주의와 지역삼정과 집단이기주의를 타파하기 위해서도 공적 영역에서 개개인의 능력과 창조성과 인권이 존중되는 자유주의가 확대되어야 할 것으로 생각된다. 그러나 우리는 사적 영역에서 각종의 연고적 공동체 속에서 서로 인정을 나누면서 그 끈끈한 삶의 유대와 정감을 지속해왔던 공동체주의적 삶도 버릴 수 없는 것처럼 보인다.

이제 출산율의 저하와 가족의 해체 등으로 말미암아 초고속으로 고령사회로 진입할 것으로 예상되는 우리 한국 사회에서 가장 기초적인 사회적 공동체인 가족 공동체의 지속과 복원은 중대한 시대적 과제로 다가오고 있다. 그러나 우리 모두가 예견하듯이 그러한 시대적 과제의 해결은 결코 개인의 자율성을 억압하는 반자유주의적인 방식으로는 해소될 수는 없을 것이다. 그것은 자유주의적 남녀평등을 기반으로 출산과 육아에 대한 개인적 욕구와 동기를 강화함과 아울러 경제적·사회적 유인과 복지 지원도 충분히 제공되는 사회적 배경의 형성에 달려 있을 것이다.

공동체주의의 이론적 · 현실적 유효성은 자유주의적 개인주의 문화가 그 지리적 · 사회적 · 가족적 · 정치적 유동성으로 말미암아 공동체의 해체를 조장할 때 끊임없이 등장하는 재발적 교정에서 찾을 수 있는 것이지 자유주의에 대한 전면적인 대체에서 찾을 수 있는 것은 아닐 것이다. 공동체주의의 유효성은 자유주의의 제약 아래 다음 네 가지 관점에서 찾을 수 있으며, 이러한 네 가지 관점의 실현은 현대 규범철학의 중대한 과제가 될 것이다. 첫째, 공동체주의는 지구화 시대를 맞이하여 전 지구적인 공동체의 실현과 국가의 쇠퇴에 대비할 중간적인 사회적 단위로서 여전히 중요할 것이다. 둘째, 공동체주의는 문화 다원주의 시대에 각종의 문화에 대한 지속과 유전을 담당할 중요한 지역적 · 민족적 · 결사적 공동체의 기반으로서 중요할 것이다. 셋째, 공동체주의는 국가와 시장으로 말미암아 초래된 생태위기를 해결하기 위한 환경친화적 공동체의 실현 가능성 때문에 중시될 것이다. 넷째, 공동체주의는 정보통신사회에서 다양한 순수 관심 공동체의 대두와 정치적 결사와 동원의 표출 방식으로 중요하게 작동할 것이다.

동양에는 개인주의가 없었을까

김시천 경희대 연구교수

거티가 외계인 ET를 놀란 눈으로 쳐다보자 이티가 말을 건다.

ET 거티야, 왜 그렇게 놀란 눈으로 날 쳐다보니?

거티 네 모습을 봐! 내가 놀라지 않을 수 있겠니?

ET 하긴……. 하지만 내가 비록 너희 사람들과 다르게 생겼다고 해도 이상하게 생각해선 안 돼! 모든 존재는 다 소중한 거야!

거티 아니, 너희 별에서도 그런 이야기를 하니?

ET 그럼, 당연하지! 내가 우리 별에서 읽은 『지구인이야기』라는 교본에 재미난 이야기가 실려 있어. 지구인 가운데 동양 사람들이 즐겨 읽는 『열자列子』라는 책에 나오는 건데, 한번 들어볼래?

양주楊朱가 말했다.

"옛날 사람들은 제 몸의 털 한 가닥을 뽑아 천하를 이롭게 할 수 있어도 그렇게 하지 않았다. 또 천하를 한 사람에게 바쳐도 받지 않았다. 모든 사람들이 털끝만큼도 손해를 보지 않았고, 천하를 이롭게 하려 하지 않았는데도 천하는 잘 다스려졌다."

협동과 검소함을 중시하는 묵가墨家 사상가인 금자禽子가 물었다.

"선생은 몸의 털 한 가닥을 뽑아 천하를 구할 수 있다면 그렇게 하겠습니까?"

양주가 말했다.

"천하는 한 가닥의 털로 구할 수 있는 게 아닙니다."

그러자 금자가 다시 물었다.

"만약 한 가닥의 털로 천하를 구할 수 있다고 가정한다면, 선생은 그렇게 하겠습니까?"

양주가 대답하지 않고 가만히 있자, 금자는 슬그머니 빠져나와 양주의 제자인 맹손양孟孫陽에게 방금 양주와 무슨 얘기를 나누었는지 전했다. 그러자 맹손양이 말했다.

"당신은 선생님의 마음을 잘 이해하지 못했군요. 제가 대신 선생님의 입장을 설명해드리지요. 만약 당신의 살갗에 작은 상처를 내어 만금萬金을 얻을 수 있다면 그렇게 하겠습니까?"

그러자 금자는 망설임도 없이 대답했다.

"그렇게 하겠습니다."

"그렇다면 당신의 팔이나 다리를 한쪽 끊어서 한 나라를 얻을 수 있다면 그렇게 하겠습니까?"

맹손양이 다시 묻자 이번에는 금자도 대답하기가 어려웠던지 어물쩍거리며 바로 대답하지 못했다. 그러자 맹손양이 말했다.

"털 한 가닥은 살갗보다 작고, 살갗은 팔이나 다리 한쪽에 비하면 작은 게 분명합니다. 하지만 털 한 가닥 같은 작은 부분들이 모여 살갗을 이루고, 살갗 같은 작은 부분들이 모여 몸 전체를 이루는 것입니다. 그렇다면 어찌 털 한 가닥을 몸 전체의 만분의 일도 안 되는 작은 부분이라 하여 가볍게 생각하겠습니까?"

ET 이 이야기에 나오는 양주라는 사람은 '사람은 누구나 자기 자신을 위해 살아야 한다'는 주장을 담은 위아설爲我說을 주장한 사상가로 유명해. 또 양주에게 질문을 하는 금자라는 인물은 묵가墨家의 사상가야. 묵가는 다른 사람의 자식이나 내 자식을 구분하지 말고 똑같이 사랑해야 한다는 겸애설兼愛說을 주장했어. 그런데 넌 이 이야기가 의미하는 바가 무엇인지 알겠니?

거티 글쎄. 그냥 그대로만 보면 너무 이기적인 것 같아. 동양 여러 나라의 지도자들은 지나치게 이기주의적이고, 사람들에게는 국가나 사회에 대해 희생만을 강조하는 것처럼 보여. 그래서 동양에는 진정한 의미의 개인주의가 없고 민주주의가 발전하지 못하는 듯해.

ET 과연 그럴까? 양주가 말하고 싶었던 것은 이런 거야! 모든 사람들이 자신의 삶에 중실할 때 사회가 건강해진다는 거야. 양수가 그러잖아, 세상을 한 사람에게 주어도 받지 않는다고. 그건 곧 자기 생각대로 다른 사람의 삶을 이렇게 저렇게 간섭하지 않는다는 것 아니겠어? 양주의 생각은 너희 서양 사람들이 말하는 개인주의와 크게 다를 바가 없어!

거티 그래, 내가 생각을 잘못했어! 하지만 나 말고 다른 서양 사람들도 다 나처럼 생각하면서 살 텐데…….

ET 바로 그거야! 이젠 지구인들도 크게 봐야 해! 개인의 생명과 가치를 소중하게 여기는 것이 자연스러운 것이라면, 양주의 이야기도 그런 뜻으로 이해하면 쉬울 거야. 그걸 개인주의라고 한다면 개인주의는 지구인뿐만 아니라 우리 별의 모든 개별적인 존재에게도 똑같이 말할 수 있을 거야. 알겠니?

거티 응!

철학자의 나라, 노예의 제국

중국에 살다보면 종종 중국 사람으로부터 이런 질문을 받는다고 한다. "한국 남자들은 자기 부인을 때린다면서요?" 긍정하자니 말도 안 되고, 부정하자니 불필요한 변명이 되기 쉬워 웃음으로 넘길 수밖에 없다고 한다. 우리는 때로 이와 같이 충분한 검토 없이 하는 엉뚱한 질문에 부딪힐 때가 있다. 그런데 이런 일이 단지 우스꽝스런 해프닝에 지나지 않을 경우도 있다. 한때 동아시아의 여러 나라들은 유럽인들에 의해 철학자의 나라로 찬양되었는가 하면, 또 노예의 제국으로 비난받는 일도 있었다.

독일의 근대 철학자 헤겔은 『역사철학』에서 세계의 역사는 자유의 이념이 전개되는 과정으로서 동양 세계, 그리스 세계, 로마 세계, 게르만 세계라는 네 단계로 정리하였다. 여기서 동양의 여러 나라들은 역사 전개의 초기 단계에 멈추어 선 영원한 정체의 왕국으로서 오로지 황제 한 사람만 자유롭고 나머지는 모두 노예 상태에 머물러 있다고 서술하였다. 즉, 동아시아 사회는 역사가 없는 나라들이며, 고대로부터 지금까지 어떠한 역사적 발전도 없는 사회라는 것이다.

근대의 사회학자 막스 베버 또한 동아시아의 유교적 사회는 현실과 이상 사이에 어떠한 긴장도 없는 합리적 적응의 철학을 바탕으로 하였기에 자본주의를 발달시킬 수 없었다고 진단한 바 있다. 역시 같은 사회학자인 칼 비트포겔은 전통 동아시아 사회가 역사적으로 진보하지 못하고, 고대부터 지금까지 전제적 황제 지배 체제로 유지된 것은 노동 집약적인 생산 방식에서 비롯되었다고 설명한다. 농업에 필요한 관개시설을 만들고 유지하기 위해서는 조직적이고 통제된 황제 지배 체제가 가장 적합하였기에 권위주의적인 전제 체제가 유지되어왔다는 것이다.

이와 같은 동아시아 정체론 혹은 권위주의적 정치 체제 비판은 오늘날 인권 문제를 통해 다시금 제기되고 있다. 물론 완전한 민주적 가치와 제도가 자리 잡지 못한 현실에서 문제 제기의 타당성이 없는 것은 아니지만, 어떤 경우에는 동아시아 전통 사상이나 가치 자체가 서양의 민주주의적 가치와 제도가 정착될 수 없는 전혀 이질적인 전통으로 치부되는 경우도 있다. 유교적 가치가 지배하는 사회는 개인의 자유와 권리, 자율성과 같은 민주적 가치가 정착되기 어렵다는 것이다.

20세기 동아시아의 파란만장한 역사가 보여주듯 한국은 이데올로기적 갈등으로 인한 민족 분단과 6·25내전, 군사독재 시대에 이르기까지 그리고 중국은 사회주의 사회가 들어서고 문화대혁명으로부터 천안문 사태에 이르기까지 개인의 자유와 권리보다는 국가와 민족, 체제의 유지를 강조하는 권위주의 정부가 지배해왔다. 이와 같은 권위주의는 전통 유교의 권위주의적 정치 체제와 관계적 윤리 체계, 자아와 개인의 불투명성, 법치에 대한 부정적 인식 등에 의해 정당화되고 있다는 것이다.

최근에는 자유와 자율성, 자아에 대한 인식, 권리와 같은 개념을 통해 보다 구체적인 문제 제기가 이루어지면서, 아시아적 가치를 둘러싸고 다각적인 논쟁이 벌어지고 있다. 물론 이러한 논쟁은 '동서의 윤리적 가치가 화해될 수 있는가'라는 학문적 논의를 비롯해 동아시아 사회를 자본주의 세계 시장에 복속시키기 위한 정치적 압력 수단으로서 인권의 문제가 이용되는 정치적 측면도 있다. 따라서 논의는 복잡한 양상을 띠고 있지만, 이 글에서는 개인성, 자율성, 권리라는 세 측면을 중심으로 살필 것이다.

근대 개인주의와 양주의 위아론

　얼마 전 미국에서 출간된 어느 중국철학 사전의 '이기주의' 항목에는, 서구의 이기주의에 해당하는 입장이 동양 사상에서는 고대 중국의 철학자 양주楊朱의 위아론爲我論이라는 설명이 나와 있다. 기록에 따르면, 양주라는 철학자는 자신의 정강이에 난 털 한 오라기를 뽑아 천하를 이롭게 할 수 있다 해도 그렇게 하지 않았으며, 전쟁이 난 도시에는 들어가지 않고 오로지 자신의 생명과 쾌락적 삶의 향유를 최고의 가치로 삼았던 이기주의자로 평가된다. 이 때문에 어떤 학자들은 양주의 위아론에서 동양의 개인주의를 찾기도 한다.

　근대 서구의 개인주의에 따르면, 개인주의는 무엇보다 인류를 구성하는 기본 요소가 국가나 계급과 같은 사회집단이 아니라 개인이라고 본다. 여기서 개인이란 유일무이한 독자적 성격을 갖는 존재로서, 자신의 반성에 근거하여 스스로의 삶을 결정하는 자율적 인간을 의미한다. 따라서 개인주의는 개인의 주권 행사를 방해하는 외부 구속에 저항하는 지속적 의지를 전제하며, 이 때문에 개인의 자유에 최상의 가치를 부여한다. 더불어 개인은 주관적 특질에 의해 타인과 구분되며, 책임이 따르는 선택과 행위를 하는 의식적 존재이다.

　이와 같은 개인주의에 상반되는 입장이 전체론과 공동체주의이다. 전체론이란 각각의 개인을 넘어서는 전체적인 실체가 우선적으로 존재하며, 개인은 그러한 전체를 구성하는 성원일 뿐이다. 물론 개인주의 또한 사회적 조직의 필요성이나 인간의 사회성 자체를 부정하지는 않으나, 오히려 개인 간의 상호작용과 자발적인 참여에 의해 사회질서가 도출된다는 자율적 개인성을 강조한다. 그렇지 않을 경우 개인은 위계화된 유기적 공동체에 종속되며 개인의 자유는 심각하게 훼손된다는 것이다.

역사적으로 서구 사회에서는 근대 초기부터 19세기에 이르는 긴 시간을 거쳐 개인화의 과정을 통해 개인주의 문명이 발달해왔다. 이러한 개인화 과정에서 개인의 삶은 스스로를 합리적으로 통제하고 자신의 감정을 절제하며, 자신의 행동을 관리하는 내면화의 경향을 띠어왔다. 또한 사회적으로는 선택의 자유가 개인에게 우선적으로 주어지기에 개인주의적 자유는 소유하고, 계약하고, 교환하고, 창업 및 경쟁하는 시장경제적 자유가 자연스러운 것으로 설명된다.

대체로 이와 같이 정리되는 개인주의가 과연 동아시아 전통에 적용될 수 있는가에 대해 수많은 논란이 있다. 우선 비판적으로 보는 입장에서는 동아시아 전통에 개인적 주체를 뜻하는 자아의 개념이 불투명하다는 점을 지적한다. 예로부터 동아시아인은 가족이나 부락, 민족, 국가와 같은 공동체를 중시하면서 '나'라는 개인보다 '우리'라는 표현을 선호하였으며, 개인을 가리키는 언어 전통이 모호하다고 비판한다. 이는 고대로부터 현대까지 거의 비슷하다.

예를 들어 어떤 학자는 현대 초등학교 교과서의 비교를 통해 이를 논증하기도 했다. 1930년대 미국의 교과서에 나오는 〈딕과 제인〉이란 글에서는, "딕이 뛰는 것을 보아라. 딕이 노는 것을 보아라. 딕이 뛰면서 노는 것을 보아라." 하는 식으로 독립된 한 개체로서 개인의 행위를 묘사하는 반면, 중국의 교과서는 "형이 어린 동생을 돌보고 있구나. 형은 어린 동생을 사랑해. 그리고 동생도 형을 사랑한단다." 하는 식으로 독립된 개인의 개별 행위가 아니라 주변 인물과의 관계를 부각시킨다고 결론짓는다.

　더 나아가 동양인의 인간관계를 지배하는 규칙은 보편적이라기보다 특수하며, 각자가 마땅히 행해야 하는 역할에 근거하고 있다. 따라서 관계를 중시하는 동양 사회에서 개인의 과제란 자신의 권리를 행사하고 개인적 성취를 추구하는 것보다, 복잡한 인간관계 속에서 화목을 유지하고 집단의 목표를 달성하기 위해 자신의 몫을 다하는 것이 강조되며, 각 개인들은 이러한 가치관에 순응적이라는 것이다. 즉, 관계나 상황 속에서만 사고하는 동양 사람에게 순수한 개인성이란 존재하지 않는다.

　그러나 근대 서구의 개념과 동일하지는 않더라도, 고대부터 동양에도 사회와 구분되는 개인성에 대한 관념이 있었다는 주장도 제기되고 있다. 예를 들어 우리가 스스로라고 풀이하는 '自'는 자기 자신과의 관계에서 사용되는 말로 이로부터 온 '自己', '自身'과 같은 말은 한 개인을 가리키는 용어에 해당한다. 또한 맹자孟子나 순자荀子가 마음에 부여하는 반성적 사고 능력을 통해볼 때, 도덕적 수양과 관계되는 수많은 사상에서 분명한 개인적 자아 관념을 찾을 수 있다고 한다.

적극적 자유와 소극적 자유

　앞서와 같은 논의는, 비록 엄밀한 의미에서 서구 근대적 개인과 동일한 의미는 아니지만 동양에도 나름의 개인 관념이 있었음을 보여준다. 하지만 이에 대해 어떤 학자들은 동아시아 철학과 같이 관계를 중시하는 전체론적 사고방식은 개인의 자율성을 강조하는 근대 개인주의와는 매우 다르다고 반박한다. 공자孔子로부터 비롯되는 유교적 가치관은, 개인에 대해 사회적 위치名分에 충실한 인간, 사적인 영역을 배제하고 규범적인 차원에 자아를 순응시켜야—극기복례克己復禮—함을 강조함으로써 근대의 자유주의적 개인주의와는 구별된다는 것이다.

근대 개인주의의 정치적 이데올로기인 자유주의는, 개인의 자유는 타인의 자유를 침해하는 경우를 제외하면 어떠한 이유로도 제한될 수 없다는 자유 제한의 원리를 발전시켜왔다. 자유를 추구하는 궁극적인 목적은 타인이나 집단의 간섭에서 벗어나 자율적 선택의 폭을 넓히려는 것이다. 자유의 제한은 자율의 감소를 의미하므로, 영국의 자유주의자 밀은 개인에게는 자신의 결정에 의해 지옥에라도 갈 자유가 있으며, 온정적 간섭이라도 징당하지 않다고 주장한다.

이에 대해 동양의 합리적 정신을 강조하는 논자들은, 서구의 자유 개념이 간섭으로부터의 자유free from를 의미하는 정치적·부정적 자유에 치중하였다면, 유학이 추구하는 자유는 사회의 객관적 규범을 인간 내면의 도덕감과 일치시키려는 도덕적·긍정적 자유로 볼 수 있다고 반박한다. "칠십이 되어서는 하고 싶은 대로 해도 규범에 어긋나지 않았다."라는 공자의 말은, 간섭의 배제보다 공동체의 규범에 적극적으로 부합하려는 긍정적 자유의 표현이라는 것이다.

하지만 이와 같은 옹호는 역사적 비판의 칼날에 대해 무력한 것이 사실이다. 전통적으로 유교는 인간의 성품이 태어나면서부터 결정되는 신분제적 사회를 정당화하기 위해, 다스리는 자와 다스림을 받는 자를 선천적으로 구별하는 불평등한 인간관을 옹호해왔다. 예를 들어 군자와 소인, 선각자와 후각자라는 인격적 구분에 근거한 유교적 사회체제는 위계적이고 권위주의적인 사회질서와 국가를 유지하는 이데올로기였다는 것이다. 따라서 유가적 자유가 온정적 간섭을 옹호하는 한, 개인의 복지는 향상되더라도 개인의 자유와 존엄은 훼손되리라는 것이다.

하지만 이에 대한 반론도 만만치 않다. 인간을 원자론적으로 고립된 존재로 보는 자유주의 체제에서 개인은 자기만의 이익과 관심을 추구하는 것이 당연시된다. 그러나 인간을 사회적 관계 속에서 보는 유가적 인간관에서, 개인이 자기만의 이익을 추구하는 것은 용납되지 않으며 이상적인 사회란 사회 성원 간에 서로에 대한 배려와 관심을 통해 서로 보살펴주는 공동사회였다. 여기에서 더 나아가 서구 근대의 자유주의는 사익 추구만을 강조하여 파편화되고 비인간화된 사회를 낳았다고 비판한다.

비록 서구 근대사회가 개인의 자유와 권리를 보장하는 공평한 법적 수단들을 마련함으로써, 자유와 인권이 존중되는 사회를 이루었음에도 불구하고 오늘날 서구의 개인들은 사회적으로나 인간적으로 고립되고 파편화된 '외로운 개인'의 운명에 처해 있다는 것이다. 사회적 존재로 살아가는 개인에게서 행복이란 결국 인간관계 속에서 성취되는 것이며, 따라서 공동선의 실현을 위해 개인의 이익 추구를 자제해야 한다는 주장은 나름의 타당성을 갖는다는 것이다.

인간이 윤리적으로 선한 존재가 될 때 사회적 조화를 이룰 수 있다는 유가儒家적 처방은, 이론체계의 정비에서도 개인의 행동이 사회와 조화를 이룰 수 있는 실천적 방안으로 자기수양을 강조하는 윤리체계를 강조해왔다. 이런 의미에서 보면, 유가적 윤리관은 개인에 대해 보다 적극적이고 엄격한 자율성을 요구해왔다고 볼 수 있다. 그러나 개인 간의 이익 분쟁이 잦은 현대사회에서, 각자의 권리 확인이라는 제도적 장치보다 타협이나 중재와 같은 법 이외의 수단으로 분쟁을 해결하는 방식이 적절한가라는 문제는 여전히 남는다.

개인의 권리와 사회의 조화

전통 동아시아 사회에서는 근대 서구의 '권리'에 상응하는 말을 산출하지 못하였다. 우리가 지금 사용하는 '權利'란 말은 19세기에 일본에서 번역어로 성립된 용어이다. 이때 권리란 의무를 전제하는 규범적 관계로서 어느 한 개인이 권리를 갖는다는 말은 그가 어떤 이익이나 관심과 관련해 특정 상대에게 타당한 요구를 할 수 있는 위치에 있다는 것을 뜻한다. 즉, 권리의 소유는 의무를 부과할 수 있는 강제력을 가진다는 것을 의미한다. 이러한 권리－의무의 규범이 갖는 강제성은 근대사회에서 개인의 자유와 이익을 보호하는 기능을 효과적으로 수행해왔다.

그런데 이와 같은 권리 중심의 윤리관은, 권리를 주장하기보다 양보를 미덕으로 보고 자율과 자유보다는 사회적 화합을 중시하는 관계 중심의 윤리관을 가진 유교적 사회에서는 성립될 수 없다는 것이 비판론자들의 주장이다. 개인적 권리의 존중, 사익 추구의 보장보다 사회 성원으로서 역할과 공동선에의 희생을 강조하는 공동체주의적 유교 사회에서 권리는 들어설 수 없는 개념이라는 것이다. 물론 권리 개념 자체를 산출하지 못한 동아시아 사회에서 근본적인 부정은 불가능한 입장이다.

하지만 이승환은 권리라는 말이 존재하지 않는다 해서 권리의 개념이 없었다고 말할 수는 없으며, 실제 유가 문헌들에 대한 분석을 해보면 권리-의무라는 규범적 관계를 함축하는 사례는 무수히 발견된다고 한다. 예를 들어,『맹자』에서 다른 사람의 소와 양을 위탁받아 기르는 사람의 예는 일종의 위임-수임의 관계를 상정하면서 양도할 수 없는 권리의 개념을 내포하고 있다고 논증한다. 비록 일반화된 논법을 제시하고 있지는 않더라도 이와 같은 논의들 속에는 권리 개념이 포함되어 있다는 것이다.

유교적 사회는 공동선에 대한 지향 때문에 개인의 사익을 보장하는 권리 개념이 들어설 수 없다는 에임스R. T. Ames나, 작은 규모의 이상적 공동체에서는 구성원 간의 지속적 정감이 권리를 대체하기 때문에 권리 주장은 불필요하다는 샌들M. Sandel에 대해 비판하며, 이승환은 인간이 살아가는 사회는 철저한 이익사회gesellschaft나 공동사회gemeinschaft가 아니라 그 사이의 수없이 다양한 중간 공동체subcommunity이기에 우리는 경우에 따라 정의와 권리를, 그리고 때로는 양보와 인자함을 강조한다는 것이다.

독재 권력이나 악덕 기업주에게는 근면과 성실을 다짐하기보다 권리와 정의를 주장하는 것이 당연하며, 파산한 형제나 소외받은 사람에게 덕과 보살핌을 베푸는 것이 요구되듯이 덕을 강조할 상황과 정의와 권리를 주장할 상황은 다르다는 것이다. 따라서 권리와 정의에만 초점을 맞추는 자유주의나 덕의 함양만을 강조하는 공동체주의의 논의는 모두 극단적이며, 현대사회가 지닌 다양성과 복잡성은 덕과 정의가 함께 요구되는 다차원적 윤리 상황을 요구한다고 본다.

동양적 개인주의는 가능할까?

사실상 '동양에는 개인주의가 없었는가'라는 논의는 무의미한 문제 제기이다. 실질적인 문제는 서구 근대적 개인주의의 다양한 측면이 동양 사회에서는 어떤 식으로 적용 가능한가, 아니면 서구와는 다른 문화 전통을 지닌 유교적 사회에서 개인주의 담론은 어떤 식으로 토론될 수 있는가 하는 것이다. 서구 근대 시민사회가 만들어낸 개인적 자아, 자율성, 권리와 동일한 개념을 찾는 것은 불가능하지만, 보다 일반적인 차원에서 접근해 들어가면 우리는 유사한 많은 관념이나 사고를 찾을 수 있다.

개념늘 간의 논리적·정합적 판단이 꼭 현실에 부합하거나 타당한 것이 아닐 수 있듯이, 우리에게 필요한 것은 정확한 문제 현실에 대한 파악과 더불어 유연하고 능동적으로 개념의 기초를 잡아 정해가는 것이다. 예를 들어 고립되고 사익만을 추구하는 개인보다 관계 중심적인 개인 개념을 모색할 수 있고, 이성적 자아에 기초한 합리적 개인과 달리 정감적이면서 책임성이 강한 자아를 지닌 유가적 개인관에서 자율성과 권리에 대한 새로운 조망을 시도할 수도 있다.

따라서 동양에는 개인주의가 없었는가라는 흑백논리식의 물음보다는 지금 여기 우리들의 삶 속에서 개인이 존중되면서도 공동체의 발전을 함께 도모할 수 있는 동양적 개인주의는 어떻게 모색될 수 있는가를 묻는 것이 보다 발전적일 것이다.

자유로운 인간에게 공동체는 무엇인가

시민과 국가

4

국가로부터 자율적인 시민사회는 가능할까

김호기 연세대 교수

동아리에서 주최한 국토대장정의 기나긴 길에 올라 드디어 광주에 도착했다. 평소 말수가 적은 아버지의 고향 광주. 5·18 묘역에는 둘째 숙부가 잠들어 있다. 1980년에 태어났기에 민주는 5·18과 나이가 같다. 추모탑 앞에 선 민주는, 동생 민중을 돌아보며 아버지가 말하지 않던 그날의 일을 상상해본다.

민주 도대체 80년 광주에서는 무슨 일이 있었던 것일까? 민중아, 너와 내 이름이 민중과 민주가 된 것도 이것과 관계가 있지 않을까?

민중 형, 그 노래도 있잖아. '꽃잎처럼 금남로에 뿌려진 너의 붉은 피' 하는……. 참 가슴 아픈 일이야! 바로 이런 데서 군사 쿠데타와 독재의 끔찍함이 드러나지.

민주 하지만 사람들은 벌써 다 잊어버린 것 같아. 저 수많은 사람들의 피와 눈물은 어디로 간 걸까? 도대체 시민을 지켜야 할 국가가 시민을 유린하다니.

민중 형, 국가와 시민사회는 다른 거야.

민주 녀석, 사회학 전공이라고 문자 쓰냐? 그래 한번 하고 싶은 얘기 다 해 봐! 오늘은 내가 들어주마.

민중 엉? 아니, 공학도가 웬일이야? 좋아, 오늘은 내가 좋아하는 소로 얘기를 해줄게. 미국의 식물학자이자 자연주의자 헨리 데이비드 소로는 1848년 한 강연에서 '시민 불복종에 관하여'라는 유명한 연설을 했어. 아마 형도 들어본 이야기일 거야.

나는 "가장 좋은 정부는 가장 적게 다스리는 정부이다"라는 표어를 진심으로 받아들이며, 그것이 하루빨리 조직적으로 실현되기를 바라 마지않는다. 이 말을 실천에 옮기면 결국 "가장 좋은 정부는 전혀 다스리지 않는 정부이다"라는 데까지 이르게 되는데, 사람들이 준비가 되기만 한다면 그러한 정부를 갖게 될 것이다. 정부는 기껏해야 편리한 하나의 수단에 지나지 않는다. 그런데 대부분의 경우에는 늘, 그리고 모든 경우에는 때때로 정부는 불편한 존재이다.

(……) 정부는 우월한 지능이나 정직이 아니라 우월한 물리적 힘으로 무장하고 있다. 나는 누군가에게 강요받으려고 태어난 게 아니다. 나는 내 방식대로 숨 쉴 것이다. 누가 강한지는 두고 보도록 하자.

민주 "가장 좋은 정부는 가장 적게 다스리는 정부이다." 천하의 명언이지. 소로는 『시민불복종』에서 개인을 궁극적 가치로 여기는 국가, 자유로운 시민사회를 바탕으로 새로운 국가관을 정립하려고 했지. 어때?

민중 아니, 형, 제법인데! 소로를 알아?

민주 공부 좀 했지! 네가 들려준 글의 뒷부분 가운데 내가 제일 좋아하는 문구가 있어. 한번 들어볼래?

정부의 권위는, 비록 내가 기꺼이 순종하려는 정부의 권위일지라도 아직 순수하지 못하다. 엄밀하게 말하면 정부는 피치자의 허락과 동의를 얻어야만 한다. 정부는 내가 양도한 것 말고 나의 신체나 재산에 대해 어떤 순수한 권리도 가질 수 없다. (……) 우리가 알고 있는 민주주의가 과연 정부가 도달할 수 있는 마지막 단계의 진보인가? 정녕 인간의 권리를 인정하고 조직화하는 방향으로 한 걸음 더 나아갈 수는 없는가? (……) 자유로운 개인, 시민들이 자발적으로 참여하여 자유롭고 평등한 의사소통과 합의가 이루어지며, 특정 이해집단이나 권력에 의해 억압받거나 왜곡되지 않는 시민사회, 이러한 사회는 우리 현실 속에서 실현 가능한 것인가? 도대체 우리는 국가의 정체를 어떻게 보아야 할 것이며, 시민사회는 어떤 역할이 가능한 것인가?(앤드류 커크, 유강은 옮김, 『시민 불복종』, 그린비, 2005)

민중 맞아. 이론상으로 근대국가에서 정부란 위임된 주권을 집행하는 기관에 지나지 않지. 하지만 현실적으로 국가는 개인을 지배하지. 그게 결국은 국가기구를 장악한 소수에 의해 자행되는 것이지만……. 5·18도 국가의 횡포가 빚어낸 끔찍한 사건이잖아. 그런 국가가 되지 않게 하려면 시민사회가 더 커져야겠지.

민주 그래. 하지만 그게 얼마나 가능할까? 정말 가능한 일일까? 그게 중요한 것 아닐까?

민중 맞아. 그게 중요한 거지. 형, 다시 봐야겠는걸!

시민사회란 무엇일까?

한 사회 내에 다원화된 이해관계들이 있어서 이것들을 조정할 제도와 절차가 필요하다면, 형식적 평등원리에 기초한 정치적 권리들과 게임규칙 및 절차들은 민주주의의 필요조건이다. 하지만 올바른 민주주의를 실현하기 위해서는 이러한 절차의 제도화와 아울러 그 제도를 실제적으로 운용할 시민들의 적극적인 참여 또한 중요하다.

시민사회의 중요성이 민주주의의 효과적이고 지속적인 제도화를 위한 조건의 하나로 부각되는 것도 이런 맥락에서다. 거시적으로 볼 때, 정치적 · 제도적 수준과 시민사회적 수준에서의 이중적인 전략을 근대 민주주의의 특징으로 볼 수 있다. 진정한 민주주의는 시민사회 내의 다양한 제도와 습속을 통해서 권력의 집중화를 견제하고 시민의 공공정신을 발양하며 사적 이익 추구를 완화시키고 시민들의 적극적이고 자발적인 참여를 통해서만 달성될 수 있다. 시민사회는 민주주의의 정치적 · 제도적 차원과 함께 동전의 양면을 구성한다. 또한 여론형성을 통해 국가권력에 정당성을 부여하는 동시에 국가정책에 압력을 행사하는 역할을 떠맡고 있다고 할 수 있다.

그람시 A. Gramsci 와 하버마스 J. Habermas 는 근대 시민사회론을 20세기에 새롭게 부활시킨 두 주역이라 할 수 있다. 우선 그람시는 시민사회를 토대가 아닌 상부구조로 파악함으로써 시민사회에 대한 경제주의적 해석에 새로운 가능성을 부여한다. 그는 헤겔적 의미의 시민사회, 즉 인륜적 내용을 가진 윤리적 계기로서의 시민사회 개념을 받아들여 국가와 시민사회의 관계를 재구성하고 있다. 그람시에게 시민사회 개념은 헤게모니 개념과 분리될 수 없다. 여기서 헤게모니란 지적 · 도덕적·정치적 지도력의 행사를 통해 창출되는 피지배계급의 자발적 동의를 뜻하며, 시민사회는 적대적 계급들 간의 헤게모니 투쟁이 벌어지는 동시에 부르주아 헤게모니가 현재적으로 관철되는 영역을 의미한다. 그람시의 이러한 시민사회론은 시민사회를 지적·도덕적으로 개혁함으로써 서구 사회의 기존의 역사적 블록을 해체하고 새로운 역사적 블록을 형성해갈 수 있는 가능성을 모색하고 있다.

그람시의 시민사회론이 현대자본주의의 구조 변화에 따른 마르크스주의적 대항의 원천이었다면, 하버마스는 그람시와는 다른 경로를 통해 국가와 시민사회의 관계를 새롭게 이론화하고 있다.

하버마스는 현대사회에서의 체계(정치와 경제)에 의한 생활세계의 식민화를 비판하기 위한 근거로서 생활세계의 제도적 토대라고 할 수 있는 시민사회의 개념을 발전시켰다. 하버마스는 사회를 화폐와 권력을 매체로 하는 사적인 경제체계 및 공적인 행정체계로 구성되는 '체계'와 사회화를 담당하는 사적 영역 및 담론적 공론형성을 담당하는 공공 영역으로 구성되는 '생활세계'로 구분하였다. 하버마스는 체계의 점진적인 확대로 생활세계가 왜곡·축소되는 현상을 '생활세계의 식민화'라는 개념으로 포착한다. 이 생활세계의 식민화는 무엇보다도 국가권력 및 국가 관료제의 비대화에 따라 공공 영역의 비판적 잠재력이 약화되는 것을 말하며, 따라서 이 공공 영역을 재정치화하는 것이 새로운 민주주의 기획으로 설정된다.

하버마스의 시민사회론과 공공 영역론은 비판이론의 시민사회론에 큰 영향을 주었다. 비판이론의 시민사회론은 마르크스주의적 전통과 자유주의적 전통을 통합시켜 시민사회에 대한 이중적인 이해를 제안한다. 비판이론의 시민사회론에 의하면, 시민사회는 자유주의적 전통

에 따라 시민들이 자율적이고 다원적인 공간이자, 동시에 마르크스주
의적 전통에 따라 복수적인 적대와 대립 그리고 체계적인 불평등으로
구성되어 있는 영역이다. 이런 맥락에서 비판이론의 시민사회론은 국
가와 시민사회 양측에서 벌이는 '이중적 민주화'를 대안적인 정치 전
략으로 제시하고 있다.

이 이중적 민주화 전략은, 한편으로 현대사회의 복잡성과 국가, 경
제에 대한 직접적인 통제 불가능성을 고려해 위로부터 정치개혁가의
역할 및 제도 개혁의 필수불가결함을 강조하고, 다른 한편으로는 새로
운 정체성, 사회규범, 연대를 위한 광범위하고 자발적인 사회운동을
아래로부터 촉구하고 있다. 따라서 비판이론의 시민사회론이 제시하
는 현재의 급진주의는 경제적 합리성과 시민사회의 자율성을 접목시
키고자 한다는 점에서 하버마스가 말한 바 있는 '자기 한정적 급진주
의'라는 성격을 갖고 있다.

시민사회 내에서 이러한 자발적인 시민운동을 활성화시키기 위한
조건의 하나로 민주적 시민문화에 주목할 필요가 있다. 민주적 시민문
화는 시민사회의 의식적인 기반과 보루인 민주주의를 위한 윤리·도
덕·가치규범의 내면화를 의미하는데 이는 정치적 절차에 대한 자유
롭고 평등한 참여를 위한 전제조건이 된다. 민주주의적 실천은 제도의
완성으로만 실현되는 것이 아니라 다원적이고 평등한 가치와 규범, 사
적 이기주의를 넘어서 공공정신, 질서의식 및 준법정신, 자발적 결사
체를 통한 능동적 참여의식, 토론과 설득을 통한 합의창출방법 등이
사회화될 때 지속가능하다. 바람직한 시민문화가 시민사회 내에 견고
하게 뿌리박을 때 비로소 시민사회는 비판적인 담론형성 및 민주주의
의 공간으로 전환될 수 있다.

한국 시민사회의 역사적 특수성

우리가 동전의 양면과도 같은 자본주의 산업화와 시민사회의 성장이라는 관점에서 한국 시민사회의 기원을 찾는다면 한국자본주의의 기원에까지 소급할 수 있다. 한국시민사회의 형성에 대해서는 다음과 같은 네 가지 특수성에 주목해볼 수 있다.

첫째, 역사적으로 한국 사회의 근대화를 특징짓는 현상 중 하나는 국가의 과잉발전에 따른 시민사회의 저발전이다. 역사적으로 볼 때 전통 한국 사회를 지배했던 유교윤리는 가부장적인 원리를 토대로 공적 영역과 사적 영역을 결합시켜 국민의 일상 생활영역을 일차적으로 가족에, 나아가서 가족의 외연인 국가에 예속시켰던 것이다. 대부분의 동양 사회처럼 한국 사회에서도 자본주의 산업화와 함께 근대적인 시민사회가 불완전하게나마 형성되어왔지만, 그것은 서구에서처럼 아래로부터의 시민사회를 통한 자발적인 형성이라기보다는 국가에 의한 위로부터의 시민사회의 창출이라 할 수 있다. 우리의 시민사회는 서구와는 달리 가부장적 유교윤리의 영향 속에서 형성된 까닭에 자율성의 많은 부분이 국가에 종속되었으며 근대적 민주주의로 이행이 지연되고 있었다.

둘째, 한국에서 시민사회가 성립되기 시작한 것은 20세기 전후로 볼 수 있다. 이 시기의 한국은 사회적으로 신분제도가 철폐되었고, 경제적으로 자본주의가 외세의 개입으로 인해 파행적으로 성립되었으며, 과도적인 정치상황에서 취약했던 국가권력은 특히 일본 제국주의에 의해 장악되어 있었다. 한국 사회가 근대 시민사회적 의식구조와 생활양식이 서구에서처럼 자연스럽게 확산되지 못한 원인은 처음부터 외세에 의한 파행적인 형태로 형성되었기 때문이다.

1945년 8·15 해방 이후 시민사회 세력들은 국가권력의 공백 상태에서 급격히 부상했고 그 자율성도 크게 확대되었다. 하지만 미군정으로 서구 정치제도가 도입되면서 우익세력이 국가권력을 장악한 후 시민사회의 국가에 대한 실질적인 공간과 자율성은 매우 협소해졌고 급속히 약화되었다.

한편 한국전쟁 이후 국가권력은 억압적 국가기구와 반공주의 이데올로기에 의존하여 시민적 권리를 제한하였다. 시민사회의 민주세력은 이러한 국가권력의 부정부패와 비민주성에 대해 저항하였다. 1960년 4·19혁명은 억압받던 시민사회 내의 세력들이 국가권력의 지배 정당성을 부인하고 범국민적 저항을 표출한 일대 사건이다. 4·19혁명 이후 시민사회와 국가 사이의 역학관계는 장면정권, 1961년 5·16 쿠데타, 1972년 10월 유신, 1980년 광주항쟁, 1987년 6월 항쟁과 6·29선언, 1993년 문민정부의 등장을 거치면서 여러 차례 반전을 거듭해왔다. 이렇듯 양자 사이의 역학관계가 극심한 변동을 거듭하게 되는 이유 중 하나는 그동안의 국가권력이 시민사회로부터 지배의 정당성을 부여받지 못했거나 지지를 확보하지 못했기 때문이라고 볼 수 있다.

셋째, 우리의 시민사회는 주로 '바깥에서 안으로', '위로부터 아래로' 형성·발전되어왔다. 시민사회가 이런 형태로 발전할 수밖에 없었던 원인을 상대적으로 미성숙하고 외압에 의해 성장해왔다는 점과, 자성적으로 성숙한 서구적 경로와는 달리 일제식민지와 분단 상황에서 외세와 외세 의존적 국가권력의 영향을 받았다. 우리 사회에서의 정당은 시민사회로부터 유리되어 소수 명망가들을 중심으로 조직되는 명사정당으로 운영되었으며, 그 제도화 수준 또한 매우 낮았다. 또한 우리

의 정당과 의회는 시민사회에 대해 거의 절대적인 자율성을 누린 것과
는 달리 강력한 국가기구에 예속되었다. 특히 군부독재 아래에서는 국
가기구에 대한 정당의 자율성이 협소해졌고 그 대표성이 위축되었다.
정당정치의 이러한 구조는 한편으로 정당을 비민주적인 방식으로 운
영하게 만들고 사적 이해관계를 추구하게 함으로써 파당화시켰으며,
다른 한편으로 정당 간의 정당한 경쟁과 새로운 정당의 출현을 제한해
왔다.

　시민사회로부터 이렇게 유리되다 보니 우리의 정당정치는 지역주
의를 그 사회기반으로 삼을 수밖에 없었다. 여기서 중요한 것은 이 지
역주의가 학연·혈연과 같은 연고주의와 밀접하게 결합되어 있다는
점이다. 이 지역주의가 계층적 분열과 중첩되어 정치적 분열을 조정하
고 또 정당이 그것을 규합하고 이용하는 양상이야말로 우리 사회에서
민주주의 정착 가능성을 암울하게 만들고 있다.

　넷째, 특히 사회·문화적인 의식과 생활양식의 측면에서 한국 사회
의 특수성을 발견할 수 있다. 한국 시민사회는 경쟁적이고 갈등적인
의식 및 생활양식으로 구성되었다. 그리고 그 기저에는 가족주의 대
개인주의, 권위주의 대 자유주의, 연구주의 대 경쟁주의, 반공주의 대
민중주의 등이 자리 잡고 있다. 이들 중 가족주의·권위주의·연고주
의가 전통적 유교윤리로부터 영향을 받은 것이라면, 나머지 개인주의·
자유주의·경쟁주의는 외부로부터 도입된 정치제도이념이다. 이 이념
들은 교육, 언론 등을 통해 시민사회의 의식 형성에 영향을 미침에 따
라 등장한 것이다. 한편 반공주의와 민중주의는 한국 정치 상황의 특
수성으로부터 유래된 이데올로기라 할 수 있다.

　이와 같은 의식 형태와 이데올로기는 정치적·경제적·사회적·문

화적 위치가 서로 다른 시민들과 집단들에게 다양한 방식으로 영향을 미쳐 시민사회 내의 권력구조를 다층적으로 만들고 있다. 전통적인 가치체계와 신념체계는 외부로부터 도입된 개인주의·자유주의·경쟁주의와 갈등관계에 놓이게 되었으며, 결과적으로 민주주의를 지체시키는 요인으로 작용하였다. 더욱이 1980년대 후반부터는 환경·평화·여성 등 새로운 쟁점이 부각됨으로써 시민사회 내의 가치체계 및 이데올로기적 차이와 갈등은 더욱 복잡해지고 중층화하는 양상을 보이고 있다.

시민사회의 분화와 시민운동의 발전

1980년대 중반 이후 우리 사회에서 가장 중요한 변화의 하나는 시민운동의 활달한 전개이다. 이 시기 시민운동의 부상은 6월 항쟁으로 상징되는 1987년 시민사회의 '팽창'과 그 이후 시민사회의 '분화'에 따른 결과물이다. 여기서 우리가 주목해야 할 것은 시민사회의 팽창과 분화가 시민사회의 대표성이 정치 사회에 구조화되어 있지 않은 우리의 정치현실에서 급속하게 이루어졌다는 점이다. 이러한 분화의 초기에 민중운동이 저항적 사회운동을 주도해 나갔으나, 1980년대 후반 사회주의 위기는 시민운동을 부각시켰고 이에 따라 시민사회 내의 헤게모니 지형이 변화하기 시작했다. 1989년 '경제정의실천 연합', 1993년 '환경운동연합', 1994년 '참여민주주의시민연대' 등이 결성되면서 시민운동은 시민사회 내의 신중간계층을 중심으로 영향력을 확대했다. 시민사회 내의 이러한 분화는 중대한 의미를 갖는다. 그것은 국가에 대한 저항방식의 차이이기도 하지만, 거시적으로 볼 때, 1987년 시민사회의 팽창 이후 계급 및 계층 간 이해관계의 분화에 따른 불가피한 현상이기도 하다. 이러한 변화는 시민사회의 지형이 1987년 이전 '국가 대 시민사회'라는 '단일한' 대결구도에서 '국가와 시민사회'라는 '다층적' 대결구도로 이행했음을 의미하고 있다.

시민사회 내 사회운동의 분화에 따른 이런 다층적인 구도형성은 우리의 정치현실에서 대단히 중요하다. 왜냐하면 시민사회의 분화 및 이와 관련된 사회운동의 분화는 민주와 이슈들을 시민사회 내 다양한 영역으로 확산시키는 계기를 제공하여 민주화의 사회적 기반을 확대시켰기 때문이다. 그러나 지난 몇 년 동안의 선거 결과가 보여주고 있듯이, 시민운동의 사회적 기반은 확대되었을지 몰라도 그 정치적 영향력에는 여전히 커다란 한계가 존재하는 것이 현실이다.

한 걸음 물러서서 볼 때 시민운동의 이러한 역량은 우리 사회에서 여전히 국가가 강력한 반면에 시민사회는 상대적으로 취약하다는 점을 잘 보여주고 있다. 무엇보다도 우리 사회에서는 아직까지 시민사회와 정치사회의 관계가 여전히 제도화되어 있지 않다. 시민사회와 정치사회를 연결하는 대표적인 통로가 정당이라면, 우리 사회의 정당은 시민사회 내의 다양한 이익들을 결집하고 대표한다고 보기는 어렵다. 이런 국가 중심적 특징은 서구와는 달리 오랜 역사적 경험 속에서 형성되었던 만큼, 국가권력에 대응하는 시민사회의 성숙은 상당한 시간을 필요로 할 것으로 보인다.

시민사회의 성숙을 위한 조건과 전략

민주주의는 제도의 완성으로만 달성할 수 있는 것이 아니라 시민사회에 기반을 둔 국가에 대한 비판과 감시, 나아가 적극적인 참여를 통해 실현할 수 있다. 하지만 이러한 시민사회의 활성화 및 정치화가 직접 민주주의의 일방적인 확산만을 의미하는 것은 아니다. 이른바 '영향의 정치'의 중요성이 다시 한 번 부각되는 것도 이런 맥락에서이다. 시민사회 내 사회운동들은 현존하는 자유 민주주의 제도를 위협하거나 권력정치의 장으로 직접 진입할 필요 없이 공공정책과 정치문화에 커다란 영향을 미칠 수 있으며, 이런 '영향의 정치'는 국가주도의 엘리트주의 정치에서 벗어날 수 있는 가능성을 제시한다. 그렇다면 국가권력의 과도한 행사를 제한하려는 이러한 영향의 정치를 활성화하기 위해서는 어떤 방안들이 모색되어야 하는가? 이에 대해서는 다음과 같은 조건과 전략을 생각해볼 수 있다.

첫째, 시민사회의 성숙은 무엇보다도 민주주의 제도적 정착과 밀접한 관련이 있다. 정치적 권리와 절차들이 제도화되어 있지 않다면 시민사회의 자율성은 국가로부터 언제든지 침해당할 가능성이 높다. 시민사회가 국가권력을 좀 더 효과적으로 제한, 감시, 비판하기 위해서는 행정부에 필적할 수 있는 의회의 권한 강화, 정당 내의 권위주의 불식과 민주적 관행의 강화, 이익집단들의 조직화 및 활성화 등과 같은 제도적 조건들이 충족되어야 한다.

둘째, 언론의 민주화는 시민사회 성숙을 위한 또 하나의 중요한 전제조건이다. 언론의 보도와 논평이 편파적이고 불공정하게 이루어질 때 비판적인 공공 영역이 활성화되는 것은 사실상 불가능하다. 신문 및 각종 대중매체로 구성되는 정치적 공공영역은 국가에 대항하는 여론정치의 주체이자 국가와 사회집단의 갈등이 공개적인 토론을 통해 해결되는 장이다. 이런 정치적 공공 영역의 활성화가 강압적인 국가정책 및 언론기관의 사적 이익 추구에 의해 제한받게 될 때 국민의 개방적인 정치적 의사표현의 통로는 봉쇄되고 언론은 오히려 민주화에 장애요인이 된다. 공공 영역에서 공정한 언론을 통해 여론이 결집되고 이 여론을 매개로 국가와 시민사회가 생산적인 긴장관계를 유지할 때 민주주의는 좀 더 확장되고 심화될 수 있는 것이다.

셋째, 시민사회 성숙의 전제조건으로 민주적인 시민윤리 및 시민문화의 내면화를 위해서는 교육개혁이 중요하다. 교육이 민주적인 태도와 가치를 형성하는 기초라고 할 때, 학교교육은 인간의 존엄성, 공공질서 덕목, 합리적 의사결정, 사회참여와 비판, 공동체에 대한 협동과 연대의식 등을 내면화하는 현장이다. 따라서 교육은 올바른 시민문화를 달성할 수 있는 일차적인 통로이다. 특히 도덕교육과 정치교육은 가치체계의 민주화와 사회제도의 민주화를 연결하는 매개라 할 수 있다.

마지막으로, 영향의 정치의 구체적인 수단이 시민사회 내의 다양한 사회운동이라면 이러한 시민운동은 좀 더 활성화되어야 할 것이다. 다양한 사회문제에 직접적으로 개입하려는 시민운동은 정책결정과정에 직접적인 영향력을 행사하는 동시에 새로운 사회적 정체성, 규범, 연대를 형성함으로써 민주적 의식을 확대하고 심화하는 계기를 부여할 수 있기 때문이다. 최근의 시민운동의 사례들(환경, 여성, 지역운동 등)은 냉소주의, 무기력증, 비판정신의 부재, 이기주의, 가족중심주의, 무엇보다도 정치적 무관심에 빠져 있는 일반 시민들을 공적 토론과 행동의 장으로 이끌어내는 데 크게 기여하고 있다.

군자는 과연 시민이 될 수 있을까

김시천 경희대 연구교수

옛날 춘추 시대에 초楚나라의 한 지방을 다스리던 섭공葉公이란 사람이 있었다. 유학의 창시자인 공자의 어록 『논어論語』에는 이 섭공이란 인물과 공자 사이에 오간 대화가 실려 있다. 섭공이 공자를 만나자 먼저 말문을 열었다.

섭공 모처럼 먼 길을 오셨으니, 오늘은 삼가 선생님께 정치를 하는 바른 도리에 대해 듣고 싶습니다.

공자 허허, 공께서 그렇게 청하시니 말씀드리겠습니다. 먼저 가까이 사는 백성들이 늘 기쁜 마음으로 살도록 해주십시오.

섭공 그거야 당연한 것 아니겠습니까. 저의 백성들은 모두가 기뻐하며 잘 살고 있습니다.

공자 그렇다면 멀리 사는 사람들이 공의 덕을 흠모하여 가까운 곳으로 이주할 수 있도록 하실 수 있겠습니까?

섭공 아니, 이거 부끄럽습니다. 우리나라는 아직 거기까지는 미치지 못하고 있습니다. 앞으로 한층 더 신경을 쓰도록 하겠습니다. 그런데 정치를 한다는 것이 백성을 기쁘게 하는 것만이 능사는 아니지 않습니까? 백성을 올바르게 하는 게 더 중요하지 않겠습니까?

공자 말씀하신 그대로입니다. 정치政란 잘못된 것을 바로잡는 정치正治이기도 하지요.

섭공 예. 저는 백성을 바르게 이끄는 일에서는 아주 자신합니다.

공자 그거 잘된 일입니다. 그런데 공께서 백성들을 어떤 식으로 바르게 이끄시는지 구체적으로 말씀해주실 수 있겠습니까?

섭공 바로 얼마 전에 일어났던 일을 말씀드리겠습니다. 어떤 사람이 길을 잃은 양이 자기 집에 들어오자 시치미를 뚝 떼고 제 것인 양 챙겼습니다. 물론 이웃은 고발을 했지만 증거가 없었기에 달리 방법이 없었습니다. 그런데 그 사람의 아들이 관청에까지 나와 "국법을 속일 수 없다"라고 하면서 제 아비가 거짓말을 했다는 것을 알려주었습니다. 그래서 관청에서는 아비에게는 벌을 주고 아들에게는 상금을 주어 처리했습니다. 우리나라에서는 이런 사람을 바르다고 말합니다.

공자 아하, 이 나라에서는 그런 부류의 인간을 바르다고 하는군요!

섭공 그 젊은이는 국법을 지키고자 했던 것입니다. 법이 지켜지지 않으면 나라의 기강을 어떻게 세우겠습니까? 그 젊은이는 가족이라는 사적인 관계보다 공적인 것을 우선시한 것입니다. 장하지 않습니까?

공자 그렇지 않습니다. 공께서 이야기한 예는 한 사람은 도둑놈이고 그 아들은 그걸 고자질한 파렴치한 놈일 뿐입니다. 여기서는 그럴지 모르지만 우리나라에서는, 아비는 자식을 위해 나쁜 일을 감춰주고 자식은 아비를 위해 나쁜 일을 감춰주는 것을 바르다고 합니다. 사랑을 바탕으로 하지 않은 올바름이란 게 무슨 소용이 있겠습니까?

섭공 법이란 지켜야 하는 것입니다. 군주라 해서, 아버지라 해서 숨겨주고 덮어준다면 그게 어찌 법이겠습니까?

이 일화는 『논어』 「자로」 편에 실려 있는 유명한 대화이다. 여기서 말하는 바름은 '직直'을 뜻한다. 섭공이 말하는 '직'이란 준법정신에 가깝고, 공자가 말하는 '직'이란 마음에서 우러나오는 대로 따라 행하는 태도를 말한다. 준법정신이 시민적 가치라면, 공자의 입장은 전통 사회의 지도층인 군자가 말하는 중요한 가치이다. 과연 오늘날 한국 사회에서 바람직한 '바름'은 어느 쪽에 가까울까?

유교적 가치는 아직도 의미 있을까?

　20세기 초 중국은 서구의 자유 개념을 받아들이면서 오해와 혼란의 역사를 경험했다. 본래 종교적 · 사회적 억압으로부터 개인의 해방을 의미하였던 자유가, '누구나 제 맘대로 행동할 수 있다'라는 의미로 받아들여져 사람들이 제멋대로 방종하게 행동한다는 통탄이 나올 정도로 자유는 마치 방종과 같은 의미인 듯이 오해되기도 하였다. 이는 문화와 사회구조를 달리하는 사회에서 흔히 일어났던 일들 가운데 하나에 지나지 않는다.

　19세기 중반 이후 동아시아 사회는 팽창하는 제국주의의 물결에 부딪혀 살아남기 위한 자강의 길을 모색하였다. 일본은 자발적으로 서구 문물을 받아들여 근대화와 제국주의의 길을 걸었고, 중국과 한국은 발빠르게 대응하지 못하여 반식민지 또는 식민지라는 처참한 현실을 경험할 수밖에 없었다. 전체적으로 동아시아 사회는 이른바 서구화 혹은 근대화라는 길을 걸어왔다. 본래 농경 사회를 물질적 토대로 하는 동아시아 사회가 산업화, 자본주의화의 길로 들어선 것이다.

　이러한 급격한 사회의 변화는 사회의 가치와 규범의 변화를 요구하였다. 즉, 전통 유교적 가치와 제도 · 규범 속에서 살았던 동아시아 사회가 근대 계몽주의적 사상과 시민적 가치라는 새로운 제도와 규범을 받아들여야만 하는 상황이 된 것이다. 무엇보다 서구의 발달된 무기의 토대였던 과학 기술은 가장 일차적인 수용의 대상이었다. 하지만 이로 인해 발생한 급격한 사회적 변화는 가치관의 혼란을 낳게 된다.

　조선의 동도서기東道西器나 중국의 중체서용中體西用은 바로 이와 같은 가치관의 격변, 세계질서의 재편 과정에서 등장한 전통과 근대의 충돌이라는 대혼란에서 나온 나름의 대응방식이었다. 즉, 사회적 규범이나 가치체계에서는 서구보다 우수한 유교적 가치를 그대로 계승하면서, 물질적·경제적으로 낙후된 현실을 개선하기 위해 서구의 과학기술만을 받아들이자는 것이 동도서기론이나 중체서용론의 핵심적인 논리였다.

하지만 사회의 물적 토대가 변화하면 이에 따라 사회규범과 가치체계에 대한 인식이나 생활양식 또한 바뀌게 마련이다. 더구나 서구 열강의 침탈을 막아낼 만한 국력을 갖추지 못했다는 무력한 현실을 비판하기 위해 제기된 전통에 대한 비난은 유교적 가치에 모아졌고, 이로 인해 중국이나 한국에서는 20세기 초부터 망국의 현실을 초래한 주범을 유교에 두면서 유교를 비판하는 논의가 거세게 일어나기도 하였다. 봉건적 규범에 지나지 않는 유교는 폐기하고 과학과 민주라는 서구적 가치로 사회를 일신해야 한다는 것이 논의의 핵심이었다.

하지만 1970~80년대 이후 과거 유교 사회였던 몇몇 나라들이 눈부신 경제성장을 이루면서, 유교와 자본주의의 접합 가능성과 아시아의 전통적 가치에 대해 긍정적으로 재평가하려는 움직임이 일어났다. 즉, 전통적으로 공동체주의적이고, 성실하고 근면한 삶의 태도를 강조하며, 도덕적으로 건전한 인간을 중시하는 유교적 전통이 자본주의의 급격한 발전에 기여한 바가 크며, 따라서 유교적 가치에 대해 새롭게 평가할 필요성이 있다는 주장이 제기된 것이다.

가치의식이나 규범, 윤리적 생활양식 등 이른바 상부구조가 문명의 생산양식이나 산업구조와 긴밀한 연관이 있다는 마르크스의 주장이 전적으로 타당하다고 할 수는 없다 해도 양자가 긴밀한 연관이 있다는 것을 부정하기는 어렵다. 이러한 인식을 긍정할 때, 농경사회의 사회적·윤리적 체계였던 유교적 가치가 산업 사회적 가치와 규범으로서 의미 있는 기능을 할 수 있는가 하는 것은 쉽게 대답하기 어려운 문제이다.

하지만 이러한 문제 제기는 심심치 않게 일어나고 있고, 현실 제도의 다양한 영역과 관련을 맺고 있는 것 또한 사실이다. 예를 들어 격렬했던 호주제 폐지를 둘러싼 찬-반 논의나, 학계에서 일어났던 개인주의-공동체주의 논쟁 등은 이와 관련된 대표적인 사회적 논란들에 속한다. 이와 같은 논의들 가운데 하나가 과연 전통적으로 이상적인 인간상이라 여겨온 군자君子와 근대적 가치의 중심인 개인으로서의 시민 citizenship의 관계를 따지는 논의이다.

군자에서 선비까지 | 비판적 지식인

본래 군자란 유교 사상에서 가장 이상적인 인격을 지칭하는 것은 아니다. 유교 사상에서 이상적 인격은 성인이나 현인이며, 성현론聖賢論은 도덕적으로 완성된 인격을 가진 사람이 현실의 왕으로서 국가를 다스려야 한다는 이념과 밀접한 관련을 맺고 있다. 즉, 백성으로 하여금 도덕적으로 올바른 삶을 살도록 인도해야 하는 사람이 사회의 지도자이며, 따라서 사회의 지도자는 도덕적으로 고결한 인격의 소유자여야 한다는 것이다. 바로 이러한 인격자를 유교에서는 성인이나 현인이라 한다.

군자란 본래 고대 중국의 문헌에서는 봉건 시대의 귀족을 가리키는 말이었다. 그런데 공자의 시대에 이르러 그 의미는 크게 변화한다. 공자에 따르면 군자는 이상적 인격인 성현이 되고자 노력하는 사회의 엘리트로서 타인의 모범이 될 만한 덕을 갖춘 사람을 의미하며, 자신의 이익에 따라 행동하는 소인과 대비되는 인격 유형을 가리킨다. 이러한 군자가 갖추어야 할 도덕적 소양이 인의仁義와 충서忠恕이다.

인의란 타인의 어려운 현실에 대해 공감할 수 있으면서도 사회의 규범적 가치와 상충하지 않도록 사회의 바른 진로를 모색할 수 있는 궁극적 가치이자 실천의 원리를 말한다. 충서는 자신이 원하는 것과 원하지 않는 것을 헤아려 이를 타인에게까지 확장하는, 인의의 구체적인 실현 방식이자 근거를 말한다. 군자란 이와 같은 가치를 구현하고자 노력하는 존재이며, 동시에 이러한 덕목으로 인하여 타인을 지도하고 교화할 의무를 갖는 존재이다.

이와 같은 군자의 이념은 송명 시대의 신유학新儒學에 이르러 논리적으로 보다 완비되고 확장된 사회적 의미를 갖추게 된다. 신분적 구속에서 자유롭지 못하던 이전 시대와 달리 송명 시대에 이르면, 군자는 글을 읽을 줄 아는 지식인, 즉 독서인讀書人이 추구하는 인격이자 철저한 자기수양을 통해 사회의 지도자가 될 자질을 갖춘 지식인의 의미를 강화하게 된다. 이제 신분적 한계와 관계없이 누구나 유교 경전에 대한 지식과 실천을 통해 사회의 모범이 될 만한 사람은 군자가 된다.

더 나아가 군자는 단순히 왕의 신하에 머무는 것이 아니라 왕으로 하여금 올바른 정치를 펴도록 인도하는 조력자이면서 동시에 왕이 그릇된 정치를 하지 못하도록 감시하는 비판자이다. 이제 정치의 주체는 왕이 아닌 군자의 당黨이 되며, 왕은 국가의 상징적·의례적 중심에 지나지 않는 것이 된다. 이러한 흐름 속에서 군자는 진정한 사회의 지도자이자 정치의 주체라는 자각을 발전시켜나갔다.

군자의 가치와 의미를 현대사회에서 긍정하고자 하는 사람들은 바로 이러한 독서인 출신 사대부의 역사적 기능에서 찾는다. 지금도 우리가 사용하는 선비라는 말은 이를 잘 드러내준다. 군자가 신분적 굴레에서 벗어났다 해도, 관직이라는 통로를 필수적으로 요구하는 개념이라면 선비는 관직에 상관없이 스스로가 지닌 도덕적 모범을 통해 국가와 사회를 감시하고 백성을 인도하는 존재이다. 우리 사회에서 말하는 비판적 지식인의 전형은 바로 이 선비이다.

한 사회가 안정되고 건전한 발전을 유지하기 위해서는, 늘 사회의 방향과 가치에 대해 감시하고 비판하는 기능을 수행하는 건전한 지식인이 필요하다. 전통 사회에서 인문적 소양을 갖고 비판적 기능을 수행하였던 선비의 이상은, 지식인이 단지 테크노크라트로 전락하는 오늘날의 현실에서 오히려 더더욱 중시되어야 하는 필수적인 사회적 존재라는 것이, 군자의 이상을 지지하는 논의의 핵심적인 논리이다. 하지만 이러한 논의에 대한 비판도 만만치 않다.

사회적·정치적 권리와 의무의 주체로서의 시민

시민이란 개념은 대체로 고대 그리스 아테네의 시민으로까지 거슬러 올라간다. 하지만 오늘날 우리가 사용하는 시민이란 개념은 분명 근대적인 것이며, 이는 근대 산업 사회의 도래와 시민사회의 출현과 불가분의 관계에 있는 개념이다. 즉, 중세의 봉건적 정치 체제와 종교적 도그마가 지배하던 사회로부터 발전해 나온, 도시의 발달과 상업과 자본주의의 번

성과 더불어 형성된 새로운 근대사회의 주체를 가리키는 말이다. 근대 계
몽주의란 바로 이러한 시민적 가치와 규범, 철학을 대변하는 사조이다.

계몽주의에 따르면, 인간은 그 무엇에 의해서도 침해될 수 없는 천
부적 인권을 지니고 태어나며, 사회란 이러한 자유롭고 평등한 개인들
의 자발적 동의에 의해 형성된다. '이기적 본성에 지배되는 개인들은
자신의 이익을 사회적으로 보장하기 위해 자신의 권리의 일부를 위임
하고 서로 간에 지켜야 할 규범에 동의, 계약함으로써 자신의 이익을
보장한다'는 시민사회의 이념은 스스로를 권리와 책임의 주체로 인식
하는 개인을 전제로 한다.

시민이란 이와 같이 스스로를 사회적 계약과 법률에 의해 규정된 권
리와 책임의 주체로서 자각하고 이를 능동적으로 실현하고자 하는 개
인을 가리킨다. 이러한 개인들이 형성하는 집단을 사회라 한다. 여기
서 국가는 단지 개인 간의 이해와 갈등을 조정하고 법을 집행하는 최
소의 기능을 수행하는 기구에 지나지 않는다. 공무원social - servants이란 시
민이 국가기구를 유지하기 위해 세금을 통해 고용한 사람들을 의미한다.

계몽주의에 따르면, 인간은 누구나 합리적으로 생각할 줄 아는 이성
적 능력을 타고나며, 이러한 이성은 근대 시민적 개인의 지위를 정당
화하는 이론적 토대가 된다. 또한 인간은 누구나 자신의 행복을 추구할
권리를 갖는데, 이를 위해 자유와 평등은 반드시 요구되는 권리이자 가
치이고 또한 이러한 권리를 향유하기 위해 개인은 사회와 국가에 대해
일정한 책임을 진다. 즉, 근대사회란 이성을 소유한 자유로운 개인들의
사회이며, 이를 정치적 · 사회적으로는 시민이라 부르는 것이다.

근대 시민의 토대가 되는 개인주의는 무엇보다 권리를 내세우는 존
재이다. 개인은 기본적으로 자신의 신체와 소유에 대하여 누구에게도

양도할 수 없는 고유한 권리를 갖는다. 이러한 권리는 자연권으로서 국가나 사회, 심지어 가족이라 하더라도 침해할 수 없다. 가족이나 신분조차도 한 개인을 구속하거나 자유와 평등을 제한할 수 없다는 것이 근대 개인주의의 특징이다. 이와 같은 개인주의에서 볼 때, 유교적 군자는 시민과는 거리가 멀다.

우선 유교적 사회는 시민사회와 달리 법치法治가 아닌 인치人治를 내세운다. 제도가 아무리 좋아도 이를 집행하는 사람이 부도덕한 경우 제도의 합리성은 훼손될 수 있으며, 따라서 제도보다 사람의 도덕적 자질이 더 중시되어야 한다는 것이다. 이와 달리 시민사회는 법석 절차에 따른 공정성의 추구야말로 개개인의 권리를 보장하는 최선의 방법이며, 혈연·지연 등에 의해 자의적으로 변할 수 있는 인치의 방식은 전근대적 소산이라 비판한다.

무엇보다 유교 사회에 대해 비판적인 논의들은 유교적 사회가 전제하는 불평등한 위계적 인간관을 문제 삼는다. 예를 들어 유교적 사회의 가장 중요한 덕목인 오륜, 군신유의·부자유친·부부유별·장유유서·붕우유신에서 보듯 붕우를 제외하면 인간관계의 대다수가 상하의 위계 관계를 바탕으로 한 것이며, 이러한 위계적 규범과 가치는 자유롭고 평등한 시민적 가치와는 공존할 수 없다는 것이다.

어떤 이들은 시민사회와 유교적 사회의 사회 성원의 일차적인 행위의 준칙으로서 의리와 정의를 대비시키기도 한다. 유교적 사회에서 의義란 무엇보다 관계의 윤리이자 책임의 원칙이다. 만약 사회 성원들 사이에 이익과 관련된 분쟁이 일어날 경우, 해결 방식은 어느 누구의 권리가 정당한가라는 각도에서 추구되지 않고 당사자 간의 화해나 공동체의 화합을 위한 방식에서 해결해 왔다. 즉, 법적 정의보다는 법 바깥의 타협이나 중재에 의해 분쟁을 해소하는 방식이 주류였다.

이러한 관행은 오늘날 가장 문제시되는 연고주의의 유래로서, 법적 절차에 의한 정의를 추구하는 시민적 가치에서 볼 때에는 전근대적이고 비민주적인 문제 해결 방식이다. 지역 이기주의, 학벌주의, 가족 이기주의 등 현재 한국에서 가장 커다란 문제가 되는 것들의 진원지가 바로 유교적 사회의 불합리한 문제 해결 방식에서 비롯되었다는 것은 충분한 근거가 있는 비판이다. 하지만 이에 대한 반론 또한 나름의 정당성이 있다.

공자가 죽어야 나라가 산다?

서구 사회에서 근대 개인주의에 대한 비판이 일어나던 때와 비슷하게 한국에서는 '공자가 죽어야 나라가 산다'는 주장이 제기되어 광범위한 반응을 불러일으킨 적이 있다. 한국 사회의 불합리성의 대다수가 유교적 사회의 잔재로부터 비롯되며, 이러한 잔재의 원흉으로서 상징적 인물인 공자에 대한 비판이야말로 우리가 검토해보아야 하는 중요한 과제라는 것이 논의의 핵심이었다. 하지만 이와 같은 문제 제기의 타당성은 인정하더라도 그 내용에 대해서는 그다지 공감되지 않은 듯하다.

우선 한국 사회의 많은 불합리의 근원을 유교에 두는 것이 타당한가에 관한 것이다. 일제 강점기 치하에서, 미군정 시대, 자유당 독재에서 오랜 군부독재 시기를 거쳐온 20세기 한국 사회의 왜곡된 현실은 근대화 과정은 물론 전통적 가치의 계승에 이르기까지 주체적이지 못한 상황에 있었다. 따라서 현재 한국 사회의 불합리성 가운데 상당수는 20세기 역사 과정에 대한 진지한 검토와 더불어 생각되어야 한다.

게다가 서구 사회에서 20세기 내내 일어난 근대 개인주의의 병폐에 대한 갖가지 논의에 친숙한 오늘날, 과연 근대 계몽주의적 가치가 전적으로 타당한가에 대한 의문이 제기되고 있는 현실에서 전통 유교적 사회의 의미와 한계에 대한 논의는 보다 신중해야 한다. 어떤 의미에서 보면, 유교적 가치와 군자의 이상은 이미 잃어버린 사회의 향수에 지나지 않는 측면도 있다. 군자의 윤리가 작동하던 시대와 달리 지금 한국의 현실은 너무나 많이 변해 있기 때문이다.

이런 의미에서 전통 유교의 다른 측면에 주목하는 논의도 있다. 예를 들어 군자의 본래 의미가 사회의 엘리트이자 지도층이라는 점에서 볼 때, 유교 윤리는 일차적으로 공직자 윤리로서의 의미가 주된 것이었다. 즉, 한 사회의 지도층에게 요구되었던 도덕적 엄격성과 자기절제는 갈수록 비대해가는 현대 관료사회에서 한층 더 중요하게 검토되어야 하는 윤리적 규범체계라는 것이다.

공적 직무와 권력을 행사하는 사람에게는 그에 상응하여 일반 시민보다 엄격한 윤리적 요구가 지워져야 하며, 유교 윤리는 이러한 측면에서 적절한 규범적 · 윤리적 지침을 제공할 수 있다는 것이다. 인간적 가치를 우선시하는 가치관, 치우치지 않는 공평성, 경제적 이익보다는 도덕적 명예를 우선시하는 가치관, 공직자로서의 엄격한 자기관리와 절제 등의 가치는 현대 관료사회의 공인公人들에게도 매우 의미 있는 지침이라는 것이다.

하지만 유교적 가치가 20세기 내내 겪었던 일단의 비판들 또한 아직 극복해야 할 과제들이다. 집단이나 사회의 이름으로 개인의 권리를 부정해온 현실은 중국이나 한국에서 아직 인권의 문제로부터 자유롭지 못한 현실 정당화의 도구로 사용되었고, 이 때문에 많은 사람들의 비판의 대상이 되기도 했다. 또한 위계적 윤리와 규범이 대부분인 유교 윤리를 자유롭고 평등한 개인들의 관계 윤리로서 어떻게 정립할 것인가 하는 커다란 과제 또한 안고 있다.

이렇게 보면 군자는 시민이 될 수 있는가에 관한 논의는 이미 완결된 논의이거나 폐기 처분해야 할 무의미한 논란이라기보다는, 변화하는 사회적 현실의 새로운 관점과 논리에서 다시금 검토해야 하는 논제라 할 수 있다. 그리고 이러한 논의는 사회구조의 변화, 인간관계의 변화, 생활양식의 변화라는 현대적 삶의 여러 형태에 대한 반성과 더불어 폭넓게 이루어져야 할 것이다. 공자에 대한 심판의 논의가 아니라 공자를 살리는 길이 한국 사회가 사는 길일지도 모른다.

민족과 국가를 초월한 공동체는 어떻게 가능할까

구승희 전 동국대 교수

삼국 시대, 당과 연합한 신라가 백제를 무너뜨리기 위해 황산벌로 쳐들어갔다. 계백은 5,000명의 결사대를 이끌고 필사적으로 사수하려 한다. 전투 전 날, 계백은 거시기를 통해 김유신에게 비밀 회동을 요청한다.

계백 자네 왜 그렇게 두 눈 휘둥그렇게 뜨고 서 있나? 너무 무게 잡지 말─어! 거참, 거시기 하구마─잉!

김유신 거시기 거시기 좀 그만 해라. 그런 니는 와 그렇게 눈썹에 힘주고 인상 쓰나? 니 황산벌로 나오믄서 처자식 다 죽이고 나왔다던데, 으그, 문딩이 자슥! 징하다, 징해!

계백 그래, 내 처자식 다 죽이고 나왔다, 근디 글씨 그 마누라가 뭐라카는지 아나? 내가 그랬제, 호랭이는 죽어서 가죽을 남기고 사람은 죽어서 이름을 남긴다고. 그렸더니 마누라가 소리를 버럭 지르면서 그라더마. "거, 입은 비뚤어져도 말은 똑바로 하렸어. 호랭이는 가죽 땜시 뒤지고 사람은 이름 땜시 뒤지는 거여!" 그려그려 마누라 말이 맞어, 그렇구말구……. 그러니 내 속이 지금 워떻건남, 뒤집어지기 일보 직전이여.

김유신 니만 속이 뒤집히나? 내도 지금 미치고 환장하겄다! 낼이믄 그 새파란 화랑 아이들 하나하나 죽을 곳으로 내보내야 하는디, 내 속이 오죽하겄나?

계백 그렇구마-잉! 자네도 참 기분 거시기 하겠구먼! 근디 우리가 왜 싸워야 허는 거여? 도대체 국가가 뭔디, 민족이 뭔디 우리가 요로코롬 쌩피를 흘려가며 싸워야 한단 말이제?

김유신 생각해봤나? 우리가 싸워서 어느 편이든 이기는 쪽이 통일을 했다 치자. 그리고 한참 지나면 그때도 신라니 백제니 하믄서 서로 싸워댈까?

계백 국가니 민족이니 그런 게 뭔지 난 잘 몰라! 다만 내 부하들, 내 백성들이 다치지 않는다면 난 그뿐잉께! 자네, 괜히 피곤한 일 하지 말고 군사 빼제- 에? 자네가 후딱 돌아가면 아무 일 없을 거 아니겠남?

김유신 고렇겐 못 하제! 어디 그게 내 맘대로 그렇게 된다든가! 내도 전쟁 빨리 끝내고 손주 새끼 안고서 재롱부리는 것이나 보고 싶지, 이 늙은 나이에 전쟁터에서 요렇게 시간 죽이고 싶겠나 말이다!

거시기 아니, 장군님들, 뭔 말씀들이 그렇게 거시기 합니까요? 거 민족, 국가 도대체 그게 무슨 말입니까요? 시방이 워떤 때입니까요, 추수할 때란 말이시 -이. 워메 우리 오마니, 혼자서 추수할라치면 쎄빠지게 고생해야 쓰겄네이. 후딱 끝내고 갑시다요!

김유신 문딩이 자슥, 나도 정말 전쟁이라면 지긋지긋하다! 나도 쉬고 싶어, 전쟁이 싫다 말이다! 우리 낼 군사 빼자. 각자 집으로 가는 기다. 워떻노?

계백 그려그려, 우리 거시기 해불자!

거시기 거시기, 거시기, 거시기 해불자!

김유신 아니, 도대체 거시기, 거시기가 뭔 말이여? 해보자는 거여?

잘나가던 분위기는 거시기로 인해 확 깨졌고, 결국 계백과 김유신은 화가 나서 돌아갔다. 다음 날은 역사의 기록대로 처절한 전투가 이어졌고, 백제의 결사대는 전사했다. 그러나 거시기는 살아서 돌아갔다고 영화는 전한다. 황산벌은 국가도 민족도 아닌 거시기를 남긴 것이다.

국가란 무엇일까?

　근대적인 의미의 국가는 250여 년밖에 안 된 새로운 사회구성체이다. 국가의 등장과 더불어 마을·이웃·촌의 '공동체적 삶'은 사라지고, 사람들은 사소한 일에서부터 세계적인 규모의 사회적인 사건에 이르기까지 삶의 모든 영역을 결정하는 막강한 힘에 예속되었다.

　고전 사회학의 두 대가大家인 막스 베버와 에밀 뒤르켐이 가르치고 있는 바와 같이 현대국가는 과거에 다수의 집단 우두머리가 수행하던 필수적인 기능을 '상대적으로 독립적인 국기의 하부체계'로 만들어버렸다. 국가는 이 하부체계에 대해 생산과 분배를 담당하는 시장을 만들고, 정치적 질서를 유지한다는 명분 아래 강제를 행사하는 기능을 갖는다. 이른바 '폭력 독점권gewaltmonopol, 공권력'이다. 국가의 관리자는 폭력과 기만이라는 두 가지 형식으로 나타나는 강제의 정당성을 결정하고 폭력사용의 조정과 통제를 관철시킨다. 폭력의 독점은 국가의 본질적인 특징이다.

　국가의 폭력 독점과 이에 대한 정당성 요구가 어떻게 관철될 수 있었는지는 놀라운 일이 아닐 수 없다. ① 역사적으로 '사람들은 자신의 고유한 폭력 사용권을 어떻게 자발적으로 포기했겠는가?', ② 철학적으로 '개인에게 있어서나, 집단에게 있어서나 강제나 폭력이 어떻게 정당화될 수 있는가?', ③ 국가의 일차적인 기능을 정치적인 질서유지를 위하여 폭력을 강제로 관철하는 것이라고 할 때, '강제된 질서는 어떻게 정당화될 수 있는가?'

　현대의 국가철학자들은 이런 물음에 대해 세 가지 방식으로 '국가의 폭력 독점의 정당성 근거'를 제시한다. ① 공리주의적 접근: 정치질서가 다른 어떤 질서보다도 최대 다수의 최대 행복을 보다 많이 보증하는 한, 이 정치질서를 위한 폭력의 독점은 합법적이라고 주장한다(흄, 벤담, 밀). ② 계약론적 접근: 정치질서와 폭력의 독점이 충분히 설명되고 합리적이어서 모든 이해당사자들의 동의를 얻을 수 있을 때, 정당하다(홉스, 로크, 롤스, 하버마스). ③ 법 이론적: 접근 정치질서는 그것이 전前실증적 vorpositivistisch 법 이론의 원칙에 부합할 때, 그리고 법질서를 관철하는 수단이 적절하다면 폭력의 독점 역시 정당하다(칸트, 헤겔, 쇼펜하우어, 노직, 하이에크). 이 세 가지 접근 방식은 모두 '어떤 종류의 제한조건' 하에서 정치적 질서와 폭력의 독점을 인정한다.

그러나 홉스는 아무리 나쁜 국가일지라도 계약이 가능함을 예증하는 데 열중하였다. 국가는 계약의 결과이기 때문에, 계약이 없으면 국가도 없다. 로크가 살던 시대에 지배적이었던 국가철학에 의하면 국가는 원래 신에 의해 의도된 것이 일시적으로 군주에게 부여된 것이다. 그래서 국가는 무조건 정당한 것이었다. 칸트와 헤겔도 국가만이 정의를 실현할 수 있다는 사실을 자명하게 받아들였다. 헤겔에 의하면 개인적인 의지와 집단적인 의지가 일치하여 통일되는 그곳에 자리 잡는 현 실태가 바로 국가이다. 국가는 실존하는 도덕적 생명이요, 보편적 의지와 본질적 의지가 통일된 유일한 현 실태이기 때문에 '국가는 인륜성(도덕)' 그 자체이다.

그러나 역사는 국가가 현실적이 되면 될수록, 그 국가를 타고 오는 사람은─그가 나폴레옹이건, 프로이센의 왕이건, 스탈린이건, 히틀러이건 간에─더욱더 반인륜적, 반국가적으로 된다는 아이러니를 가르치고 있다.

민족은 여전히 유효한 것일까?

민족이란 오직 태어나면서 가입하고 죽음으로써만 탈퇴할 수 있는 경직된 비자발적 결사로서, 형제애, 인간 보편성의 자각(평등), 협동이라는 사회도덕을 통해 '공동체적 유대감'을 확대해가는 종족집단이다. 공동체적 유대감은 오직 국가에 의해서만 자신을 표현할 수 있는 종족적·언어적·문화적 동질성에 의해 형성된다. 자본주의가 충분히 발전하기 이전—사회가 생산관계에 의한 '계급'으로 분화하기 이전—에 민족은 신분질서를 유지하고 통합하는 힘이었다. 그러나 이는 '자유롭고 평등한 인민의 권리'라는 평등사상의 고취에는 긍정적이었으나, 이 권리가 동족집단에게만 통용된다는 점에서 공동체적 유대감은 문화적 편협성, 인종주의를 불러일으켰다.

민족주의는 18세기 전에는 별로 알려지지 않았다. 주로 북서유럽과 아메리카에서 19세기 초 발생했는데, 나폴레옹의 전복은 유럽 각지에서 민족주의의 열풍을 가져왔다. 종족집단을 결속하는 정치적 신조(이데올로기)로서 민족주의는 이후 유럽의 진보적 부르주아들의 종족적·문화적 동질 집단의 가치를 옹호하는 신념으로 확장되었으며, 19세기에는 제국주의와 식민주의로, 그리고 20세기에는 파시즘과 나치즘 등 극단적인 형태로 나타났다. 민족주의는 비서구적인 것을 서구화하고, 전근대적인 것을 근대적인 것으로 만드는 핵심고리였다. 다시 말해 근대 정치 발전의 원동력이었다. 그래서 19세기 유럽을 민족주의의 시대라 부른다.

민족주의는 처음 얼마간 사회적 엘리트들의 정치적 혁명운동의 교의였다가, 사회주의가 등장하면서 대중운동으로 확대되었다. 인민주권 사상의 등장, 계약에 의한 통치, 종교적 권위의 쇠퇴와 세속주의의 성장, 도시화·산업화의 확산으로 인한 의사소통 체계의 발전과 밀접하게 연결되어 나타난 폐쇄적 이데올로기였다. 민족주의는 사회주의와 분열되기 전에는 지식인·부자 등 상층부의 이데올로기로, 자연히 보수적·우익적 성격을 지녔다.

민족국가 없이는 국민도 없다. 국민은 인민의 권리의 총합으로서 아주 합리적인 것으로 여겨졌다. 그러나 그 배후에는 편협한 문화적·인종적 증오가 숨어 있다. 프랑스 대혁명의 자유·평등·형제애라는 보편주의 선언은 사람들로 하여금 같은 마음으로 어깨동무하게 했지만, 그들이 도착한 곳은 듣기 거북한 민족주의와 나폴레옹 식 제국주의였다. 1914년 8월 프랑스와 독일의 사회당은 각각 전쟁(제1차 세계대전) 도발에 찬성표를 던졌다. 그로 인해 제2 인터내셔널(국제노동자연맹)은 붕괴되었다. 이는 마르크스가 그토록 신뢰를 보냈던 프롤레타리아의 계급의식도 민족주의 정서 앞에서는 무기력하다는 것을 증명한 비극적 증거이다.

민족이라는 단어만큼 악마적인 것은 없다. 민족주의라는 이데올로기는 사회적 역동성을 극대화시켜 그동안 불분명한 언어적·관습적·지리적 구분에 의존하던 느슨한 공동체를 강한 결속력을 갖는 국가로 만들었다. 그것이 민족국가이다. 민족국가의 강력한 힘(폭력의 독점)은 인간 본연의 자유와 공동체에 대한 믿음을 뿌리부터 잘라버림으로써, 인간의 삶을 억압적으로 만들었다.

세계화와 더불어 민족주의는 새롭게 힘을 얻고 있다. 약소국가, 제3 세계에서는 민족주의를 '세계화의 덧없음'에 대한 도피처로 생각하는 경향이 늘고 있다. 그러나 유럽 파시즘이 한편으로는 새롭게 부상하는 자본주의와 다른 한편으로는 노동자-사회주의 모두를 '혐오스러운 대안'으로 여겼던 20세기 초의 반모더니즘적 경향에서 기인하였듯이, 세계화라는 문화적 과도기에 대한 환멸과 우울을 '민족', 혹은 '민족주의'로 돌파하려는 생각은 분명 퇴행적이며, '반근대적anti - moderne, 반 휴머니즘적 정서'의 표현이다.

국가 없는 공동의 삶이란······

1 '지배 없음' 대 '정의로운 지배'

오트프리트 회페Ottfried Höffe는 '사회적인 강제란 있을 수 있다'는 사실에 근거하여 아나키즘을 반박한다. 그는 아나키즘을 '억압과 강제를 거부하기 위해 법과 국가비판을 강요하는 이데올로기'로 규정하면서, ① 진정한 아나키스트라면 필연적으로 점점 과격한 아나키즘으로 발전하게 되고, 그럴수록 지배 없는 사회, 혹은 지배자 없는 지배의 가능성과 정당성을 입증하기 어려워진다는 것이다. ② 지금까지 지배 없는 공동체는 어디서도 실현된 적이 없는, 즉 '현실성의 결여'를 논거로 삼아 아나키즘이 정당한 사회이론이 될 자격이 없다고 주장한다. 막스 베버가 『경제와 사회Wirtschaft und Gesellschaft』(1922)에서 국가를 '통제된 아나키regulierte Anarchie'라고 지적하고 있듯이, 우두머리 없는, 지배 없는 동족 사회란 불가능하다는 점에서 그는 '지배 없음'보다는 '정의로운 지배'를 선택한다.

물론 우리는 어디에서도 아나키즘적인 국가관계, 정의관계를 경험하지 못했을 뿐만 아니라 인류 문명의 태동기부터 사회는 강제에 의해 조직되었다. 그러나 아나키즘은 모든 형태의 사회적 억압을 거부하는 것이 아니라 권력 독점과 폭력의 독점적 형식을 거부한다.

'정의로운 지배'는 국가가 독점하고 있는 폭력을 합리적으로 분할 가능하며, 분할된 폭력은 다시 제도적으로 잘 통제될 수 있다고 말한다. 그런 상태를 롤스는 '질서정연한 사회'라고 했다. 그러나 아나키스트는 홉스의 말을 빌려 폭력 독점은 분할 가능하지도 않고, 통제 가능한 것도 아니라고 반박할 수 있을 것이며, 로크 식으로 분리되지 않은 권력의 독점은 불법이라고 주장할 수도 있을 것이다. 이들은 인권과 기본권을 통해 국가의 정당화를 시도한다. 기본규범인 '헌법'과 그 속에 실정화된(헌법에 기록된) 기본권의 유일한 실질적 기초는 인권의 총체이기 때문에, 국가의 정당 근거는 결국 인권의 보편성에 기초한다는 주장이다.

'사실적 다원주의의 조건하에서 정의로운 세계는 어떻게 가능한가?'라는 물음에 대해 유일하게 가능한 대답은 기본권과 인권에 기초한 법치국가에서 실현된다는 것이다. 기본권과 인권은 근대국가의 정당화 근거이다. 국가와 법은 윤리에서가 아니라 기본권과 인권에서 그 도덕성과 합리성의 기초를 발견하기 때문이다. 국가의 법적 근거를 형성하는 유일하게 가능한 척도는 인권인데, 그것은 '인간이 자신에게 부여하는 정치적 자유의 명시적 표현'이기 때문이다.

'정의로운 지배'를 옹호하는 자들은 국가체제 내에 있는 것이 국가가 없는 상태에 있는 것보다 개인들에게 더 많은 행복과 보다 그럴듯한 계약 가능한 관계 또는 권리의 손실이 적다는 것을 증명해야 하는 부담을 진다. 아나키즘의 '현실성의 결여'가 명백한 사실인 것과 마찬가지로, 국가가 폭력을 독점하지 않고 있으면 개인 간의 살인, 강도, 절도가 더 많을 것이지만, 국가 간의 전쟁이나 국가권력에 의한 착취, 추방, 소유권 박탈, 인종청소, 강제수용소, 아우슈비츠, 굴라크_{Gulag}, 히로시마, 체르노빌도 없었을 것이라는 점도 그와 동등한 '명백한 사실'일 것이다.

2 세계정부 대 지역정치

인류의 오랜 꿈은 사람들이 서로 사랑하고 조화를 이루며 살 수 있는 완벽한 사회를 창조하는 것이다. 그 소망을 실현하는 한 가지 방안이 세계주의_{kosmopolitismus}를 선택하는 것이다. 마셜 맥루한_{Marshall McLuhan}이 말한 대로 우리는 지금 '지구촌'에 살고 있다. 지구가 '하나의 마을'이라면 영토와 민족에 기초한 '지역정치'는 사라지고, '지구정부, 세계정부'가 만들어져야 할 것이고, 하나의 세계정부하에서 자원은 전쟁이 아니라 발전에 이용하게 될 것이고, 지역적인 가난과 기아는 소멸할 것이고, 민주주의는 확대될 것이고, 환경은 더욱 자연친화적이 될 것이고, 결국 인류의 평화와 안전에 크게 기여할 것이다.

실제로 국가들은 세계화와 더불어 무역과 경제에서 열린 국경, 자유로운 이동을 수용하였다. 유럽인들은 지난 10년 사이에 물자와 사람의 이동은 물론이고, 각종 단위와 규격의 통합, 무역 통합, 화폐 통합, 심지어는 단일 헌법을 만들고 있다. 캐나다, 미국, 멕시코는 NAFTA(북미자유무역협정)를 결성했다. 오늘날 대부분의 거대한 조직 ─ 기업이건, 국제기구이건 ─ 은 완전히 국제적이다. 새로운 의사소통기술의 발전 – 인터넷과 웹World Wide Web – 은 이를 가속화할 것이다. 경제의 세계화로부터 시작한 '자본주의 세계체제'의 수렴현상은 돌이킬 수 없는 경향성인 듯 보인다.

그러나 소규모 지역정치, 혹은 노자가 꿈꾸었던 소국과민小國寡民의 아나키 공동체를 주장하는 사람들은 묻는다. 그러면 역사상 그 많은 평화조약과 그 많은 사해동포주의자들의 주장에도 불구하고, 왜 사람들은 세계정부를 요구하지 않는가?

세계주의자들의 이상은 합리적으로 가능한 일이지만, 인간들의 세 가지 망설임 때문에 현실적으로는 불가능하다. 이 망설임은 우선 불확실한 미래보다는 경험된 과거가 더 조화로웠다고 생각하는 인간의 심리적 본성 때문이고, 둘째 이유는 세계는 너무 크고, 민족은 너무 다양해서 어떤 의사결정도 불가능할 것이라는 우려 때문이며, 셋째는 세계정부가 권력을 독점하여 개별 국가의 주권을 빼앗을 것이라는 우려 때문이다. 이 둘째, 셋째 이유에서 보듯이 어떤 경우에도 사람들로부터 조국에 대한 감정적 선호라는 의미의 '애국심(조국애)'을 완전히 소거할 수 없음을 의미한다. '세계시민weltbürger이 되기보다는 국민people으로 있는 것이 얻을 것이 더 많다고 생각하기 때문이다.

세계정부는 국가들 간의 권력과 자원의 분배 및 종교, 문화, 역사, 이데올로기 등 보편적 교설들universal doctrine 간의 중첩적 합의overlapping consensus의 어려움 때문에 불가능한 것이 아니라 전혀 엉뚱한 – 그러나 매우 근본적인 – 또 다른 이유가 있다. 그것은 인간의 도덕심이다. 사람들은 이성, 이성적 논의, 합리성을 소중한 인간적 능력으로 생각하지만, 실제로 인간은 너무나 감정적이다. 사람들은 누구나 책임보다는 권리에 주목하고, 동정심보다는 이기심으로 충만해 있다고 생각하지만, 실제로는 추상적이고 은유적인 '개념으로서의 이웃 혹은 동정심'보다 지금 옆집에 사는 사람에게 더 많은 사회적 책임감과 동정심을 느낀다. 세계정부 아래에서 이 모든 도덕심을 발휘할 기회가 사라질 것을 두려워하기 때문에 사람들은 세계정부를 구성하지 않는다.

3 최소국가 대 아나키

"개인이 그 자신을 통제할 수 있는 권리를 가진다면 모든 밖으로부터의 통치는 전제정치이다."

19세기 미국의 아나키스트 벤저민 터커B. Tucker의 말이다. 로버트 노직 R. Nozick 역시 개인의 권리 침해를 반대하는 터커의 주장을 진지하게 수용한다. 그러나 『아나키, 국가 그리고 유토피아』(1974)에서 노직은 아나키스트들의 입장에 대한 반론에도 불구하고 국가가 권리침해 없이 존재할 수 있음을 보여주려고 시도한다. 노직의 계획은 순수하게 개인들의 권리와 재산권을 보호하기 위해 존재하는 고전적 자유주의의 야경국가nightwatchman state와 유사한 '자유 지상주의적 최소국가 libertarianistic minimal state'를 옹호한다. 개인적 권리와 자유의 절대성을 옹호하는 자유 지상주의는 근로소득에 대한 과세까지도 강제노동으로 보는 '엄격한 자유주의'의 한 유형이다.

최소국가 역시 "개인들은 권리를 가지고 있으며 어떤 사람과 그룹도 개인들의 권리침해 없이 그들에게 명령할 수 있는 것은 없다."는 터커의 전제로부터 시작한다. 그러나 노직은 그렇다고 해서 필연적으로 아나키즘으로 귀결된다고는 생각하지 않는다. 하지만 현실의 모든 국가는 노직의 이상과는 거리가 멀다. 예를 들면 복지국가welfare state는 부유한 자들에 대한 과세에 의해 조달된 자금으로 가난한 자을 위한 구제 프로그램을 운영한다. 이는 부의 재분배 과정에서 국가는 개인의 권리를 침해하는 것이기 때문에 최소국가의 기능을 넘어서는 것이다.

최소국가론에 의하면 형식적으로 보면 국가 성립이란 결국 자연인의 자발적인 참여와 합의의 결과—사회계약으로서의 국가—인데, 노직은 사회계약만으로는 '국가의 정당성(폭력 독점의 정당성)을 인정받기 힘들다'고 주장한다. 국가 성립에 관한 노직의 논변은 '계약'인지, 아니면 다른 국가의 정치적 합법성을 정당화하는 다른 어떤 제3의 대안이 있는지 불분명하다.

자유 지상주의는 이념의 지평에서 볼 때 아나키즘과 그리 멀리 떨어져 있는 것이 아님에도 불구하고, 아나키즘은 모든 형태의 국가란 노무지 불법적이며, 부당하다고 보고, 최소국가 역시 국가인 한, 이를 거부한다.

마르크스와 엥겔스가 『공산당 선언』을 발표하던 해에 아나키스트 프루동은 국가의 참모습을 이렇게 적고 있다. 아나키스트는 국가를 이렇게 이해한다.

"국가로부터 지배당한다는 것은 교양 없고, 미덕도 없는 것들에게 감시당하고, 조사받고, 규제당하고, 세뇌되고, 훈계받고, (블랙) 리스트에 올라, 측정·평가·검열·혹사당한다는 의미이다. 통치된다는 것은 뭔가를 할 때마다 사사건건 지적당하고, 기재되고, 계산되고, 가격이 매겨지고, 야단·금지·개정·시정·교정당하는 것이다. 통치된다는 것은 공공의 유용성과 공동선이라는 명분으로 희생을 강요하고, 시키는 대로 훈련받고, 인질로 잡히고, 착취당하고, 독점당하고, 협박·압박·기만·강탈당하는 것이다. 그러다가 조금이라도 저항하거나 불평하는 기미가 보이면, 속박하고, 벌금형에 처하고, 비방하고 고통을 주며, 수색하고, 격노시키고, 타도하고, 무장해제시키며 교수형에 처하며, 투옥시키고, 사형시키고, 총 맞고, 포 맞고, 재판받고, 유죄를 선고받아 추방당하고 희생양이 되고, 팔리고, (……) 그리고 최후에는 날조하고, 비방하고, 불명예를 뒤집어씌운다. 그것이 국가이다! 그것이 국가의 정의이며, 도덕이다!"

최초의 질문으로 돌아가자. 국가와 민족을 초월한 공동체는 가능한가? 우리의 대답은 '그렇다'이다. 그러면 인류는 왜 아직까지 국가 없는 공동체 사회를 건설하지 못하였는기? 인류가 아직은 사신의 경쟁적 기질을 극복할 수 있을 정도의 자율적이고 합리적인 자기규제 능력을 충분히 갖추고 있지 못하기 때문이다. 더 많은 사람들이 그러한 자율 원리principle of autonomy에 대해 성찰적으로 접근한다면 국가 없는 공동체는 실현 가능할 것이다. 우리는 그것을 희망한다.

세계화 시대, 민족주의는 사라질까

김동춘 성공회대 교수

'붉은 악마' 회원 중에는 외국 사람도 섞여 있다. 북경에서 온 유학생 워 아이한 씨와 미국에서 온 유학생 필로스 코레아 씨가 상암 경기장에서 만났다. 그날의 경기는 한국 팀의 승리로 끝났다. 경기가 끝난 후에도 흥분의 열기가 가시지 않은 '붉은 악마'의 회원들은 삼삼오오 호프집으로 몰려가 이야기를 늘어놓는다.

워 아이한　헤이, 만나서 반가워요. 난 북경에서 온 아이한이라고 해요. 서양사람 같은데 어디서 오셨죠?

필로스 코레아　난 미국에서 왔어요. 내가 살던 뉴욕 퀸즈에는 코리아타운이 있고, 한국인 친구들이 많아요. 그들 때문에 '붉은 악마'를 알게 되었지요.

워 아이한　저도 북경으로 유학 온 한국인들을 많이 알아요. 2002년엔 대단했어요. '붉은 악마'가 보여준 응원의 힘이 한국을 4강까지 가게 한 것 같아요. 당신도 같은 생각이죠?

필로스 코레아　필로라고 불러요, 나도 아이한이라 부르죠. 2002년엔 뉴욕 퀸즈의 플러싱 코리아타운에도 붉은 티셔츠를 입은 '붉은 악마'가 온 거리를 가득 메웠었죠. 어찌나 신나게 응원하던지, 나도 붉은 티셔츠를 입고 달려 나가 함께 응원했어요.

워 아이한　그렇군요. 중국은 좀 달랐죠. 좀 배타적인 분위기였다고 할까. 한국이 스페인을 꺾고 4강 진출이 확정된 다음 날(6월 23일)『북경청년보北京靑年報』라는 잡지에「기념일」이라는 제목의 기사가 실렸는데, 이 기사가 당시 중국의 분위기를 잘 보여주죠.

　　이날 우리는 또 월드컵의 추문을 기억해야 하는데, 어느 축구팀이든지 만약 한국 팀을 이기려면 반드시 한국 팀이 골을 넣지 않는다는 전제 하에 세 골을 넣어야만 한다. 왜냐하면 틀림없이 그중에서 둘은 심판의 호루라기에 의해 날아가버릴 것이기 때문이다. 이런 사실은 필시 (……) 머지않아 축구 역사에서 추문이 될 것이다. 4강에 진입한 것으로도 아직 부족하단 말인가? (……) 여하튼 우리는 보는 데 이미 지쳤다. (홍석표, 『현대중국, 단절과 연속』, 선학사, 2005)

필로스 코레아　정말이에요? 그건 좀 문제로군요. 아시아에서 유일하게 4강에 진출했는데, 격려는 못 해줄망정 심판을 매수했다고 매도하다니……. 한국 사람들이 무척 서운했겠네요!

워 아이한　그보다 심했죠. 한국 유학생 친구들에게 듣기로는 무척 살벌하게 느꼈다고 하던데 그 정도일 줄은 몰랐어요! 도대체 왜 그런지 저도 이해할 수 없었죠. 전 한국이 좋은 것도, 한국 축구가 좋은 것도 아니고 '붉은 악마'가 좋아요. 함께 즐길 수 있다는 그 자체가 좋은 거죠.

필로스 코레아　나도 동감이에요. 그런데 아이한 같은 사람이 있다면 모든 중국 사람이 다 앞의 경우와 같은 건 아니겠네요?

워 아이한　당연하죠. 재미있게도 같은 잡지, 같은 날짜에 이런 기사도 있었어요.

어느 경기에서나 억울한 일이 많지 않았던가! 단지 이전에 피해를 본 쪽은 작고 가난한 나라, 축구가 약한 나라였고, 사람들은 모두 '실수는 피할 수 없는 일'이라 하며 웃어넘겼는데, 많은 사람들은 무의식적으로 유럽 축구 강세 문화의 노예가 되었다. 왕후장상에 씨가 있던가, 오로지 강팀에게 편을 들어주는 경기 결과라야 공정하단 말인가? (……) 세계 축구계의 국면이 영원히 불변할 수는 없을진대, 많은 사람들은 아마 이러한 변화에 대해 받아들이기 어려워하고 있는 것이리라. (앞의 책)

필로스 코레아 거 참, 흔쾌한 한 방입니다. 요즘같이 지구촌, 세계화 시대에도 민족에서 벗어나기가 어렵군요.

워 아이한 글쎄 말입니다. 그러고 보니 당신과 나는 민족도 인종도 다르지만 '붉은 악마'라는 공통점이 있네요. 자, 우리 만남을 위해 건배하죠! 브라보!

필로스 코레아 좋지요, 간베이!

이제 지구촌, 세계화라는 말은 일상어가 되었고, 하나의 세계는 이제 현실이 되었다. 그런데 이런 세계화 속에서 우리는 '세계시민'을 만날 수 있을지, 아니면 국가 간 종속이나 문화의 파괴를 부추기는 배타적 민족주의자들을 양산할지 아직 불확실하다.

세계화의 현주소

우리나라는 30년에 걸친 경제성장의 결실로 상당한 국력 신장을 이루었고, 그 결과 국제사회에서 우리의 위상은 높아졌다. 오랫동안 민족의 숙원이던 유엔 가입이 이루어져 더 이상 국제기구의 구경꾼으로 남아 있지 않게 되었다. 이것이 우리나라가 국제무대에 깊숙이 편입되는 실질적인 출발점이었다고 해도 좋을 것이다. 특히 1988년에 올림픽을 개최함으로써 우리나라는 세계의 주목을 받게 되었으며, 서울은 국제적인 도시로 발돋움하였다. 비극적인 민족사의 산물이기는 하지만, 한민족의 7%에 해당하는 500만 명의 동포가 세계 각지에 흩어져 살고 있으며, 그중 상당수는 살고 있는 지역과 국가에서 비중 있는 역할을 담당하고 있다. 이제 한국은 세계 13위의 통상국이 되었고, 우리의 상품은 세계의 구석구석까지 진출하여 예기치 않았던 곳에서 우리 상품을 발견하게 되는 즐거움까지 누리게 되었다. 가까운 중국과 베트남 등 공산권 국가에서도 한국의 가전제품이나 자동차가 날개 돋친 듯 팔리고 있다.

한편 우리가 외국으로 진출한 만큼 외국의 것들도 많이 밀려와 우리에게 친숙해졌다. 중국 동포를 포함한 수많은 동남아시아의 노동자들이 일자리를 찾아 우리나라로 밀려들어 오고, 이들이 인력난에 허덕이는 제조업 사업장에서 일하고 있다. 그래서 우리는 서울의 거리나 지하철 등에서 이들 동남아 노동자와 쉽게 마주치곤 한다. 또한 우리의 일상생활에서 외국 상품은 큰 비중을 차지하고 있다. 우리는 깨끗하게 장식된 맥도날드 체인점이나 피자헛에서 햄버거, 피자, 음료를 마시고 〈쥐라기 공원〉 같은 직수입된 영화를 보고, 위성방송을 통해 일본의 뉴스와 쇼 프로그램을 즐긴다. 그뿐만이 아니라 우리 주변에는 이제 IBM, 시티은행 같은 미국 회사나 국적을 알 수 없는 다국적 회사에 다니면서 그들로부터 월급을 받는 사람들이 많이 있다.

우리는 우리가 즐기고 있는 피자, 햄버거나 영화가 어느 나라의 것이며 그것을 운영하는 사람이 어느 나라 사람인지, 우리가 소비한 돈이 누구의 손에 흘러 들어가는지 별로 관심이 없다. 단지 우리가 느끼는 것은, 그것들이 매우 세련되고 잘 짜여 있을 뿐만 아니라 친절하고 편리하기 때문에 우리를 즐겁게 해준다는 점이다.

국가와 국가를 가로지르는 국경선은 여전히 존재하지만, 우리가 소비하는 상품이나 우리가 즐기는 영화, 일본과 서양 TV의 뉴스와 오락 프로는 이미 국경을 넘어서고 있다. 더구나 과거에는 그러한 상품, 영화, 뉴스가 본국에서 제작된 뒤 어느 정도 시간이 지나고 나서야 우리들에게 전해졌지만, 이제는 인공위성 전파의 힘을 빌려 사실상 미국이나 일본의 TV 프로그램을 그들과 같은 시간에 시청할 수 있게 되었다. 즉, 현대의 기술·정보산업은 공간상의 거리를 뛰어넘어 지구 저편에 사는 사람과 우리가 지금 이곳에 같이 있다는 느낌을 갖도록 만들어주고 있다.

국가 간의 경계를 의심하게 만드는 것은 무엇보다도 다국적 기업, 혹은 초국적 기업의 활동이다. 초국적 기업은 자본과 인력, 연구와 개발을 포함한 전체의 사업체계가 일정한 장소에 정착되어 있지 않고, 세금 감면과 정치적 안정, 값싼 노동력을 얻을 수 있는 곳이면 어디든지 진출하고 있다. 예를 들면, 유명한 비행기 제작사인 미국의 보잉사는 단지 날개 돌출부와 엔진 덮개만을 생산할 뿐, 나머지 부품은 일본과 유럽 등의 수많은 하청 회사에서 만들고 있다.

    따라서 남북한 간에 여전히 넘기 어려운 분단의 장벽이 가로 놓여 있다는 점을 제외한다면 '하나의 세계'라는 구호도 더 이상 낯선 것이 아니다. 그러나 이러한 세계화·지구촌화의 물결과 배치되는 현상도 우리 사회에 존재하고 있다.

세계화 옹호 | 배타적 민족주의는 버려야

    아직 이웃 나라 일본의 영화·가요·만화 등의 문화를 수입하는 것에 대해 반대하는 여론이 만만치 않다. 그러한 주장 뒤에는 일본에 대한 민족적 거부감과 민족 문화의 오염을 두려워하는 경계심이 강하게 깔려 있는 것을 숨기기 어렵다. 아직도 대학가의 일부 학생들은 미국을 제국주의 국가라고 규정하면서 우리 민족의 운명을 자주적으로 선택하지 못하게 하는 최대의 장애물이라고 비난하고 있다. 또한 외국 기업과 비즈니스맨들은 한결같이 한국에서는 외국 기업의 활동에 너무 많은 제약을 가하고 있다며 투자를 망설이는 것은 물론 일본인들은 한국의 가수들이 일본에서 자유롭게 활동하는 것은 문제 삼지 않으면서 일본 문화의 개방은 거부하는 한국 사람들을 이해할 수 없다고 말한다. 한편 돈을 벌기 위해 한국에 들어온 외국인 노동자들은 한국인들의 배타성 때문에 살아가기가 매우 힘들고 고통스럽다고 어려움을 토로하기도 한다. 그리고 우리나라를 방문하는 외국인이나 외국을 자주 내왕하는 사업가들도 한국처럼 폐쇄적인 나라가 없다고 말하는 경우가 많다.

　따라서 지금 세계화의 물결 속에서도 민족주의가 보다 숨겨진 형태로 여전히 힘을 발휘하는 것을 알 수 있다. 그러나 세계화·지구촌화의 물결이 너무나 거세 거기에 빨리 적응하는 것만이 우리의 살길이라고 생각하는 사람들은, 세계화 시대에 맞지 않는 이러한 낡은 민족주의의 찌꺼기들을 하루빨리 버려야 한다고 주장한다.

　우선 이들은 배타적 민족주의가 쓸모없는 것이며, 오히려 국제 경쟁력 강화에 필수적인 산업 발전과 기술 개발에 장애가 된다고 본다. 특히 어떤 사람들은 민족 산업의 발전이 저해될까 봐 외국 상품의 유입과 외국인 투자 유치를 두려워하고 있는데, 이는 잘못된 생각이라고 주장한다.

　농산물의 경우를 보면 국제 경쟁력에서 외국 농산물과 비교할 수도 없는 한국의 농업을 계속 보호하는 것은 매우 무모한 일이며, 그것에 투자할 돈을 산업에 투자하면 값싼 농산물을 사 먹을 수 있는 대부분의 소비자에게도 도움이 되고 막대한 농업 보조금을 지불해야 하는 정부에도 도움이 된다. 그리고 우리가 외국 상품을 사 주지 않으면 외국에서 우리 제품을 사지 않을 것이므로, 수출 의존도가 높은 우리로서는 외국 상품의 개방을 막으면 그만큼 보복 조치를 받게 된다는 것이다. 또한 외국인 투자 유치를 장려하면 고용도 늘어나고 세원도 확장되며 새 기술의 도입도 원활해지는 일석삼조의 효과가 있다고 말한다.

　이들은 우리나라가 오랫동안 식민지 치하에 있었고 단일 민족이라는 신화를 간직하고 있어서 외국 문화에 대한 자신감을 갖지 못하고 외국에 대해 무조건 배타적인 태도를 갖는 경향이 있다고 말한다. 따라서 세계화 시대에 대비하기 위해서는 외국의 문화를 적극적으로 받아들이고, 우리가 그들에게 요구하는 만큼 우리도 양보하는 자세를 갖추어야 한다고 말한다. 그리고 이제는 모든 문제를 민족적 관점을 넘어선 국제적인 관점에서 사고하고, 우리 국민 모두가 국제적인 감각을 갖춘 존재로 다시 태어나야 한다고 말한다.

한편 이들은 꼭 우리가 생존하기 위해서뿐만 아니라 일반적인 가치기준에서 보더라도 국제주의적 사고와 행동은 불가피하고 바람직하다고 말한다. 왜냐하면 전자 · 통신 분야에서의 혁명으로 세계는 정보화 시대로 진입하여 전 세계가 하나의 정보체계로 통합되기 시작하였다는 것이다. 또한 EC 통합과 북미자유무역협정 등 초국가적인 무역질서, 경제질서의 수립으로 더 이상 국가 단독의 선택에 의해 국가의 운명이 결정되는 시기는 지났다는 것이다. 뿐만 아니라 국제적인 인구이동, 한 지역의 산업화에 의한 다른 지역의 환경오염 등 모든 국가적 사안이 국가 간의 사안으로 바뀌기 시작하여 국제적인 협상과 합의를 통해서만 문제가 해결될 수 있게 되었다.

그동안 각 나라와 민족이 자신의 이익을 절대시하고 그것을 배타적으로 추구하는 과정에서 비극적인 전쟁이 수차례 발생하였고, 많은 폭력과 테러가 민족의 이름으로 자행된 것을 보더라도 이러한 세계화의 추세는 불가피할 뿐만 아니라 바람직한 것이기도 하다는 것이 그들의 주장이다. 그리고 과거 미국 로스앤젤레스의 흑인 폭동에서 드러났듯이 인종적인 차별과 배타주의는 폭발적인 갈등의 진원지가 되었다. 따라서 인종 · 민족 · 국가의 차이를 넘어서는 세계시민의 사고와 사해동포의 사고가 존중되어야만 이러한 비인간적 차별과 전쟁을 종식시킬 수 있을 것이라고 주장한다.

이러한 이유 때문에 이들은 세계화 시대에 접어든 지금의 시점에서 볼 때, 민족주의는 궁극적으로 민족의 이익에 도움을 주지 못할뿐더러 인류의 이상을 실현하는 데에도 장애가 되는 낡은 가치체계라고 말한다.

세계화 국면에서 민족주의를 옹호한다

그러나 한편으로는 이러한 '세계화'의 과정에서 국제주의가 민족주의를 대신해야 한다는 주장에 대한 반론 역시 강하게 제기되고 있다. 우선 국가적 사안에 관한 이들의 주장은 농산물을 비롯한 외국 상품의 개방과 외국 투자자의 유입에 거부감을 갖고 있다. 이들은 개빙이 어느 정도 불가피한 과정이라고 하더라도 양보할 수 없는 것은 분명히 양보하지 않아야 한다고 말한다. 만약 우리가 우리의 주식인 쌀 시장을 완전히 개방하여 만일의 사태에 대비하기 위한 최소한의 자급력도 갖추지 못할 경우, 국제적인 농산물 파동이 발생할 때 우리는 엄청난 대가를 치르지 않으면 안 되기 때문이라고 한다. 또 에너지 산업인 석탄 광업을 경쟁력이 없다는 이유로 폐쇄한다면 과거와 같은 석유 파동이 생길 때 국가의 산업 전체가 마비되는 대혼란이 야기될 수도 있다고 한다. 이들은 우리보다 식량과 에너지에서 높은 자급도를 보이는 선진국에서도 이들 산업에 대한 최소한의 보호를 실시하고 있다는 점을 강조하면서, 결코 세계가 하나의 운명체가 되어 도와주지 않을 것이라는 점을 경고하고 있다.

또한 이들은 외국 투자의 유치에 대해서도 조심스럽게 접근해야 한다고 말한다. 아직 국제 경쟁력을 갖추지 못한 부분이 많은 한국의 산업구조에서 외국 자본이 들어와 제조업과 서비스업에 진출한다면 한국의 관련 산업은 체질 개선을 통해 경쟁력을 강화하기보다는 오히려 너무 쉽게 무너질 가능성이 많다고 보는 것이다. 그리고 훌륭한 기술과 서비스를 자랑하는 이들 외국 자본이 한국 시장을 석권하게 되면 우리나라 사람들의 호주머니 돈이 외국으로 빠져나가게 되어 결국은 국가 경제 발전이 오히려 지체될 수도 있다고 본다. 그리고 외국 기업은 그들의 기술을 쉽게 한국 기업에 이전시켜 주지 않을 것이므로 외국 기업의 진출이 우리의 기술 향상에 도움을 줄 것인지도 불투명하다는 것이다. 이런 이유로 이들은 한국 정부가 더욱더 사주적인 자세를 견지하면서 미약한 국내 산업을 보호하지 않으면 안 될 것이라고 한다. 이들은 선진국의 입장에서 개방은 곧 비교 우위에 있는 자국의 상품이 많이 팔리는 것을 의미하지만, 후진국이나 중진국의 입장에서 개방과 국제화는 경제적 종속을 더욱 심화시킬 가능성이 높다고 말한다.

이들에 따르면 국제적인 차원에서 보더라도 세계화·지구촌화가 반드시 민족적 차별의 철폐를 의미하는 것은 아니다. 국가 단위의 결정이 점점 더 다른 국가의 결정이나 초국가적인 기구의 결정에 좌우된다는 점은 부인하지 않으나, 이것이 곧 국가와 민족의 해체를 의미하는 것은 아니기 때문이다. 이들은 미국과 소련을 축으로 하는 냉전 질서의 와해가 국가 간의 경쟁을 더욱 치열하게 하였고, 민족은 자주성에 대한 요구를 높였으며, 이념 간의 갈등 대신 인종적인 갈등을 심화시키고 있다는 점에 주목한다. 즉, 과거에는 국가의 외교적인 노선이 주로 정치 이데올로기에 좌우된 데 반하여, 이제는 적나라한 민족의 이익에 기초하게 되었다는 것이다. 소련이 붕괴한 이후 소연방에 속해 있던 여러 민족이 독립해 나가고 민족 간의 분규가 끊이지 않는 것을 그 대표적인 증거로 제시한다. 즉, 냉전체계의 붕괴로 말미암아 국가 간의 경쟁, 민족 간의 갈등이 부분적으로는 더욱 심각해지고 있으며, 민족적 이익을 넘어서는 초국가적 이익을 위한 노력이나 인류 발전을 위한 노력은 여전히 초보적인 상태에 불과하다는 것이다.

이들은 세계화·지구촌화의 진행은 사실이자 거역할 수 없는 대세지만, 그것은 또한 강자의 논리이기 때문에 무조건적으로 찬양하고 추종해서는 안 된다고 주장한다. 이들은 우루과이라운드 무역 협상이야말로 농산물에 대한 비교 우위를 갖는 미국이 자국의 이익을 관철시키기 위해 취한 대표적인 시도라고 본다. 그리고 EC의 통합 역시 EC의 소속 국가 일반의 이익을 도모하려는 시도이고, 한국 등 아시아 신흥 공업 국가는 그것에 크게 위협당하고 있다고 주장한다. 이들은 초국직 기업 역시 그들의 관심이 최대의 이윤 확보에 있기 때문에 지역 주민의 생활과 복지에는 아무런 관심도 두지 않고 상품의 판매를 위해 소비주의를 부추기고 대중을 오락과 사치에 물들게 만들 것이라고 본다. 이것은 건전한 의미에서의 문화 다원주의도 아니고 세계 시민주의도 아니라는 것이다.

세계화 | 국가의 소멸인가 민족주의의 부활일까?

결국 우리는 과연 세계화가 식민주의의 종식을 가져와 진정한 인류 평화와 '세계 시민'을 낳게 될 것인지, 그렇지 않으면 각 민족의 고유한 문화를 파괴하고 국제질서에서 불리한 위치를 차지하는 아시아, 아프

리카 등의 종속국가들을 더욱 심각한 경제적 · 정치적 · 문화적 종속 상태에 빠트릴 것인지가 핵심적인 쟁점으로 부각되는 것을 발견할 수 있다. 근대 이후 자신의 운명을 자기 스스로의 힘으로 결정해보지 못한 우리 민족의 입장에서 생각해보면 세계화의 물결은 거스를 수 없는 대세임이 분명하다. 그리고 그러한 물결에 잘 대처하지 못할 경우 우리는 향후 상당 기간 또다시 주변 강대국의 힘에 나라의 운명을 맡기는 처지가 될지도 모른다. 이런 의미에서 우리 민족이 하나의 행위 주체로 행동할 수 있는 남북한의 통일은 매우 시급한 일임에 틀림없다. 남북의 분할이 지속되는 한 남북 어느 쪽도 유리한 고지에서 이러한 세계화의 분위기에 대처하기는 어려울 것이기 때문이다.

그러나 세계화가 곧 국경 철폐와 민족적 차별의 극복을 가져올 것이라는 생각은 좀 성급한 판단일지 모른다. 왜냐하면 한반도 주변의 아시아 여러 국가는 말할 것도 없고 유럽 국가 간에도 사회적 · 경제적 차원의 동질성이 확보되었다고 보기 어렵기 때문이다. 동질성이 확보되지 않은 조건에서의 국제화 · 세계화는 곧 비교 우위를 갖는 국가와 그들 나라의 국적을 가진 기업들을 더욱 살찌우고, 약세에 있는 나라들과 그 나라의 기업과 일반 국민들을 더욱 불리하게 만들 가능성이 높기 때문이다. 경쟁력을 갖지 못한 기업은 쓰러질 것이고, 그것은 대량 실업을 발생시키고 노동조건과 임금을 하락시킬 것이다. 그리고 정보통신기술의 발전으로 인한 외국의 언어와 문화와 정보가 유입된다고 하더라도 그것이 전파와 정보의 영향권 내에 있는 모든 국민을 하나로 만들지는 않을 것이다. 경영자와 지식층들은 이러한 '세계 문화'에 더 잘 적응할 수 있겠지만, 지식과 정보의 영향보다는 현실 생활 속에서 제기되는 문제와 일상적으로 씨름하고 있는 대다수의 서민들은 여전

히 자신의 방식과 자신의 문화 속에서 살아갈 가능성이 높다. 이들은
'우리 고유의 전통'을 무조건 고집하는 것을 찬성하지는 않겠지만 그
렇다고 문화 다원주의의 이름 아래 독자적인 민족문화가 사라지는 것
에 대해서는 여전히 불안감과 거부감을 느낄 것이다.

자본주의 시장경제는
유통기한이 없을까

경제와 사회

5

자유경쟁 체제, 과연 바람직한 제도일까

박순성 동국대 교수

날쌔고 빠르기로 유명한 아킬레우스가 느림보 거북이와 만났다. 아킬레우스는 웃으면서 거북이에게 제안한다.

아킬레우스 이보게, 느림보 거북이! 나하고 경주 한번 해보지 않겠나?

거북이 글쎄, 자네가 아무리 빠르다 해도 나를 앞지를 수는 없을걸.

아킬레우스 하하하! 길고 짧은 건 대봐야 아는 것 아닐까? 자네가 정 그렇게 생각한다면 자네가 나보다 10m 앞에서 출발해보게! 내가 금방 따라잡을 테니.

거북이 글쎄, 안 된다니까. 내가 10m 앞에서 출발하든 같은 곳에서 출발하든 자네는 나를 따라잡을 수 없다네! 왜 그런지 자네는 모르지……. 경쟁이나 경주란 동등한 조건에서 할 때에만 노력이나 실력으로 판가름이 나는 것이네. 자네의 덩치를 보게. 자네가 아무리 날렵해도 내가 한 걸음 내디디면 자네는 열서너 걸음을 뛰어야만 하네. 난 단지 성큼성큼 한 걸음씩 걸어도 자네는 온 힘을 다해야만 날 따라올 수 있을 거야!

아킬레우스 하여튼 해보자니까……. 제우스 님께서 날 도와주실 것이네!

거북이 허허! 자네는 몸은 날렵하지만 머리는 둔하군! 좋네, 어디 한번 해보지! 하지만 자네는 패배의 쓰라림만을 맛보고 말 거야. 각오하게!

아킬레우스는 거북이를 따라잡을 수가 없다? 트로이 전쟁의 영웅, 날렵하고 민첩한 아킬레우스도 느림보 거북이를 따라잡을 수가 없다는 제논Zenon의 역설이다. 고대 그리스의 엘레아학파에 속하였던 제논은 아킬레우스와 거북이 경주의 역설 외에도 사람들이 반박하기 어려운 여러 역설을 제안해서 당시의 상식에 도전했으며 수많은 사람들을 당황하게 한 것으로 유명하다.

제논의 역설은 간단하다. 제우스의 혈통을 이어 날렵한 그리스의 영웅 아킬레우스가 거북이와 경주를 한다 해도, 거북이가 먼저 출발하면 아킬레우스가 아무리 빨리 달려도 따라잡을 수 없다는 것이다. 제논의 설명은 상식적으로 전혀 납득할 수 없는 생각이다. 하지만 제논의 역설은 위대한 철학자 아리스토텔레스마저 반박하지 못하고 궤변이라고 비난하였다고 한다. 도대체 어떤 역설이었기에 그랬던 것일까?

제논의 대답은 간단하다. 아킬레우스가 앞서 출발한 거북이를 뒤에서 쫓아갈 경우 먼저 출발한 거북이가 있던 곳에 도달했을 때 거북이는 약간은 앞으로 나아갔을 테고, 다시 아킬레우스가 그곳에 도달하면 거북이는 또 약간 앞으로 나아가 있을 것이다. 이런 식으로 하다 보면 아킬레우스는 영원히 거북이를 앞설 수 없다는 것이 제논의 유명한 아킬레우스와 거북이 경주의 역설이다.

누구든지 제논의 결론이 논리적으로 문제가 있다고 생각하기는 쉽지만, 막상 반박하기란 매우 어렵다. 그런데 이야기를 바꾸어서 달리는 속도를 능력이라고 보고, 먼저 출발하는 것을 개인 환경의 유리한 측면이라고 생각하면 어떨까? 그렇게 가정해도 제논의 논의가 역설이 될까? 사실 이런 식의 가정은 역사 속의 어느 사회에서나 늘 현실이었다.

게다가 거북이와 아킬레우스의 크기가 다르다면 어땠을까? 아킬레우스가 인간으로서는 훤칠한 1m 80cm의 키라도, 거북이의 크기가 그 10배, 100배, 1,000배가 된다면 어땠을까? 달리기 경주는 물리적으로 비슷비슷한 신체를 가진 사람들이 하는 경기이지만, 사회적 경쟁은 기회가 균등하게 주어진다 해도 경쟁자들 간의 조건이 평등하지 않다면 해보나마나 결과가 빤한 것이 아닐까?

우리는 끊임없는 경쟁 속에 살고 있다. 각종 시험, 운동경기 그리고 기업 간의 경쟁 등……. 어떤 사람들은 이러한 경쟁이 인간의 고유한 본성이고, 사회 발전의 동력이 된다고 본다. 동시에 자유로운 경쟁이 보장되는 사회가 가장 이상적인 사회라고 주장하기도 한다. 그러나 경쟁이 인간의 진정한 본성일까, 자유로운 경쟁이란 어떤 것일까, 그리고 과연 자유로운 경쟁은 가능한 것일까?

자유경쟁 체제란 무엇일까?

과연 인간에게 가장 바람직한 제도는 자유경쟁 체제인가? 이것은 우리가 흔히 던지는 질문이다. 이 질문은 우리의 일상어로 이루어져 있으면서도 철학적이다. 우리는 기본적으로 자유경쟁 체제에 대한 규범적 판단을 내려야 하며, 이를 위해 자유경쟁 체제를 분석하고 인간의 본성에 대하여 숙고하여야 한다. 또한 우리는 일반적 견해에 기초하여, 경험적으로 자유경쟁 체제라 불리는 현실제도의 장단점을 검토하고, 자유경쟁 체제의 바람직한 면을 강조할 것이다. 그런 후에 자유경쟁 체제에 대한 약간의 개선책 내지는 제한사항을 제시함으로써 물음에 답할 수 있다. 가끔 우리는 현실에 내해 만싱, 비판하고 다소 힘들고 위험스러워 보이는 길로 나아가기도 한다.

자유경쟁 체제란 무엇인가? 이 질문에 답하기 위해 보통 자유경쟁 체제로 인정되고 있는 사회적 제도를 우선 살펴보자. 대회·경기·도박·시험 그리고 시장경제 등등을 현실 사회에 존재하는 개별 자유경쟁 체제의 예로 들 수 있다.

이러한 개별 자유경쟁 체제들의 공통된 특징은 다수의 행위자가 참여하고, 하나의 공통된 목표나 가치가 행위자들의 행위 동기를 이루거나 행위자들 간의 우열을 정하는 기준이 되며, 일정한 규칙 혹은 법칙이 개별 행위들을 규제, 조정하고 개별 행위 전체의 질서를 형성한다는 점이다. 여기에서 경쟁 체제는 모든 이들에게 열려 있으나, 또한 일정한 자격이나 능력을 갖춘 이들만이 경쟁에 실질적으로 참여할 수 있다. 한편, 경쟁 체제에 이미 들어가 있는 사람들에게 대부분의 자유경쟁 체제는 행위와 행동을 규제하는, 쉽게 변할 수 없는 규칙·법칙·장

치로 여겨진다. 이런 의미에서 자유경쟁 체제는 개별 행위자에게 하나
의 제도로 인식된다.

현실의 경험 세계에 존재하는 개별 자유경쟁 체제에 대한 개략적이
고 직관적인 이해는 자유경쟁 체제에 대한 개념적 분석과 규범적 판단
을 위한 준비이다. 우리는 철학적 사고를 위한 원재료의 하나로 경험
적 이해를 사용할 수 있으며, 철학적 사고의 엄밀성과 현실성을 동시
에 높이기 위한 반성의 지점으로 활용할 수 있다. 이 정도의 예비적 고
찰을 바탕으로, 자유경쟁 체제에 대한 개념 분석과 도덕판단을 시도해
보자.

경쟁이란?

경쟁은 하나의 목적과 대상을 두고 사람들이 서로 겨루어 다투는 행
위이다. 이런 의미에서 경쟁은 수단이라고 할 수 있다. 그 대표적인 예
가 각종 시험이다. 시험은 사람을 선별하기 위한 가장 손쉬운 방법이
다. 또한 목적에 따라 형식과 내용이 달라진다. 사실, 수단으로서의 모
든 경쟁은 그 목적에 따라 경쟁과정의 기본적 요소들이 결정된다.

우리가 경험적으로 발견하고 참여하는 경쟁은 반드시 수단으로서
의 기능만을 가지고 있는 것은 아니다. 경쟁은 한 사람 한 사람으로 하
여금 스스로를 다른 사람과 구분되는 개인으로 깨닫도록 한다. 인간은
경쟁을 통해 개인으로서의 자기 정체성을 획득한다. 경쟁은 주어진 특
정목적을 위한 수단에 머무르지 않고, 내부에 목적을 가지고 있으면서

발전해가는 사회적·집단적 행위로 나타난다. 대부분의 사람들은 경쟁을 통해 자신의 사회적 성공을 도모하고 자기의 완성을 향한 노력을 좀 더 적극적으로 하게 된다. 어떤 의미에서 경쟁은 사람이 사람으로 되어가는 삶의 과정이다.

결국 경쟁은 수단이라는 소극적 의미를 넘어 사회적 동물로서의 인간의 존재 양식이라는 적극적 의미를 지닌다. 이런 의미에서 인간 사회는 거대한 경쟁 체제이다. 인간 사회 자체가 하나의 경쟁 체제라고 한다면, 이러한 경쟁 체제의 구체적 형태는 선험적인 것이 아니다. 인간은 사회적 삶의 과정에서 다양한 형태의 경쟁 체제를 자신들의 존재 양식으로 선택하고 발전시켜나간다.

또한 경쟁은 인간에게 즐거움을 제공하기노 한다. 즐거움을 추구하는 행위가 자연스럽다면, 경쟁은 인간의 본성에 속한다. 각종 경기와 도박의 경우가 가장 단적인 예이다. 경쟁을 자연적 행위로 파악할 때, 경쟁의 다양한 형태와 발생·발전 과정은 인간의 본성을 연구할 수 있는 좋은 대상이다. 본성을 표현하는 행위로서의 경쟁은 시대와 사회에 따라 변화한다.

경쟁과 효율성

수단과 존재 양식, 행위 양식이라는 형태적 차이에도 경쟁이 제도로서 가장 뚜렷하게 보여주는 특성은 효율성이다. 이 효율성은 두 가지 측면에서 구분된다. 첫째는 경쟁 체제 자체가 가지는 목적 달성에서의 효율성이며, 둘째는 경쟁에 참여하는 개개인의 관점에서 파악되는 효율성이다. 두 차원의 효율성은 경쟁의 형태에 따라 의미가 달라진다.

수단으로서의 경쟁의 경우, 경쟁을 조직하는 행위자는 상황적 조건을 극단화시킴으로써 경쟁의 효율성을 극대화하려고 노력한다. 존재 양식이나 행위 양식으로서의 경쟁의 경우, 일반적으로 주어진 상황적 조건 아래에서 존재론적으로 주어진 의식적 · 무의식적 경쟁심리가 사회나 집단의 구성원 개개인에게서 가장 효율적으로 작동하도록 제도가 형성되고 진화할 때, 사회나 집단은 존속하고 발전하게 된다.

결국 제도로서의 경쟁이 가지는 효율성 속에는, 경쟁에 참가하는 개인들이 도구화되거나 수동적 존재로 전락하게 되는 위험과 경쟁 과열로 사회집단 혹은 경쟁 제도 자체가 변질되고 붕괴될 가능성이 내재되어 있다. 이러한 부정적 측면에도 불구하고 경쟁이 인간 사회에 굳게 자리 잡고 있는 이유는 경쟁의 효율성이 지니고 있는 힘과 경쟁이 인간 존재와 맺고 있는 밀접한 관계에서 찾을 수 있다.

이 두 사실은 경쟁의 효율성이 어디에서 기인하는가(이중적 원천)를 살펴볼 때 좀 더 잘 이해할 수 있다.

그 한 원천은 인간이 '생존 본능' 때문에 서로 다툴 수밖에 없다는 인간존재의 상황적 조건이고, 다른 하나는 인간이 본성적으로 '경쟁 심리'를 가지고 있다는 인간의 존재론적 특성이다. 이와 같이 경쟁의 효율성은 궁극적으로 인간 자신에 원천을 두고 있다.

경쟁에 대한 몇 가지 규범적 태도

우리는 지금까지의 검토를 통해 경쟁에 대한 규범적 판단은 경쟁 자체에 대한 판단에 우선하는 다른 판단에 의해 결정되거나 영향을 받는다는 것을 알게 되었다.

여기서 경쟁에 대한 몇 가지 가능한 판단을 예상해볼 수 있다.

첫째는 인간을 사실판단에 기초하여 볼 때, 경쟁은 인간의 본능, 본성이라는 태도이다. 이것은 경쟁에 대하여 좋고 나쁨이나 옳고 그름과 같은 규범적 평가를 내릴 수는 없다는 것이다. 그러나 이 태도는 인간의 본능·본성 및 사회적 존재 양식에 대한 사실판단이 역사적·사회적으로 제한되어 있을 뿐만 아니라 도덕 판난 빛 종교적·철학직 원리에 의해서도 영향을 받는다는 주장을 부정한다. 왜냐하면 경쟁뿐만 아니라 협동과 협력도 인간의 자연적 성향에서 중요한 비중을 차지하고 있기 때문이다. 그러므로 이 태도는 실질적으로는 경험적 판단에 지나치게 의존하는 오류를 범하고 있는 것이다.

둘째는 인간 존재에 대한 종교적·형이상학적 혹은 규범적 원리에 근거하여 경쟁을 정당화하는 태도이다. 존재의 완성이나 즐거움의 추구를 인간 존재의 본질로 파악한 후 경쟁을 정당화하는 판단은 우리 일상에서 흔히 발견된다. 그러나 무엇이 존재의 완성이고 최고의 즐거움인지는 선험적으로든 경험적으로든 단정할 수 없다. 또한 경쟁이 존재의 완성이나 즐거움의 추구에 반드시 효율적이라는 어떠한 보장도 없다.

셋째는 인간에 대한 이타적·공동체적 규정이나 종교적·형이상학적 원리에 의거해 경쟁을 부정하는 태도이다. 경쟁은 인간을 수단화하거나, 개인의 삶을 초개인적 존재의 목적에 종속시키거나, 개인들 간의 관계를 긴장과 대립으로 몰아갈 가능성을 지니고 있기 때문에 규범적으로 부정된다. 이러한 태도는 경쟁이 지니는 현실적인 힘을 무시함으로써 규범적 판단이 실제로 지닐 수 있는 영향력을 무의미하게 만드는 결과를 낳는다.

경쟁에 대한 규범적 판단이 요구되는 이유가 경쟁이라는 현실 제도에 대한 우리의 실천적 대응을 높이기 위해서라면, 극단적 판단은 그다지 실용적이지 못하다. 극단적 판단이 아니라 실천적인 동시에 실용적인 판단을 내리기 위해, 경쟁을 인간 사회에 존재하는 다양한 제도의 하나로 파악할 필요가 있다. 경쟁을 다양한 제도의 하나로 파악함으로써, 우리는 인간이 다양한 제도 중 하나를 혹은 제도들 간의 다양한 결합 형태를 선택하고 발전시켜 나갈 수 있는 가능성을 인정하게 된다. 이러한 관점에서 경쟁이 힘을 발휘하는 자유경쟁 체제에 대해 검토해보자.

자유로운 경쟁

자유경쟁 체제라는 복합어 속에서 자유라는 개념이 갖는 의미는 두 가지이다. 먼저, '경쟁이 자유롭다'는 명제는 경쟁 체제에 참여하거나 참여하지 않을 수 있는 선택의 가능성이 확보되어 있음을 의미한다. 만일 모든 경쟁이 이러한 의미에서 자유경쟁이라면, 경쟁에 대한 규범적 판단은 경쟁이 지니고 있는 성격에 초점이 맞추어져야 한다.

따라서 자유경쟁이 자유주의 경제 체제의 사회에 해를 끼치지 않는

한 실증법에 의해 금지될 수 없으며 또한 금지되지 않는다면, 자유경쟁에 대한 규범판단은 개인적 차원의 판단으로 제한되거나 혹은 종교적·형이상학적 원리에 의존한다. 그러나 대부분의 경우, 사회 구성원들은 현실적으로 존재하는 다양한 형태의 경쟁으로부터 자유롭지 않고 자유경쟁 체제는 보편적 사회제도로서 기능한다. 우리 자신이 경쟁에 대하여 자유롭지 않고 경쟁 체제의 제약을 받는다면, 경쟁에 대한 규범판단은 사회적 성격을 지닐 수밖에 없으며 또한 현실적으로도 중요한 의미를 지닌다.

다음으로, 경쟁의 자유는 경쟁에 참여한 사람들의 경쟁 행위에서의 자유와 관련하여 규정된다. 일반적으로 경쟁이 자유롭다는 말은 경쟁에 참여한 사람들이 일정한 규칙을 지키는 한에서 다른 어떠한 제도적 제약으로부터도 자유롭다는 의미라고 할 수 있다. 흔히 '소극적 자유'로 불리는 이러한 경쟁의 자유는 대부분의 경쟁 체제에서 보장되고 있다. 그러나 소극적 자유라는 개념에 의해 정의되는 자유경쟁 체제에서 과연 경쟁 참여자들이 실질적으로 자유로운지는 분명하지 않다. 경쟁에 참여하는 개개인이 경쟁에 참여하는 최초 조건 및 경쟁에서 부딪치는 조건에 따라 경쟁은 자유로울 수도 자유롭지 않을 수도 있다.

경쟁 체제는 개인이 자발성과 창의성을 마음껏 발휘할 수 있도록 해줌으로써 제도적·개인적 효율성을 달성한다. 이런 의미에서 경쟁 체제는 마치 개인들에게 자신의 완성을 추구할 수 있도록 적극적 자유를 제공하는 사회제도와도 같다.

하지만 개인의 자발성과 창의성은 단순히 소극적 의미에서 개인이 제도적 제약으로부터 자유롭다고 해서 발휘되지는 않는다. 모든 경쟁은 정도의 차이는 있지만 개인 간의 자연적·사회적 불평등으로 인하여 경쟁 참여자들의 경쟁 행위를 완전히 자유롭게 하지는 않는다. 심지어 어떤 경우에는 자연적·사회적으로 타고난 개인적 특성 자체가 경쟁 상태에 놓임으로써 특정한 개인만이 경쟁에 참여할 수 있다.

특정한 경쟁이 지닌 참여에서의 폐쇄성과 이로 인한 부정적 성격을 제외하더라도, 많은 경쟁의 경우 경쟁참여자들의 자연적·사회적 상황에 따라 경쟁의 결과가 미리 결정되어버리기도 한다. 경쟁의 결과가 미리 결정되어버린다면 그러한 경쟁은 결과를 다툰다는 의미에서의 경쟁은 결코 아니며, 더욱이 자유경쟁이라고는 할 수 없다.

따라서 자유경쟁 체제가 사회 구성원들의 행위와 사회질서 전체를 기본적으로 규정하는 사회 제도로 자리 잡기 위해서는 자유경쟁 체제의 의미와 조건을 검토하여야 한다.

자유경쟁의 조건 | 과연 자유경쟁 체제는 가능할까?

자유경쟁의 조건을 기회균등 내지는 경쟁의 공정성이라는 관점에서 보면 두 가지 접근이 가능하다.

소극적 자유의 개념에 의존하는 관점에 따르면, 개인들의 타고난 자연적·사회적 능력을 일정한 사회적 제도와 행위규범에 따라 자유롭게 발휘하는 상태를 자유경쟁이라 규정한다. 그런데 현실적으로 보면 개개인의 타고난 자연적·사회적 능력은 서로 다르기 때문에 개인들 간의 자유로운 경쟁은 결국 특정한 개인들의 사회적 지위 향상을 가져온다. 개인 간의 불평등과 지위 격차가 '보이지 않는 손'이나 자연적·

사회적 우연에 의해 조절되지 않는다면 자유경쟁의 과정에서 점점 더 심화되고, 법적으로 정당화되는 상속으로 인하여 제도화된다. 사회적 불평등이 제도화되면 결과를 놓고 개인들이 자유롭게 다툰다는 자유경쟁의 본래 의미는 상실되고, 자유경쟁 체제는 실질적으로 강자가 지배하는 독점적 체제 내지는 사회적 불평등을 재생산하는 제도로 전락한다. 따라서 이를 방지하기 위한 적절한 사회적 통제가 필연적이다.

다른 관점에 따르면, 자유경쟁이란 개인의 창의성 · 자발성의 발휘와 사회적 · 자연적 우연에 그 결과를 완전히 맡겨두는 상태를 의미한다. 완전한 형태의 기회 균등이란 개인의 타고난 자연적 · 사회적 능력의 불균등 배분과 개인이 이전 시기에 행했던 사회에 대한 기여나 현 시짐에서의 공딕과 필요가 정쟁의 결과에 영향을 미지지 않음을 의미한다.

그러나 이러한 형태의 자유경쟁은 현실적으로 불가능하다. 결국 이러한 자유경쟁 체제는 기회균등이라는 조건을 충족시키기 위하여 경쟁의 존재 의미를 부정하는 결과를 낳는다. 즉, 개인의 삶의 조건과 방향은 개인 차원에서의 능력 배분의 자연적 · 사회적 우연이 아니라 극단적 의미에서의 자연적 우연에 의해 지배받는다.

불충분한 답변과 새로운 질문

자유경쟁과 관련한 두 관점에 대한 비판적 검토는, 자유경쟁은 현실적으로 존재하지 않으며 논리적으로도 불가능함을 보여준다. 따라서 자유경쟁 체제에 대한 규범적 판단은 실재할 수 없는 사실에 대한 판단이다.

아울러 우리가 자유경쟁 체제라고 부르는 사회적 제도(예를 들면 자유 시장경제)는 실제적으로는 자유경쟁 체제가 아닌 다른 경쟁 체제이다. 이런 의미에서 '자유경쟁 체제, 과연 인간에게 가장 바람직한 제도인가?'라는 질문은 현실에 대한 무비판적 사고로부터 도출되는 이데올로기적 질문일 뿐이다.

그렇다고 지금까지의 검토가 질문의 이데올로기성을 밝히는 데 머무른 것만은 아니다. 불충분하게나마 몇 가지가 확인되었다. 첫째, 경쟁은 수단으로서의 경쟁과 존재 양식, 행위 양식으로서의 경쟁으로 크게 나뉜다는 것. 둘째, 경쟁은 부정적 측면에도 불구하고 인간의 존재 조건과 본능, 본성에 의존함으로써 기본적으로 효율성을 보장한다는 것. 셋째, 경쟁에 대한 규범적 판단은 종종 인간 존재 자체에 대한 종교적·형이상학적 판단에 영향을 받음으로써, 경쟁에 대한 실천적이고 실용적 대응을 할 수 있는 근거를 제공하지 못한다는 것. 넷째, 흔히 한 사회의 보편적 제도로서 인정되고 있는 자유경쟁 체제는 현실적으로 존재하지 않으며 존재할 수도 없다는 것이다.

우리가 흔히 던지는 질문이 가지고 있는 한계를 파악한 후라면, 우리는 새로운 질문을 준비함으로써 현실에 대한 우리의 인식을 넓혀나가야 한다. 예를 들면, 우리는 '경쟁 체제가 완전한 우연의 세계로 전락하지 않으면서도 적절한 사회통제에 의해 불평등을 제거함으로써 개인의 자유와 자발성을 보장할 수 있는가'라는 질문을 던질 수 있다. 이 질문은 '과연 어떻게 개인의 자유와 기회를 평등하게 보장하면서, 사회 구성원들의 이익을 위해 결과에서 사회적 불평등을 적절히 조절할 것인가’라는 근대 시민사회의 가장 오래된 문제와 직접 관련되어 있다.

이 문제와 관련해서는 이미 두 가지 태도가 존재한다. 우선 공리주의적 태도에 따르면, 최대 다수의 최대 행복을 증진시키는 불평등은 정의의 법칙에 위배되지 않는다는 것이다. 다른 태도는 존 롤스^{John Rawls}의 ‘사회정의론’에서 찾을 수 있다. 이 입장은 최소 수혜자에게 최대 이익이 돌아가도록 하는 사회적 불평등은 정의의 법칙에 위배되지 않는다는 것이다. 구체적 원칙에서의 차이에도 불구하고, 두 관점은 경쟁 체제 혹은 시장경제의 가장 중대한 과제가 사회적 부정의 또는 불평등의 해소를 위한 사회적 제도를 어떻게 경쟁 체제 내지는 시장경제와 접합시킬 것인가 하는 점이라는 사실을 분명히 드러내 보여준다.

경쟁 체제를 전제로 한 실문을 벗어나 우리는 경쟁 체제가 아닌 다른 형태의 사회 제도의 가능성에 대한 탐구를 추진할 수도 있다. 경쟁과 관련하여 문제가 되었던 인간의 도구화, 개인의 수동적 규정, 참여의 자유, 사회 정의 등등의 쟁점들을 해결해나갈 수 있는 대안적 사회 체제의 가능성이 중요한 질문으로 등장하는 것이다. 이러한 의미에서 인간 사회의 오랜 유형의 하나인 협동 · 협력체제에 대한 관심이 새로운 연구 영역으로 다가오고 있다.

성장과 분배, 어느 것이 먼저일까

정건화 한신대 교수

노 · 사 · 정 대표가 한자리에 모였다. 조만간 전국적으로 이루어질 임금 조정 협상의 기본안을 마련하기 위해서이다. 예상대로 회의장은 처음부터 당사자들의 견해 차이로 심각한 기운이 감돈다.

노동자 대표　지금 대한민국의 경제가 과거에 비해 얼마나 발전되었습니까? 아직도 70년대식으로 성장이 우선이고 분배는 나중이라는 원칙을 관철하려 한다면 아마 웃음거리가 될 겁니다.

사용자 대표　도대체 현실을 모르고 하는 소리군요. 지금 IMF 금융위기 이후 경기 침체가 최악의 상황입니다. 기업이 도산하느냐 살아남느냐 하는 절체절명의 시기입니다. 그런데 무리하게 임금을 올리자니……. 그게 말이 된다고 생각하십니까? 기업이 살아야 노동자도 살 것 아니겠습니까? 과거와는 다르다는 걸 생각해야죠!

정부 대표　어허, 왜들 이러십니까? 서로 조금씩만 양보한다면 좋게 좋게 끝낼 수 있는 것인데……. 이제 정부는 국민 소득 2만 달러 시대를 열기 위해 갖가지 정책을 추진하려 하는데, 노사가 먼저 화해로운 분위기를 만들어야 가능한 일 아니겠습니까?

노동자 대표　좋은 이야기입니다. 70년대에는 수출 100억 불 달성으로 노동자들의 사기를 올려놓았지요. 하지만 그런 장밋빛 미래가 그냥 주어진 것은 아닙니다. 80년대 내내 노동자들은 우리의 권리를 찾기 위해 싸워야 했죠.

사용자 대표 그건 우리도 마찬가지입니다. 안팎으로 얼마나 많은 일에 시달렸습니까? 정치인들은 선거 때마다 헌금하라고 난리지. 중요한 사안이 있을 때마다 이리저리 드는 돈이 이만저만 아닙니다. 게다가 요즘 원유는 하늘 높은 줄 모르고 치솟고 있습니다. 또 우리를 추격하는 중국 경제를 보세요. 사방이 꽉 막힌 상황입니다.

노동자 대표 예나 지금이나 바뀌는 것이 없군요. 경기 침체라는 게 어디 어제오늘의 일입니까? 소비자에게 돈이 있어야 경기가 활성화될 것 아닙니까? 또 지난 몇 년간 노동계가 정규직에서 계약직으로 얼마나 많이 바뀌었습니까? 노동생산성이나 효율성에 대한 고려 없이 단지 임금을 깎기 위해 얼마나 갖은 수단을 동원하고 있습니까? 계약직의 정규직화와 임금 인상은 경제 문제를 해결하는 첩경입니다.

정부 대표 자자, 이렇게 싸우기만 한다고 문제가 해결되겠습니까? 국가 전반적인 경제성장을 우선시할 것이냐, 분배를 우선시할 것이냐 하는 문제를 논하기에 앞서 서로의 이익을 지키려는 태도부터 바꿔야 합니다. 사용자 측은 물론이고 노동자 측도 태도의 변화가 필요합니다. 정부가 최선의 정책을 마련하고 있으니, 노동자 측과 사용자 측의 긴밀한 협조가 필요한 때입니다.

노동자 대표 글쎄요. 정부가 언제 노동자 측을 고려해준 적이 있습니까? 정부는 사용자의 편이었지 노동자의 친구인 적은 별로 없었던 것 같은데요.

사용자 대표 그건 우리도 마찬가지입니다. 규제와 간섭만 하고 정치 헌금이나 요구했지, 기업의 자유로운 활동을 제대로 도와준 적이 얼마나 됩니까? 이제 경제는 자유시장의 원리에 맡겨야 하는 것 아닐까요?

흔히 한국의 눈부신 경제성장을 '한강의 기적'이라 한다. 사실 다른 나라에선 수백 년 걸린 것을 우리나라가 30년 만에 이루었다는 것은 세계사적 사건이다. 국민총생산GNP 지표만 보아도 1970년에 80억 달러, 1975년에 200억 달러였다가 1980년 600억 달러로 뛰었고 2000년엔 무려 5,000억 달러를 넘었다. 이렇게 우리가 나누어 먹을 떡을 키우는 과정이 서양의 산업화 과정에 비해 엄청나게 압축적으로 전개되었기에 기적이라 부르는 것이다.

그러면 급성장한 한국의 경제는 과연 어떤 면이 좋아지고 어떤 면이 나빠졌는가? 분명 우리는 과거에 비해 풍요로워졌고 부자가 많아졌다. 하지만 아직도 우리 사회에선 누구를 위한 성장인가, 누구에게 분배할 것인가를 두고 논쟁이 끊이지 않는다. 성장과 분배의 문제는 과연 어떻게 풀어야 하며, 어느 것을 우선해야 하는 것인가? 1인당 국민소득 2만 달러를 지향하는 현 지점에서 진지하게 고민해보아야 할 것이다.

우문현답

 '성장이 먼저냐, 분배가 먼저냐'라는 질문은 일종의 우문愚問이다. 어느 쪽도 만족스러운 답변이 되지 못한다. 마치 가라앉는 배에서 우정을 택할 것이냐, 사랑을 택할 것이냐는 질문처럼 짓궂기도 하고 난처하기도 하다.

 분배를 강조하는 사람들은 세계 최강의 나라인 미국에서조차 결코 빈부 격차 문제를 해결하지 못하고 있음을 예로 들면서 경제가 성장하더라도 빈부 격차가 더 심각해질 수 있음을 경고하며 분배 문제에 대한 특별한 관심을 촉구한다. 성장론자들은 이미 몰락한 공산주의 체제를 경험적 사례로 하여 극단적인 평등과 분배를 추구한 사회는 성장이 정체되고 몰락할 수밖에 없음을 보여주었다고 말한다.

 문제는 이러한 논의가 이념 논쟁의 성격을 띠면서 엄밀한 경제학적 이론이나 지식과 별 관련이 없이 진행되는 경우가 많다는 것이다. 요컨대 이런 물음이나 문제 제기 자체가 일종의 이념적 편향을 지닌다.

 그렇지만 이런 질문은 일종의 화두이다. 문제를 던지는 질문이며 그를 통해 중요한 깨달음에 이르게 하는 질문이다. 우문은 현답賢答, 즉 '깨달음'을 끌어내는 효과가 있다. 그런 의미에서 우리에게 주어진 물음 자체가 적절치 않았다 해도 그에 대한 답을 생각해보는 것은 유익한 결과를 가져다줄 수 있다. 이 글의 목적은 바로 거기에 있다.

 그렇다면 그 깨달음은 무엇일까? 첫째, 성장과 분배를 이분법적으로 사고하는 것 자체가 문제일 수 있다는 깨달음, 둘째, 성장과 분배를 서로 연관된 것으로 이해하는 깨달음이 그것이다. 물론 현답은 논리적으로만 가능한 답이 아니라 현실적으로도 가능한 답이어야 한다.

현실은 복잡하다. 어떤 답, 즉 어떤 정책이라도 실현하는 과정에서는 예기치 않았던 문제들이 발생한다. 또 아무리 올바른 정책이었더라도 집행하는 사람들의 실수나 무지, 부적절한 타이밍 등으로 인해 가능했던 성과가 나타나지 않을 수도 있다. 그런 점에서 미래는 언제나 불확실한 것이고 이론과 현실의 간격은 존재할 수밖에 없다.

이런 점들을 고려하면서 성장과 분배의 문제가 경제학에서 어떻게 다루어져 왔는가를 살펴보고, 왜 양자택일적인 것이 아니라 결합된 문제로 이해되어야 하는가에 대해 생각해보기로 한다.

경제학에서의 성장과 분배

성장과 분배는 경제문제의 핵심 내용을 구성한다. 성장은 애덤 스미스Adam Smith의 국부론 이래 경제학자들의 최대 관심사항이었다. 성장이론으로 노벨 경제학상을 받은 쿠즈네츠S. Kuznets에 따르면 경제성장이란 ① 국가 경제의 생산능력의 증가이며, ② 끊임없는 기술 진보와 ③ 이에 호응하는 제도적 및 국민 의식구조의 개선을 통해 가능한 것으로 설명된다. 그리고 경제성장은 흔히 국민소득지표(GDP나 GNP, 1인당 GDP, 1인당 GNP)로 표현된다.

반면 분배에 대해서는 좀 더 복잡한 설명이 필요하다. 그만큼 분배를 둘러싼 논의가 분분하고 논점 역시 복잡하기 때문이다. 분배에 대한 논의는 경제학에서보다 철학 영역에서 더 정교하게 진행된 면도 있는데 분배에 대한 철학적 논의는 바람직한 분배, 즉 분배정의distributive justice에 대한 논의를 중심으로 전개되었다. 분배정의에 대한 철학적 논점들을 몇 가지만 들면 공리주의utilitarianism, 평등주의egalitarianism, 자유주의libertarianism 등이 있다.

간략히 보면, 먼저 벤담J. Bentham으로 대표되는 공리주의는 '최대 다수의 최대 행복'이라는 명제에 기초해서 사회 전체의 효용을 극대화시켜야 한다는 입장을 갖고 있다. 롤스J. Rawls의 평등주의는 사회에서 가장 소외된 계층의 복지와 편익을 향상시키는 데 초점을 맞춘다. 한편 노직R. Nozick으로 대표되는 자유주의에서는 개인의 권리와 자유가 정의라는 이름으로 침해되어서는 안 되고, 절차의 정의를 잘 지키면 결과의 정의는 자연스럽게 달성된다고 본다. 자유주의는 공리주의나 평등주의와 달리, 국가가 사회 구성원의 자발적인 교환에 대한 보징이나 강압, 사기, 계약의 강요 등으로부터 국민을 보호하는 것 이상으로 분배 활동에 개입해서는 안 된다는 점을 강조한다.

철학 영역에서와는 달리 경제학에서 소득분배 문제에 대한 관심은 다소 소홀한 편이었다. 조앤 로빈슨Joan Robinson은 이를 경제학의 위기crisis of economic theory로 표현한 바 있다. 그녀는 1971년 발표한 논문(「The Second Crisis of Economic Theory」)에서, 풍요 속의 빈곤, 소득의 불평등 분배, 경제성장 과정에서의 국민 다수의 소외 문제 등에 경제학이 관심을 기울이지 않으며 또 기존 경제이론은 그 해결 방법이 주어지지 않는다는 점을 그렇게 지적했다.

왜 경제학은 분배 문제에 무관심했던 것인가? 두 가지 이유를 생각해볼 수 있다. 먼저 경제학에서 분배 문제는 애초에는 성장의 문제와 분명하게 구분되지 않았다는 점을 들 수 있다. 생산과 분배, 그리고 지출은 경제의 순환 과정을 구성하는 각각의 계기인 데서 알 수 있듯 초기 자본주의 사회에서 빈곤 문제는 곧 생산의 한계에 기인하는 문제로 제기되었던 것이다. 그러므로 더 많은 생산, 더 효율적인 생산이 분배의 전제로 인식된 것은 당연하기조차 하다.

물론 경제학 발전의 초기 단계에서도 대표적인 고전파 경제학자 리카도D. Ricardo는 일정한 사회적 · 정치적 제도 속에서 각 사회계급 간 분배 몫이 어떻게 결정되는가의 문제, 즉 분배 문제의 해명을 통해 경제학의 뼈대를 구성하는 데 기여했다. 또 마르크스K. Marx는 당시 산업노동자들의 빈곤 현상에 주목하고 자본주의가 발전할수록 분배의 불평등과 노동자의 빈곤 문제가 더 심각해진다고 주장하였다. 그렇지만 리카도나 마르크스가 성장과 분배 중에서 분배를 강조한 경제학자라고 말할 수는 없다. 오히려 이들은 성장과 분배의 연관을 통찰력 있게 들여다봄으로써 한 사회의 경제가 작동하는 원리를 찾아냈다.

두 번째로, 경제학에서 주류를 형성하는 신고전파 경제학Neo - classical Economics이 분배 문제에 무관심하고 결과적으로 분배 이론이 취약하다는 사실도 중요한 이유가 된다. 이는 역사적으로 신고전파 경제학이 마르크스 경제학과의 대립되어 발전하면서 노동가치론 대신 한계이론을 채용한 데서부터 기인하기도 한다. 신고전파 경제학의 분배론은 고전학파의 분배 이론과 본질적으로 상이하며, 한마디로 분배 문제를 여타 재화의 가격 결정 원리와 마찬가지로 생산요소의 가격 결정 이론으로 다룬다. 더 나아가 대표적인 신고전파 경제학자인 새뮤얼슨P. Samuelson은 한계생산력 개념에 따른 분배 이론은 임금, 지대, 이자 등을 설명하는 이론이라기보다 단지 생산요소의 가격이 알려졌을 때 기업에서 이 요소들을 어떻게 고용하는가를 설명하는 이론일 뿐이라고 설명한다. 요컨대 신고전파 경제학에서의 분배 이론은 통상적인 분배 불평등 문제와 상관이 없다는 이야기이다.

그렇지만 주류경제학 내에서도 1970년대 이후 분배 문제에 대한 관심이 높아진 것은 사실이다. 경제학에서 분배의 문제가 독자적인 문제 영역으로 설정된 것은 더 이상 경제성장이 자연스럽게 빈곤 문제를 해결해주지 않는 현실과 무관하지 않다. 실제로 발전도상국의 경제성장 과정에서 1960년대 10년 동안 국민총생산의 성장률은 상당히 높았지만 소득분배는 오히려 더욱 불공평해지는 경향을 보였다. 이는 높은 경제성장이라 할지라도 반드시 고용 증대와 소득분배의 개선을 보장하는 것은 아니라는 것을 말해준다. 또 경제성장의 혜택이 국민 일반에게 널리 확산되지도 못함으로써 상당수의 국민이 경제성장 과정에서 소외되면서 정치적·사회적 혼란과 불안정이 심화되는 현상이 나타났다.

이런 상황은 경제학자들로 하여금 성장과 분배를 통합적으로 인식하게 하는 계기가 되었다. 이후 경제학자들은 경제성장growth 대신 경제발전economic development이란 개념을 통해 과거처럼 국민총생산GNP의 증대를 최우선시하는 데서 벗어나 경제성장과 분배 개선이라는 두 요소를 모두 포함하는 시야를 확보하였다. 그리고 경제발전이라는 지표 속에 1인당 소득의 증가 또는 좁은 의미의 경제성장 외에 절대적·상대적 빈곤의 제거, 소득분배의 개선 및 실업의 감소 등을 집어넣었다. 이는 성장과 분배를 양자택일적인 것으로 제기하는 것과는 상당히 다른 접근임을 알 수 있다. 이어서 경제학자들은 성장과 분배의 상호작용에 대해 좀 더 면밀한 분석을 시도하기 시작하였다.

성장과 분배의 상호작용에 대한 최초의 경험적·이론적 분석 결과를 제출한 사람은 쿠즈네츠이다. 쿠즈네츠는 이 연구 성과의 의의를 인정받아 1971년 노벨 경제학상을 수상했으며 쿠즈네츠 가설은 지금까지도 경제성장과 소득분배의 상호작용이나 정책 선택 문제와 관련해서 가장 빈번히 인용되는 중요한 논점이다.

쿠즈네츠 가설

쿠즈네츠는 계층별 소득분배에서 장기적인 변화의 요인이 무엇인가에 관심을 갖고 ① 그 나라의 경제성장 과정에서 소득 불평등은 증가하는가 아니면 감소하는가, ② 생활수준과 소득 불평등의 추이를 결정하는 요인은 무엇인가에 대한 실증적 연구를 행하였다. 1955년에 발표한 논문(「Economic Growth and Income Inequality」)에서 그는 미국, 영국, 독일 등 선진국의 1920~40년대 말까지에 걸친 연구결과를 바탕으로 성장과 소득분배 간의 관계가 단계적으로 변화한다는 가설을 제출하였다. 쿠즈네츠는 이들 세 나라를 표본으로 소득분배 상황의 변화를 살펴보면서 경제발전의 초기 단계에서는 소득분배의 상태가 악화되나 경제가 선진국의 수준에 이르게 되면 불평등의 정도가 줄어든다고 추론했다.

쿠즈네츠 가설을 좀 더 자세히 보면, '① 대체로 경제개발 초기 단계에서는 전근대적인 경제구조가 근대적인 체제로 급격히 변화하면서 빠른 속도의 경제성장이 이루어지지만 다른 한편으로 모든 면에서 경제적 불평등도가 커진다. ② 다음 일정 기간에는 소득분배의 불평등은 어느 수준으로 안정화되어 유지된다. ③ 경제개발의 후기 단계에 이르면 소득분배 양상은 점차 평등화되는 경향을 지니게 된다'는 것이다.

많은 사람들은 단지 쿠즈네츠 가설의 진위 여부에만 관심을 갖지만 더 중요한 것은 성장과 분배의 그와 같은 단계적 연관이 성립하는 이유에 대한 설명이다. 쿠즈네츠가 경제발전 초기 단계에서 소득 불평등이 심화되는 요인으로 든 것은 첫째, 상위 소득 계층에 저축이 집중된다는 점이며 저축 불균형이 소득 불평등을 초래한다는 것이었다. 다음으로는 농업 부문에서 비농업 부문으로의 산업구조 변화였다. 농업 부문에서 1인당 소득이 비농업 부문보다 낮고 농업 부문의 소득분배 상태가 비농업 부문보다 상대적으로 평등한데, 산업화가 진행되어 비농업 부문의 비중이 커지게 되면 소득 불평등이 심화되고 두 부문 간 소득격차가 더 심화된다는 것이다.

쿠즈네츠가 경제성장의 후반기에 소득분배가 평등화되는 요인으로 정부의 개입을 들었다는 점은 주목할 만하다. 그는 정부가 부의 집중에 대해 법률적 또는 정치적으로 개입하여 소득분배를 완화하는 정책을 폈다는 것을 강조한다. 여기에 동원된 정책 수단은 상속세 및 여러 유형의 자본과세와 고율의 누진적인 소득세 등이었다. 또 정부가 주도하거나 묵인하는 인플레와 이자와 임료에 대한 통제 등이 부의 경제적 가치를 하락시키는 효과를 수반했음도 지적한다.

그 외에 소득분배 완화 요인으로 쿠즈네츠가 제시한 설명들을 보면, 빈부계층 간 인구증가율의 차이, 개인의 능력에 따른 자기실현 기회의 확대에 따른 상·하위 소득 계층 간의 높은 유동성, 그리고 경제발전에 따른 기술진보가 기존 저축과 자산의 가치를 하락시킨 점 등이 있다.

한편 제2차 세계대전 이후 많은 개발도상국들의 경제성장과 소득분배 간의 관계를 검토하면서 쿠즈네츠는 이들 사회에서의 불평등 양상은 선진국들의 경제발전 초기 단계보다 훨씬 더 심각하다고 평가하고 그 이유는 후진국들에서 소득분배가 더 양분되어 있고 중간 소득층이 매우 미약하기 때문이라고 설명하는데, 이것은 우리 현실에도 시사하는 바가 크다.

쿠즈네츠 가설과 현대 경제

경제발전의 초기에는 소득 불균형이 확대되나 경제가 성장단계에 접어들면서 점차 소득 불균형이 축소된다는 쿠즈네츠 가설은 과거 선진국들의 경우를 사례로 한 경험법칙일 뿐이다. 또한 쿠즈네츠 가설은 발전도상국의 역사적 경험에는 타당하지 않았을 뿐 아니라 1970년대를 지나면서 서구 선진국 경제권에서도 더 이상 적용되지 않는 것으로 드러났다.

선진 국가들에서도 1970년대 이후 소득분배가 악화되어 지니계수가 증가하는 현상이 일반화되었으며 특히 1980년대 후반부터 부익부 빈익빈 현상이 심화되었다. 이런 현상은 이 시기 미국과 영국 등을 중심으로 도입되기 시작한 신자유주의 정책과 관련이 깊은 것으로 설명된다. 즉, 신자유주의는 사회보장의 축소, 노동시장의 유연화, 노동운동의 쇠퇴 등을 초래하여 소득분배 악화에 영향을 미쳤다. 그 밖에도 정보통신기술의 급속한 발전과 세계화 추세 역시 글로벌 차원에서 부와 소득의 불평등 분배를 심화시키는 중요한 요인으로 작용하고 있다.

그렇다면 쿠즈네츠 가설은 폐기되어야 하는가? 쿠즈네츠 가설의 기각 여부가 중요한 것은 아니다. 오히려 쿠즈네츠의 논의를 어느 시대, 어느 사회를 막론하고 분배 상태가 오직 경제성장의 단계에 의해 결정된다는 지극히 단순한 형태로 해석하는 것이야말로 심각한 문제이다.

1980년대 들어서 선진 경제권에서도 소득분배 악화가 나타나는 현상, 즉 쿠즈네츠 가설이 성립하지 않는 현상에 대해 쿠즈네츠는 이미 충분히 그 설명의 단서를 제공한 바 있다. 이는 쿠즈네츠가 소득분배에 영향을 미치는 중요한 변수로 정부정책과 기술진보를 들었던 것을 환기하면 된다. 달라진 것은 과거와 달리 신자유주의와 정보통신혁명이라 불리는 정부정책 및 기술진보의 방향이 소득분배를 악화시키는 방향으로 작용한다는 사실이다.

우리나라의 경우에도 소득분배의 불균형은 정부의 정책에 기인하는 바가 크다고 설명되며(이준구,『소득분배의 이론과 현실』, 다산출판사, 1989), 쿠즈네츠의 설명을 빌리자면 소득 불균형을 완화시키는 정부의 노력이 없었거나 아니면 오히려 그것을 확대시키는 쪽으로 작용한 데 기인하는 것이라 할 수 있다.

성장과 분배의 상호작용

일반적으로 경제학자들이 동의하는 상식 수준에서 말하자면 성장과 분배 간에는 상호 되먹임 feed - back 작용이 존재한다. 중요한 점은 그 되먹임 효과가 정$_\text{正}$의 되먹임인가, 부$_\text{負}$의 되먹임인가 여부이다. 선험적으로 정해진 방향은 없으며, 사회 내의 제도 환경과 경제 주체의 행위에 의해 그 방향이 주어지는 것이다. 성장과 분배의 선순환도 가능하고 저성장과 불평등한 소득분배의 악순환도 나타날 수 있다. 따라서 중요한 것은 성장과 분배가 정$_\Xi$의 되먹임 작용을 하는 경제구조를 어떻게 만들어낼 것인가, 그를 위한 경제정책을 어떻게 펴나갈 것인가이다.

성장과 분배의 선순환을 예로 들면, 소득 증가가 저축 증감을 통해서 성장에 직접적으로 영향을 주는 경로를 생각할 수 있다. 여기서는 소득수준이 그 되먹임의 방향을 규정한다. 지나치게 낮은 소득수준, 즉 절대빈곤의 상태에서는 공평한 소득분배가 저축 증대를 유도하기를 기대하기 어렵다. 그러나 소득수준이 절대빈곤의 상태를 벗어남에 따라 비교적 공평한 소득분배가 저축증대를 유도하기를 기대하는 것은 무리가 아니다.

소득분배가 경제성장에 미치는 다소 간접적인 경로도 생각해볼 수 있다. 소득이 불공평하게 분배되고 특히 이러한 불공평한 소득분배에 대한 불만도가 높아지면 사회 전체적인 갈등과 대립이 증대되고 이에 따라 근로 의욕이 낮아지고 미래에 대한 기대의 감퇴로 저축도 감소할 뿐만 아니라 사회적 저항도 확대될 것이다. 따라서 이러한 경우 성장의 제약 요인으로 소득의 불평등 분배 구조가 작용할 것은 분명하다.

결국 성장과 분배의 상호작용 유형은 논리적으로 말하자면 2×2 유형, 즉 고성장－균등 분배, 고성장－불균등 분배, 저성장－균등 분배, 저성장－불균등 분배의 네 가지 경우의 수가 모두 가능하다. 이들 유형을 경제모형이라 부를 때, 특정 사회가 어떤 경제모형을 갖게 되는가는 경제구조의 성격과 정치적·사회적 조건 등과 의해 결정될 것이다. 여기서 다시 새삼스럽게 확인되는 사실은 '성장이냐 분배냐, 혹은 성장과 분배 중 어느 것을 먼저 할 것인가'라는 문제 제기는 보다 엄밀하게 말하자면 어떤 경제모형을 선택할 것인가에 대한 선택의 문제로 제기되는 것이 옳다는 것이다.

경제학은 선택 문제를 다루는 학문이다. 희소한 자원을 갖고 어떤 합리적 선택을 해서 경제주체의 효용 혹은 이윤을 극대화할 것인가가 경제학의 중요한 관심 사항 가운데 하나이다. 성장과 분배를 선택의 문제로 제기하는 것도 그런 점에서 얼핏 경제학적 사고에 부합하는 것처럼 보이기도 한다. 그러나 이미 앞에서 다룬 것처럼 성장과 분배의 상호 되먹임 효과를 고려하면, 선택은 궁극적으로 성장과 분배 간의 양자택일적 선택의 문제가 아니라 성장과 분배, 다른 말로 효율과 형평을 동시에 달성하는 경제체제에 대한 선택의 문제로 제기되어야 한다. 그러한 경제체제는 과연 어떻게 작동하며, 또 그러한 체제에 도달하기 위한 조건들은 과연 무엇인가를 탐구하는 것이 경제학의 근본적인 과제이기 때문이다.

신자유주의,
발전일까
재앙일까

조원희 국민대 교수

세계적인 환락의 도시 라스베이거스의 야경은 낮과 밤이 구분되지 않을 정도로 온통 빛으로 가득하다. 건물마다 들어찬 소비의 향연과 도박의 잔치로 세계의 수많은 사람들이 일확천금을 노리며 라스베이거스로 모여든다. 찬미와 반미는 인터넷에서 라스베이거스의 야경 사진을 보며 겨울방학 중 유럽으로 여행을 갈 건지 미국으로 갈 건지를 두고 한창 입씨름 중이다.

찬미 야, 멋있지 않냐? 밤의 어둠을 쫓아낸 문명의 상징, 빛의 도시를 봐! 아마 신이라도 저 라스베이거스의 유혹에는 견디지 못할 거야. 라스베이거스에 가서 크리스마스 이브를 보내는 거야. 폼 나지 않니?

반미 네 눈에는 그게 그렇게 보이니? 저게 얼마나 많은 에너지를 낭비하는 일인데 미국의 인구는 겨우 2억을 조금 넘는데 에너지 소비량은 전 세계 소비량의 22.8%나 차지하고 있단 말야! 이게 말이 된다고 보니?

찬미 글쎄, 자본주의 시장경제에서 당연한 것 아니겠니? 자본주의가 발달한 나라는 많이 소비하고 그렇지 못한 나라는 적게 소비하겠지. 소득 수준에 비례하는 것 아니겠어?

반미 과연 그럴까? 1997년에 온실가스 배출을 줄이고 지구의 기후 변화에 대처하자는 교토의정서를 맺었음에도 불구하고, 미국의 온실가스 배출량은 1990년에 비해 2000년에는 16%나 증가했다고 해. 지구온난화의 주범인 이산화탄소 배출량도 세계 최고이지. 그러면서 미국은 마치 자신들이 지구 전체의 경찰인 듯이 행동하잖아! 난 미국이 싫어!

찬미 하지만 우리가 그런 세계화의 물결에 등을 돌릴 수 있을까? 어쩔 수 없는 일이지만, 이라크에 파병도 했잖아! 미국이 주도하는 신자유주의는 우리에게 필요악 아닐까? 난 어려운 이야기는 잘 몰라. 다만 못사는 나라보다 잘사는 나라를 생각하면서 인생을 즐기고 싶어! 나도 그렇게 살고 싶을 뿐이야.

반미 우리가 지금 하고 있는 이야기는 앞으로 10년 후, 아니면 20년 후에 닥칠지도 모르는 현실일 수도 있어.

찬미 미국 사람 모두가 나쁜 것은 아니잖아! 그리고 신자유주의에 대한 각국의 태도라는 게 다 사실은 자국의 이해관계에 따라 행동하는 것 아닌가? 만약 독일이나 프랑스가 미국보다 강국이었다 해도 마찬가지가 아닐까?

반미 그렇지 않아! 부시 행정부 시절 '기업평균연비 법안'이라는 에너지 절감 대책을 내놓았대! 그런데 그 내용이 2010년부터 겨우 현재의 2%를 줄일 수 있는 정도의 규제라는 거야. 미국이 자동차 생산 대수가 가장 많지만, 미국 자동차가 연료의 효율성으로 치면 최하등급이라는 건 아니? 겨우 2억의 인구가 세계 에너지의 22.8%를 쓰면서 절약하려는 노력은 거의 안 한다는 거지.

찬미 그래, 네 말처럼 문제가 있기는 있는 것 같다. 부시가 이라크를 침공한 것이 민주주의보다는 장기적인 에너지 대책 때문이란 이야기를 들었는데 그럴 법도 하구나!

반미 그렇지, 결국 신자유주의라는 것이 미국 중심의 세계질서 재편이라고들 말하잖아. 이제 우리 사회도 다양해졌어. 신자유주의라는 것이 어쩔 수 없는 부분이 있다 해도 그대로 따를 필요는 없는 것 아닐까?

찬미 그런데 한 가지 궁금한 게 있어. 도대체 신자유주의, 신자유주의라고들 말이 많은데, 그 핵심이 뭐지? 단지 미국 중심의 세계질서 재편이라는 이야기는 막연하잖아. 좀 구체적으로 설명해줘.

반미 그래, 막연하게 이야기하는 것보다는 구체적으로 그 맥락과 배경에서부터, 신자유주의를 어떻게 보아야 하는지에 대한 이야기도 필요하겠지. 한데 막상 그렇게 말하니 나도 좀 막연하네. 미안하다, 같이 찾아보자!

찬미 그래, 이왕 말 나온 김에 함께 찾고 토론해보자.

반미 좋은 생각이야, 현실을 제대로 이해하고 정당한 비판이 되려면 먼저 그 실체를 정확하게 이해하는 게 필요하겠지. 우리 함께 생각해보자!

신자유주의는 경제적 자유주의의 완성이다

서구에서 우파와 좌파는 신자유주의 이념에 우호적인가 비판적인가로 결정된다고 해도 과언이 아니다. 신자유주의는 곧 살펴보겠지만 단지 경제정책으로 끝나지 않고 정부 정책의 전반적 기조에 대해 영향을 미칠 수밖에 없는 포괄적인 내용을 담고 있다. 그러므로 이 이념에 대한 태도가 정부 정책의 성격을 결정하게 된다.

자유주의에는 크게 보아 '정치적 자유주의'와 '경제적 자유주의'의 흐름이 있는데, '신자유주의'는 계보상 후자, 즉 경제적 자유주의의 연장선상에 있다. 정치적 자유주의란 J. 로크, J. 루소 등 계몽주의 사상가들이 처음으로 주창했는데 그 기본 내용은 개인의 인권과 사별의 철폐와 같은 인간존중의 사상이다. 한편 경제적 자유주의는 A. 스미스, F. 하이에크, M. 프리드먼 같은 경제학자들이 발전시킨 것으로서 사유재산권, 자유로운 경제활동, 국가의 경제적 간섭의 최소화 등 이른바 경제활동의 자유, 자유로운 시장을 중시하는 사상이다.

서양에서 정치적 자유주의는 현실 정치에서 이념적 좌표로서 의미를 잃었다. 왜냐하면 자유주의가 추구하는 가치들이 역사적으로 거의 대부분 성취되고 내면화되었기 때문이다. 그러나 한국에서는 21세기에 들어서조차 인권위원회가 설치되고 과거사 규명법 등이 만들어지는 등 인권 침해와 차별의 문제가 여전히 현실적인 문제로 등장하고 있다. 전 세계적 차원에서 보자면 상황은 훨씬 열악하며 정치적 자유주의는 앞으로도 상당 기간 진보성을 가질 것이다.

정치적 자유주의가 지난 400년간 전 지구적으로 지속적으로 확산되는 경향을 보였다면 경제적 자유주의의 운명은 사뭇 달랐다. 19세기 중엽에서 후반까지 세력을 넓히다가 19세기 후반 불황과 함께 서구 자본주의가 제국주의로 변화하면서 후진국에 군사력을 앞세워 진출하는 과정에서 확산을 멈추고 1914년 제1차 세계대전으로 그들 간에 군사적 충돌이 발생하면서 결정적으로 약화되었다. 제2차 세계대전 이후 지배적인 경제사상은 케인스주의였는데 이는 적극적인 국가의 경제문제에 대한 개입, 복지정책을 통한 소득 재분배, 자본의 국가 간 이동의 통제, 공공부문, 공기업의 확대 등을 주요 내용으로 하고 있다.

경제적 자유주의는 1979년 집권한 영국의 대처 수상과 1980년 미국의 레이건 대통령이 그동안 지배적이었던 케인스주의를 버리고 시장 중시 정책을 채택하면서 부활하였다. 그 이후 프랑스(1982~83), 오스트레일리아(1983), 캐나다(1984) 등에서 유사한 정책이 채택되면서 확산되기 시작하여 현재는 전 세계 GDP의 약 90%를 생산하는 나라들이 신자유주의 정책 사조를 구사하고 있다.

과연 신자유주의는 인류 번영의 원천인가, 아니면 과거 경제적 자유주의가 20세기 초 도달한 종착점처럼 갈등과 혼란의 씨앗인가?

신자유주의란 ① 전통적인 경제 영역에서 시장을 즉각적·무조건적·무제한적으로 확대, 강화하고 ② 비경제적인 영역까지 포함하여 인간 생활 전반을 시장원리로 작동시키고자 하는 정책 이념이며 따라서 ③ 시장에 전인격을 포획하고자 하는 기획이라고 정리할 수 있다.

하이에크, 프리드먼 등의 경제적 자유주의는 A. 스미스의 '고전적인 자유주의'와 구분하여 '시장자유주의'라고도 불리는데, 신자유주의가 이것과 구분되는 점은 한마디로 전통적인 경제 영역뿐 아니라 인간 생활 전반에 걸쳐 시장 원칙이 제한 없이 관철되어야 한다고 믿는 사상, 또는 정치적 기획이라는 점이다. 즉, 신자유주의는 경제적 자유주의의 완성, 논리적 극한을 의미한다.

①과 관련하여 쌀시장 개방 문제나 국산영화 보호를 위한 할당제(스크린 쿼터제)를 예로 들어보자. 시장 원칙대로라면 우리나라는 당장 쌀 농업을 포기하는 것이 마땅하다. 그러나 이런 생각은 식량 안보적 고려, 환경적 기여(자연환경 보존, 홍수 조절 기능 등), 사회적 차원의 기여(농촌공동체의 유지)를 무시하는 것이다. 따라서 반신자유주의자들은 쌀 농업의 경우는 예외를 인정하여 시장 원칙을 일부 유보해서라도 보호해야 한다고 주장한다. 또한 영화 같은 문화산업은 다양한 문화의 공존이라는 관점에서 할리우드 영화만이 아니라 다른 영화들도 적절한 정도로 보호되어야 한다고 본다. 그러나 신자유주의자들은 어떠한 예외도 인정할 수 없다는 입장이다.

②와 관련하여 보자면 반신자유주의자들은 교육, 의료 기타 다양한 공공 서비스가 공급되어야 하고 이들 영역에는 시장 원칙이 지나치게 강조되어서는 안 된다고 말한다. 그러나 신자유주의자들은 비시장 영역은 존재할 필요가 없다고 말하며 CEO 대통령, CEO 총장 같은 용어를 즐겨 구사하면서 정부, 교육기관에 시장 경쟁이 보다 잘 적용될수록 좋다고 본다.

그리하여 마침내 ③에서 보듯이 시장이 인간을 위해 존재하는 것이 아니라 인간이 시장을 위해 존재해야 한다는 메시지를 던지고 있다. 시장에서 승리한 자는 영웅이 되고 패자는 무언가 도덕적으로 문제가 있는 사람이 된다.

신자유주의는 이슬람 근본주의나 기독교 근본주의처럼 급진적이고 과격한 사상이며 혹자는 그것을 시장 근본주의라고 부른다. 한국에서 1997년 외환위기 이전과 이후는 말하자면 세상이 완전히 바뀌었다고

들 한다. 한국은 1960~70년대 20여 년간 박정희 대통령에 의해 개발 독재 체제가 실시되었는데 이는 경제사상적으로는 서양에서 16~18세기를 지배했던 중상주의 사상과 내용상 거의 같다. 외한위기 당시까지 많건 적건 잔존해 있던 중상주의 체제는 IMF와 미국의 요구에 의해 신자유주의 정책을 채택함으로써 단 수년 만에 시장 원리가 지배하는 체제로 전환했다. 과거 공산주의 혁명도 이렇게 단시간에 사회를 변화시키지는 못했다.

1997년 이후 한국에 그대로 다 실시된 것은 아니지만 전형적인 신자유주의 다섯 가지 경제정책의 내용을 살펴보면 우리 사회에 들어와 있는 신자유주의를 보다 잘 이해할 수 있을 것이다.

전형적인 신자유주의 경제정책

1 민영화

1980년대 영국 대처 정부에서 시작한 민영화는 보수정당이 집권한 경우이건 사회 민주주의당이 집권한 경우를 불문하고, 또 선진국, 후진국 구분 없이 전 세계적으로 유행했다. 민간 자본이 보기에 공기업은 이윤을 주지 않는다는 점에서 정의상 '비생산적인' 경제이다. 사적 자본이 보기에는 고속도로는 두말할 필요가 없고 감옥 서비스, 의료, 교육 등이 '사회적 서비스'로서 이윤을 창출하는 영역이 될 수 없다는 생각을 참지 못한다. 이러한 발상의 뿌리에는 사유재산(권)을 신성시하는 경향이 가로놓여 있다.

2 자유화

신자유주의 사상에서 볼 때 자본의 국제적인 이동을 방해하는 어떤 정책도 받아들일 수 없다. WTO 협상이나 투자협정BIT, 자유무역협정FTA 관련 협상에서 필요한 경우 비교 우위의 논리에 일정한 제약을 가해야 한다고 주장하면 신자유주의자들은 시장은 무제한적·무조건적·즉각적으로 확대되어야 마땅하다고 말한다. 자유화야말로 자본이 국가를 길들이고 시장의 요구에 반하는 어떤 간섭도 하지 못하게 하는 데 있어 가장 효과적인 수단인 것은 사실이다.

3 복지 축소

수정자본주의 체제의 가장 큰 성과 가운데 하나는 실업, 질병, 장애 등과 관련된 사회복지 서비스를 경제적 기능과는 무관하게 시민으로서 응당하게 갖는 사회적 권리social rights로 확보했다고 하는 것이다. 이는 종종 보다 적극적인 인적 숙련의 개발을 위한 훈련, 교육 서비스의 제공과 연계되었다. 신자유주의는 유달리 개인적 책임을 강조하며 개인의 복지는 시장을 통해 자신이 가진 자산, 노동력을 잘 팔아서 확보하는 것이 올바르다고 본다. 실업은 십중팔구 개인의 게으름 때문이며 일하지 않는 자에게 빵을 주는 것은 게으름을 조장할 뿐이라고 본다. 또한 시장경제에 필연적으로 수반되는 개인 생계의 불안정, 실업과 질병의 위험, 노후 생계 문제는 개인의 책임이어야 마땅하다.

사람들이 얌전하게 악화된 형편을 참거나 자선단체의 도움으로 견디지 못하게 되면 종종 범죄에 빠져든다. 그렇게 되면 수형자들은 늘고 감옥의 규모도 커진다. 미국의 감옥 인구는 점점 더 늘어 2001년의 경우 약 200만에 육박하고 있는데 이 수는 인구당 세계 최대를 자랑한다. 개인 책임을 강조하는 것은 동전의 이면으로서 잘못에 대한 개인 책임으로 연결될 것이므로 신자유주의는 감옥의 증대를 결코 비난하지 않으며 다만 감옥 서비스를 민영화하면 효율이 개선될 것이라는 점은 기회 있을 때마다 잊지 않고 강조한다.

4 노동시장의 유연화

사유재산권과 계약자유의 원칙을 강조하는 신자유주의가 고용 관계의 특수성을 인정하지 않으려는 것은 놀라운 사실이 아니다. 고용과 해고, 근로조건, 임금 결정이 노동시장이 아니라 노사의 정치적 타협 과정에서 결정되는 일은 참기 힘든 시장 원칙의 훼손으로 본다. 또한 국가가 입법을 통해 노동자의 권리를 명문화하는 것도 마찬가지이다. 노동자의 단체행동에 대한 제한, 파견직, 계약직, 시간제 근로의 활성화 등이 구체적인 정책 대안으로 제시된다. 이는 장기 고용, 직업훈련에 대한 관심, 상호협조적 노사관계, 기업 경영에 대한 일정한 참여와 책임의식 고양 등과 같은 사회민주주의적 원리와 대립된다.

5 규제 완화

국가가 기업 활동의 자유에 대해 제한을 하고 영업 이익 이외에 사회적 책임을 강조하거나 기업은 자본가, 주주만의 것이 아니라 사회적 자산으로서 공공의 이익, 그리고 여러 이해 당사자의 이익과 복지를 동시에 고려해야 한다는 사회 민주주의적 원칙을 강하게 비판한다. 단지 기업의 '주인'인 자본가와 주주의 이익이 증진되고 경영자의 이른바 도덕적 해이를 방지하기 위해 기업 활동의 투명성과 책임성을 강화하는 조치가 뒤따른다면 충분하다고 본다.

신자유주의의 결과 | 시장 유토피아인가, 경제와 삶의 불안정인가

신자유주의는 경제 이론상은 시장자유주의와 차이가 없으며 자유로운 시장은 언제나 효율적이라는 믿음을 갖고 있다. 효율적인 상태란 모든 사람의 효용(또는 쾌락)이 극대화되는 상태를 의미한다. 따라서 시장은 모든 사람에게 만족의 극대화를 약속한다고 본다. 경제적 만족이 반드시 행복을 의미하지는 않고 행복은 종교 생활이나 무언가 다른 요소를 필요로 할지 모르지만 경제적 풍요는 그런 것을 추구하는 데 있어 도움이 될 뿐, 적어도 모순되지는 않는다고 본다. 시장은 때때로 실패할 수도 있지만 다른 대안, 예를 들어 국가의 경제적 개입이나 사회주의 계획경제보다는 더 좋은 결과를 준다고 본다.

한편 신자유주의를 반대하는 사람들은 과도한 시장이 미시적으로 거시적으로 실패하여 환경파괴, 실업과 빈곤의 증대, 불황과 공황 등 전반적인 경제 불안정을 야기하고 할 수 있을 뿐 아니라 부의 불평등, 정신생활의 황폐화 등을 초래한다고 본다.

평행선을 달리는 두 주장은 동일한 사태를 다르게 해석한 것일 수도 있고 전혀 다른 사태의 발생을 지적하는 것일 수도 있다. 예를 들어 신자유주의가 가장 완벽하게 시행되고 있는 미국 자본주의에서는 하루 예고로 노동자를 얼마든지 해고할 수 있는데 이는 불필요한 노동력을 제거함으로써 기업의 비용을 절감하고 생산성을 향상시킨 경우라고 볼 수 있다. 한편 다른 입장에서는 만약 그 노동자의 기능이 특수하여 다른 기업에서는 소용이 없다면 오랜 기간 연마한 숙련이 무용지물이 되어 사회적으로나 개인적으로 낭비되는 것일 수도 있고 생활의 불안정으로 가족의 생활 안정이 파괴되는 것을 의미할 수 있다.

거시적 안정의 문제와 관련하여 시장의 강화가 과연 안정을 가져올 것인가, 불안정을 가져올 것인가 하는 문제는 동일한 사태에 대한 예측에 해당될 것인데 이 점에 관해서 신자유주의자들은 단지 시장은 효율적이라는 교의를 반복하는 것 이외에 별로 설득력 있는 답을 주지 못하는 것 같다. 그래서 신자유주의와 세계화의 필요성을 역설하고 있는 울프_{M. Wolf}는 시장의 확대가 국가 역할의 제거로까지 나아가는 것은 난센스라고 말한다. 그는 국가가 경기를 조절하고 거품의 발생에 대해 적절히 대응하는 것은 여전히 불가결하다고 본다.

역사적으로 자유 시장경제가 실시된 것은 19세기 중엽 잠깐, 그리고 1980년대 들어 지금까지 극히 예외적인 경우밖에 없고 그것도 미국과 영국 등 극히 제한된 지역에서 그나마 제대로 그 사상이 추구하는 것과 유사한 형태로 실현되었을 뿐이라는 지적도 유념해야 한다. 노벨 경제학 수상자인 스티글리츠_{J. Stiglitz}는 심지어 워싱턴에 소재한 IMF, **World Bank,** 미국 정부의 재무성이 주장하는 이른바 워싱턴 컨센서스 _{Washington Consensus}라고 하는 신자유주의 정책관은 미국 보수주의자들의

꿈과 이상일 뿐 미국 내에서조차 시행된 것이 없는 몽상이라고 비판한
다. 그들이 할 수 없는 것을 힘없는 약소국에 강요하는 정책이라는 것
이다.

경제체제적으로 보면 신자유주의는 주주 자본주의를 의미한다. 시
장의 자유란 결국 시장에서 우위에 있는 자, 즉 자본(가)의 권력을 강
화시켜준다는 것을 의미한다. 따라서 여러 이해관계자, 즉 노동자, 협
력업체, 소비자, 일반 국민 등 기업을 둘러싼 여러 집단의 이익과 발언
권은 약화되는 것을 의미한다. 따라서 자본을 대신 운용해주는 금융기
관 및 그 종사자들의 발언권과 이익이 증진되는 것도 내포한다. 그래
서 신자유주의가 지배하는 자본주의는 금융 주도 경제라고도 한다.

금융자본은 단기적인 이익에 몰두하는 경향이 있고 투기성이 매우
강하여 전반적으로 경제를 불안정하게 하고 비생산적인 활동을 강화
한다. 금융자본의 단기주의는 기업의 채산성이 악화되었을 때 곧바로
노동자의 해고의 충동을 낳는다.

따라서 이익이 예상되는 곳에 과도하게 자본이 몰리거나 손실이 예
상되는 곳에서 과도하게 자본이 빠짐으로써 불안정이 야기된다. 아시
아 외환위기도 결국은 이런 이유로 발생했다. 또한 미국의 에너지 기
업 엔론의 회계부정 사건에서도 보이듯 회계부정, 주가조작에 의해 최
고 경영자에 의한 시장 조작의 유혹을 야기한다.

미국의 경우 1980년 이후 지금까지 경제는 지속적으로 성장했지만
노동자의 몫은 불변이었다. 그런데 하위 20% 대비 상위 20%의 소득
은 5.3배에서 10배(1992)로 상승했다. 이후 격차는 더욱 확대되었고 특
히 기업의 최고 경영자의 소득이 급상승했다. 1980년 대기업 CEO의
보수는 제조업 평균임금의 42배였으나 2000년 이후 무려 411배에 이

르고 있다. 비숙련 노동자의 실질소득은 오히려 근소하게 감소했고 1980년 대부분이 정규직이었으나 현재 4천만 명 이상이 비정규직이다. 주주 그리고 그들에 협조하는 최고 경영자들, 월가_{Wall Street}의 금융 전문가들의 배만 불렸다는 뜻이다.

신자유주의 세계화의 불안한 미래와 대안적 세계화

자유시장을 국제적으로 확대하게 되면 신자유주의 세계화가 된다. 오늘날 세계화는 우파에서 주장하듯 기술발전과 교통, 통신 비용의 절감에 따른 자연적 과정이 결코 아니며 위에서 본 신자유주의 이념을 담고 있는 의도된 정책의 결과이다. 특히 미국의 의지가 강하게 반영되어 있으며 여러 나라가 추종하는 가운데, 또 노골적으로 미국의 요구에 굴복함으로써 하나의 대세로 된 것이다.

국제적인 분업과 교역, 투자의 확대가 이루 계산할 수 없는 이득을 인류에게 가져다준 것은 명백한 사실이다. 문제는 세계화를 왜 자본, 특히 거대 초국적 기업과 초국적 금융자본이 주도해야 하는가에 있다. 『세계화의 덫』이라는 책으로 잘 알려진 마르틴_{H. Martin}과 슈만_{H. Schumann}은 이것이 선진국의 경우에도 고용과 투자 빈곤의 해결에 도움이 되지 않으며 후진국에도 그러하다고 주장한다. 오로지 자본의 배만 불려주고 특별히 투자와 고용이 느는 것은 없다는 말이다.

좌우의 많은 학자들이 공통적으로 우려하는 것은 신자유주의 세계화가 세계적인 금융 불안정을 증대시킨다는 점이다. 1973년 이전 신자유주의 정책에 의한 금융 규제 완화와 자본시장 개방이 실시되기 이전과 비교하여 금융 외환위기의 발생 건수는 2배 증대한 것으로 나타나 있다. 1970년대 후반에서 20세기 말까지 93개국에서 112차례의 금융위기가 발생했고 최근으로 올수록 더 빈발하는 양상을 보이고 있다.

1997년의 아시아 금융·외환위기는 하나의 분수령을 이루고 있는데 전혀 예측을 하지 못했다는 점, 그 강도의 심각성, 전 세계적 파급력 등에서 우려를 하지 않을 수 없다. 금융시장의 하부구조가 발전하지 않은 한국 같은 신흥시장emerging market에서는 다른 시장은 모두 개방해도 금융시장만은 개방에 신중해야 한다는 견해가 지배적인 견해이다. 그럼에도 불구하고 IMF와 미국은 그들의 이익(특히 월가의 이익)을 위해 이를 개방하였고 향후 새로운 금융 불안정의 와중으로 빠져들 가능성이 우려되고 있다.

신자유주의가 아닌 적절히 규제되고 통제된 세계화만이 세계의 공영을 약속하다고 결론 지울 수 있겠다. 토빈세tobin's tax를 통해 단기자본의 국제적 이동을 억제하자는 제안이 하나의 훌륭한 논의의 출발점이 될 수 있을 것이다.

19세기 말 제1차 경제적 자유주의와 세계화는 선진국 내부에서 경제적·사회적 양극화에 따른 저항, 그리고 일방적 침탈의 대상이 된 후진국의 저항으로 점점 더 기반을 잃었고 세계체제 내부의 갈등이 세계대전으로 발전하면서 종말을 고했다. 현재의 신자유주의 세계화도 지난 20년과 같은 무질서하고 약육강식적인 방식으로 진행되는 한 그 전도가 밝다고 볼 수 없다. 개방된 지구촌의 조화로운 발전을 위해서 보다 민주적이고 다양한 이해가 고려되는 세계화가 되어야 할 것이다.

갈등과 **균형**, 사회를 설명하는 데 어떤 것이 **적합**할까

김동춘 성공회대 교수

송末나라의 어떤 사람이 곡식의 싹이 쑥쑥 자라지 않는 것을 답답해한 나머지 손으로 조금씩 잡아서 뽑아주고선 집으로 돌아와 몹시 피곤하다고 말했다. 아들이 무슨 일인지 묻자, 송나라 사람이 대답했다.

"내가 곡식이 잘 자라도록 도와주었지!"

아들이 깜짝 놀라서 밭으로 뛰어가 보니 곡식은 이미 말라 죽어버렸다.

맹자 어떤가, 순 선생. 사람의 본성도 이와 같은 법이네. 사람은 누구에게나 선하게 될 수 있는 씨앗을 갖고 있단 말일세.

순자 전 동의할 수 없습니다. 사람의 본성이란 편하고 이로운 것을 좋아하는 법입니다. 도대체 사회가 질서를 유지하기 위해서는, 사회의 성원들이 이로운 것을 추구하고 서로 갈등하는 현실을 인정하고 출발해야 합니다.

맹자 물론 자네 말이 전혀 틀린 것은 아니야! 하지만 거꾸로 생각해보세. 사람의 본성이 갈등하기 마련이고, 갈등을 피할 수 없는 것이라고 생각한다면, 결국 질서란 인간의 본성에서 어긋나버리게 되는 것 아닌가?

순자 그렇지 않습니다. 저는 어떤 형이상학적인 본성, 하늘로부터 주어진 본성과 같은 것은 알 수도 없고 또 사회의 질서를 이룩하는 데 별로 도움이 되지 않는다는 것을 말한 것뿐입니다. 선생님은 사람의 본성을 알면 하늘을 안 것이라 말씀하시지만, 하늘과 사람의 본성은 별개입니다.

맹자 어허, 이 사람! 왜 이렇게 꽉 막혀 있는 겐가? 그렇다면 가르쳐주지 않아도 부모가 자식을 아끼고, 자식이 부모를 공경하는 것은 어떻게 설명하겠나? 그걸 누가 가르쳐서 그런 것인가? 사람의 본성이 그러하듯이 사회란 것도 마찬가지네. 저 밭에 있는 여린 싹을 사람이 사는 사회라고 생각해보세. 송나라 사람이 싹을 잘 자라게 하려고 뽑아 올려주었더니 말라 죽지 않았던가. 싹이 잘 자라려면 따뜻한 햇볕과 촉촉한 단비 등의 조건이 잘 맞아야 하지 않겠나? 자, 보세. 저 나무도 작은 싹에서 자라나온 것 아닌가? 사람이나 사회도 마찬가지라네. 중요한 것은 조화와 균형이지!

순자 선생님은 부분을 확대 해석하고 있습니다. 게다가 이상적이기도 하구요. 농부가 얼마나 고생을 해야 곡식이 익습니까? 때에 맞추어 거름을 주어야 하고, 비가 오지 않으면 물을 대주어야 하고, 또 잡초가 끼어들면 뽑아주어야 하지 않습니까? 서로 경쟁하고 갈등하는 현실은 인정하고 나서 그다음 어떻게 질서를 이룰까를 고민해야 현실적이 아닐까요?

맹자 글쎄, 자네 말대로라면 세상이 답답해져!

순자 저도 선생님 말씀에 따를 수 없습니다. 그런 이상주의로는 현실이 보이지 않습니다.

맹자 어험!

따지고 보면, 고대의 철학자 맹자와 순자의 성선설과 성악설도 인간과 사회를 어떻게 이해할 것인가 하는 물음으로 이해할 수 있다.

사회는 안정된 상태 혹은 정상 상태를 유지하려는 속성을 가지고 있으며, 이를 깨뜨리는 것은 잘못이다. 한편 사회는 그것을 이루는 집단들 혹은 계층들 사이의 끊임없는 갈등과 대립을 안고 있으며, 이를 통해 그 사회는 발전하고 진보한다. 이 두 가지 입장은 사회의 문제를 바라보는 시각과 해결 방법에 대해 상이한 입장을 제시한다. 각각의 입장들은 얼마나 타당하며, 어떤 한계를 가지고 있는 걸까?

사회현상을 보는 두 시각

1996년 봄, 서울 지하철, 한국조폐공사, 한국통신 등 공공부분 사업장의 노조는 노조 전임자 축소 방침, 해고자 복직 문제 등에 대한 사용자와의 협상이 결렬되자 조합원의 찬반 투표를 거쳐 쟁의 발생을 결의하였다. 그러나 국민의 생활과 밀접하게 관련되어 있는 이들 기업이 파업 발생 조짐을 보이자 각 언론은 이에 대해 여러 가지 의견을 제시하였다. 그들의 입장은 크게 다음과 같은 두 시각으로 나뉘었다.

(1) 노조는 자신의 편협한 이익만 추구하려 하지 말고 성의 있게 대하에 임해야 하며 가능한 한 쟁의에 돌입해서는 안 된다. 물론 쟁의는 노동자들이 사용할 수 있는 합법적인 수단 중 하나이다. 그러나 공기업의 사용자는 사실상 국민이라 할 수 있고 공기업 노조의 활동은 국민 생활에 직적접인 영향을 미치므로, 공기업 노조는 쟁의 돌입 시에 자신의 이익보다는 우선 국가와 국민과 사회를 먼저 생각해야 한다. 특히 쟁의라는 수단은 토론과 합의와 조정 등의 합리적인 절차보다는 힘을 통해 자신의 의지를 관철하려는 방법이기 때문에 바람직한 수단이라고 볼 수 없다. 만약 사업장 단위에서 해결하기 어려운 문제가 발생하면 중앙노동위원회 등의 중재를 기다리는 것이 올바르고, 또 국회를 통해 문제를 심도 있게 논의하는 것이 바람직할 것이다. 특히 현재의 시점은 장차 우리가 선진 국가의 일원으로 자리 잡을 수 있을 것인가를 좌우하는 결정적인 시기라 볼 수 있는데, 만약 노사가 합심하여 생산성 확대와 산업 평화 구축에 매진하지 못하고 또다시 분열과 갈등을 반복한다면 우리 사회는 더욱더 혼란에 빠질 것이다.

(2) 노사 간에 타협을 이루지 못하고 노조가 쟁의에 돌입하는 것은 바람직한 현상은 아니다. 그러나 여기에서 사용자나 정부는 더 많은 책임감을 느껴야 할 것이다. 왜냐하면 노조가 요구하는 해고자 복직, 전임자 축소 방침 철회 등의 요구는 과거 권위주의 정권 시절에 행해졌던 사용자 측의 부당노동행위로 인한 해고자를 원상 복귀시키자는 것이고, 전임자 축소 방침 철회 역시 노조가 달리 자신의 이익을 표현할 길이 없는 불리한 조건에서 '그나마 노조의 전임자마저 줄어든다면 노조는 사실상 무력화되는 것이 아닌가' 하는 두려움과 위기감에서 비롯된 것이기 때문이다. 이처럼 권력 관계에서 불리한 위치에 있는 노동자들이 자신의 이익을 지키기 위해 쟁의라는 수단을 사용하는 것은 사실상 불가피하다.

대부분의 신문들은 전자의 논조를 표방하였다. 그러나 후자의 논조를 표방하는 주장도 만만치 않게 제기되었다. 이 두 주장의 대립은 사회현상을 설명하는 데 균형론적 관점을 택할 것인지, 갈등론적 관점을 택할 것인지의 문제와 닿아 있다.

균형 모형과 갈등 모형

균형 모형은 사회의 자연 상태가 조화와 균형을 이루고 있다고 가정하고 있다. 따라서 이 모형은 어떻게 기존의 사회질서가 유지되며 가치가 공유되고, 새로운 세대가 어떻게 기존의 규범을 받아들여 정상적인 사회인으로 성장해가는지, 그리고 사회통합이 어떻게 이루어질 수 있는지에 대해서 주로 관심을 갖는다. 즉, 한 사회를 지속시키는 주된 요인이 무엇이며, 다양한 요소들이 어떻게 상호 연관성을 가지고 전체 사회의 유지에 일정한 기능을 수행하는지에 관심을 갖는다.

균형 모형은 또한 사회를 살아 움직이는 유기체organism로 보는 경향이 있다. 즉, 모든 유기체는 자신을 균형 잡힌 상태로 유지하려는 본능적인 경향이 있는데, 사회도 그러하다는 것이다. 사람을 비롯한 모든 유기체가 병균과 싸우는 항체를 자기 몸속에 갖고 있는 것과 마찬가지로 사회도 균형 잡힌 정상 상태를 회복하기 위한 일종의 자동 조절 장치를 갖고 있어서, 사회 내에서 발생하는 여러 가지 병리 현상을 제거하려 한다는 것이다. 이 경우 대다수의 사회 성원들은 균형 상태를 바람직한 것으로 생각하고, 그러한 균형이 깨어진 상황에서는 정상으로 복귀하기를 희망한다고 본다.

이러한 모형에서 사회적 갈등은 사회의 구성원이 사회의 가치체계나 규범을 내면화하지 못하고 자신의 이익만을 추구하거나, 서로 간의 기대나 생각이 일치하지 않을 때 발생하는 균형이 깨어진 상태를 의미한다. 그래서 갈등은 사회적 관계를 분열시키는 하나의 병리 현상인 셈이다. 따라서 갈등을 없애기 위해서는 갈등의 당사자들에게 사회 일반의 질서 유지가 필요하다는 것을 주지시키고, 전체 혹은 공공의 복리 증진을 통해서 자신의 이익을 확보할 수 있도록 설득해야 한다고 본다. 균형 모형은 이처럼 질서가 유지되는 것을 정상적인 상태라고 보고 만약 사회가 비정상적인 상태에 놓인다고 하더라도 그러한 균형점을 향해서 계속 움직이는 속성을 갖고 있다고 본다.

반면에 갈등 이론은 사회 내에서의 긴장과 갈등의 상황을 일반적이고 당연한 것으로 본다. 갈등 모형은 현대사회의 구성원들 간에는 의견의 일치보다는 불일치가 지배적이며, 조화보다는 긴장과 갈등이 더욱 일반적이라고 주장하면서 사회를 유기체로 보는 균형이론은 잘못된 것이라고 비판한다. 이들은 사회가 하나의 자기 완결적인 체계로서 안정성의 추구를 자체의 목적으로 지닌다고 보지 않는다.

갈등 모형은 자본주의 사회 내 권력·부·지위 등의 차별적 분배로 인한 대립이 존재하고 있으며, 그것은 피할 수 없는 성질의 것이라는 점을 강조한다. 즉, 이익의 차별성이 엄존하는 상황에서는 권력이나 재산을 갖지 못하고 사회로부터 소외된 사람들은 자신의 불리한 처지를 극복하려고 노력할 것이며, 그것은 기득권을 소유하고 있는 세력에 대한 불만 표출이나 저항의 형태로 나타나게 될 것이다. 그러한 불만 표출의 정도는 기득권을 가진 세력들이 이들 소외층을 평소에 어떻게 대하는지, 그리고 불평등하게 배분된 희소 자원이 재분배될 가능성이 있는지 없는지에 따라 달라질 수 있다.

일부의 갈등론자들은 갈등이 사회를 위해 유익한 기능을 수행하기도 한다는 점을 강조한다. 이들은 갈등이 사회 성원 간의 상호이해와 공감대를 형성할 기회를 제공하고 사회의 혁신과 새로운 창조를 위한 압력이 될 수 있으며, 기존 사회의 경직화를 방지하는 효과도 갖는다고 본다. 따라서 지나친 균형과 조화는 사회가 바람직한 방향으로 나아갈 수 있는 동력을 억제하는 결과를 가져올 수 있다는 것이다. 이에 반해 균형이론은 갈등이 발생하는 상황을 사회적 병리현상이라는 부정적 시각으로 본다는 점에서 갈등 이론과는 차별화된다.

두 이론이 안고 있는 문제점

균형 이론은 미국에서 발전하였다. 미국인들은 정치나 사회를 서로 경쟁하는 여러 이익집단interest group들에 의해 규제되는 일종의 자동기계라고 보는 경향이 있다. 정치나 사회에 대한 이러한 생각은 자본주의 경제에 대한 관념들을 연장한 것이다. 18세기 경제학자들은 시장이라는 기제가 모든 경제활동을 자동으로 조절하는 '보이지 않는 손'이라고 보았다. 이러한 생각은 사회나 정치 분야에도 마찬가지의 원리가 적용될 것이라는 믿음을 갖도록 하였다.

그러나 이러한 생각은 미국의 뉴딜 정책이나 독일에서의 파시즘 등 시장 조절 기능이 한계에 봉착하여 나타난 현상에서 보는 바와 같이 실제 현실과는 잘 부합하지 않는다. 사회나 정치의 문제를 설명할 때에는 더욱 설득력이 떨어진다. 만약 사회가 균형을 향해 움직인다면, 20세기에 들어 많은 전쟁과 폭동, 테러와 소요, 갈등이 발생한 것과 가장 높은 안정성을 갖고 있다고 볼 수 있는 미국의 중심부에서 가장 심각한 테러와 많은 범죄가 발생하는 이유를 어떻게 설명할 것인가? 그리고 각국의 사회가 점차 안정을 향해 움직인다는 어떤 뚜렷한 증거는 있는가?

한편 균형 이론이 가정하고 있는 개념, 즉 사회 구성원 사이에 합의나 공통의 규범과 가치가 존재하고 모든 사람이 그것을 추구한다고 보는 것 역시 설득력이 약하다. 어떠한 사회에서든 사람들은 자신이 처해 있는 위치에 따라 매우 상이한 생각과 가치관을 갖고 있는 경우를 발견한다. 이러한 사고의 편차는 연령, 성, 자신이 속한 계층에 따라 대단히 크게 나타나고, 때로는 서로 화해할 수 없을 정도의 대립적인 생각을 갖고 있는 사람들이 사회 내에 공존하는 경우도 많다. 따라서 구성원 간의 합의나 공유된 가치라는 것도 실제로는 갈등론자들이 비판하는 것처럼 어떤 의미에서는 사회에서 권력과 부를 가진 사람들이 기존의 사회를 정당화하기 위해 유포한 것일 가능성도 있다.

또한 균형 이론은 의회에서의 자유로운 의견 표현과 경쟁을 통해 다양한 사회집단의 이익이 추구된다고 본다. 그러나 우리나라를 비롯한 미국의 국회의원들 중 압도적인 다수가 생산직 노동자 출신이 아니라 중간층 혹은 상류층 출신으로 구성되어 있고, 그러한 조건에서는 모든 사회 구성원의 이해와 요구가 적절하게 표명된다고 보기 어렵다. 즉, 사회의 모든 의사 결정에서 소외된 층이 존재하고 있으며, 이들은 비제도적이고 비합법적인 방법으로 자신의 이익을 관철하려고 노력할 가능성이 상존한다.

균형 이론은 이처럼 심각한 결점을 안고 있다. 그렇다면 갈등 이론은 과연 비판받을 점이 없는가? 그들이 주장하는 것처럼 사람들 간에 이해의 차별성과 대립만이 존재한다면 그럼에도 불구하고 왜 사회가 전면적으로 붕괴하지 않고 나름대로의 질서를 유지하고 있는가 하는 점을 적절하게 설명하지 못한다는 것이 갈등 이론의 가장 큰 결점이다. 실제로 모든 사회의 인구 구성을 살펴보면, 권력과 부를 가진 사람보다는 갖지 못한 사람들이 훨씬 많은 비중을 차지하고 있다. 그렇다면 사회적으로 소외된 층이 이처럼 다수 존재하는데도 불구하고 여전히 사회가 유지되고, 질서가 지켜지며, 근본적인 동요가 발생하지 않는 경우를 어떻게 설명할 것인가? 사람들은 나름의 독특한 문화와 가치관 그리고 행동 방식을 고수하면서 살아간다. 계층·성·연령에 따라 생각의 차이가 있다고 하더라도 이들을 하나로 묶어주는 끈은 분명 존재한다. 따라서 사회가 일정한 균형을 갖고 움직이고 있다는 가설은 쉽게 반박될 수 있는 주장이 아니다.

또한 갈등 이론은 사람들이 주로 이해관계에 입각하여 움직인다고 보는 경향이 있다. 그러나 사람들은 자신의 이해관계를 앞세우기보다는 나름의 윤리와 가치관을 갖고 생활하는 경우가 많다. 예를 들면, 박봉의 청소부가 자신의 적은 급료에 대해 불만을 표시하기보다는 사회의 안정을 바라는 것, 또한 가부장적 가족 질서 아래에서 자신의 권리와 이익을 제대로 누리지 못한 여성이라 하더라도 자신의 삶을 무의미하게 여기지 않는 경우 등이다. 모든 사람들이 이해관계에 민감하게 움직이는 것은 아니며 오히려 다수의 사람들은 정서적인 만족, 도덕적인 원칙을 더욱더 중요하게 생각하는 경향이 있다.

한편 갈등이 창조에 자극을 주며 궁극적으로 사회통합에 기여한다는 주장도 제고할 필요가 있다. 물론 갈등은 사회질서가 타성화되고 경직되는 것을 막는 방부제 역할을 하는 경우가 많다. 그러나 그러한 갈등이 구성원의 지위나 존재, 가치관과 세계관을 부인하는 상황으로 진행될 때에 문제는 매우 심각해진다. 예를 들면 지난 수년간 보스니아 지역에서 종교상의 차이에서 발생한 인종청소ethnic cleansing와 같은 극단적인 갈등이 발생할 경우, 두 민족이 서로 화해하여 살아갈 수 있는 가능성은 거의 없다. 이 경우 갈등은 수세대를 거치면서 사라지지 않을 뿌리 깊은 원한관계를 만들어 낼 위험성도 있다.

이처럼 갈등이 불가피하다고 해서 그것이 꼭 바람직한 것은 아니며 갈등을 회피하고 통합을 이루어내려는 노력이 무의미한 것도 아닐 것이다.

노동자들의 쟁의를 통해 본 두 관점의 설득력

그러면 이 글의 앞에서 노동자들의 쟁의를 둘러싸고 제출된 두 시각을 균형 이론과 갈등 이론의 관점에서 다시 평가해보자. 그런데 균형 이론의 장점은 갈등 이론의 단점과 사실상 동일하고, 균형 이론의 단점을 말하는 것은 갈등 이론의 장점을 말하는 것과 동일할 것이다.

쟁의에 돌입하려는 노동자들에게 '사회질서와 사회 전체의 이익을 위해 행동을 자제해 달라. 노사 갈등은 가능한 한 피해야 한다'는 균형 이론적 입장의 요구는 공기업의 노사 갈등이 사용자와 노동자 자신 그리고 사회 전체의 번영과 조화에 부정적인 영향을 끼칠 수 있다는 점을 강조한 것이다. 이것은 사용자가 파업에 의한 직장폐쇄 결정을 내릴 경우 노사 간의 마찰은 더욱 심해지고 기업의 경영 활동을 제약하여 공기업의 민영화 조치와 노동자들의 대량 실직으로 이어질 수 있다는 점에 주목한 것이다. 갈등이 당사자에게 피해를 주고 나아가 제3자에게 피해를 주는 상황으로 발전한다면, 그러한 갈등은 억제되고 조정되는 것이 바람직하다.

그러나 이러한 시각은 심각한 문제점을 안고 있는 것도 사실이다. 왜냐하면 갈등의 억제를 요구하는 이러한 시각은 주로 자신의 불리한 처지를 극복하고자 하는 상대적인 약자인 노동자들의 자제만을 요구하기 때문이다. 따라서 이러한 균형론적 시각은 일방적으로 사용자를 두둔하고 기존의 질서를 옹호하는 논리가 될 수 있다. 사회적으로 권력이 불균등하게 배분되어 있는 상황에서 화합과 조화는 좀 더 유리한 위치에 있는 사람들이 우선적으로 노력해야 할 문제인 경우가 많다.

나아가 이러한 갈등 억제의 논리는 갈등의 근원을 제거하는 것이 아니기 때문에 이후의 더 큰 갈등을 예비하는 것이 될 수도 있다. 실제로 노동자의 요구가 정당하고 기업이 이를 수용할 수 있는 상황에서 갈등 억제의 논리가 적용된다면 명백하게 비판을 받을 위험성이 있다. 한편 쟁의는 단기적으로는 나쁜 결과를 가져올지 모르나 장기적으로는 노동자들의 권리를 향상하여, 이들의 인간다운 자존심을 회복시켜줌으로써 사회에 활력을 주고 사회 발전에 적극적인 역할을 할 수 있는 기회를 만들어줄 수도 있기 때문에 부정적인 효과만 있는 것은 아닐지도 모른다.

갈등을 무조건 찬양하지는 않지만 쟁의 돌입의 정당성을 옹호하는 주장도 있다. 이러한 주장은 노동자들의 쟁의 행동에 대해 이들이 처한 조건이나 사회적 상황 전체를 고려해서 판단한다는 점에서 석설한 접근일 수 있다. 노조 전임자 축소에 대해 강하게 반발하는 이유는 노조가 와해되면 그 결과 노동자들의 권리와 이익을 보장받을 수 있는 방법이 달리 없다는 것을 알기 때문이다. 따라서 이러한 정치·사회 상황을 전제로 하여 이들의 행동을 이해한다면, 쟁의 돌입이라는 사태에 대한 처방을 내리는 데 있어 좀 더 적극적인 방안을 마련할 수 있을 것이다.

그러나 이러한 시각도 나름대로의 한계를 안고 있다. 우선 노조의 쟁의행위가 통제할 수 없는 범위로 발전할 경우에 그것이 사회 전체에 미치는 파급력, 부정적인 결과를 어떻게 막을 수 있는가 하는 점이다. 기업이 노동자들의 요구를 들어줄 수 없는 상황에 놓여 있음에도 불구하고 그들의 요구가 정당하다는 이유로 쟁의가 계속될 때에는 기업이 파산으로 나아가는 첩경이 될 수 있다. 이러한 경우에 사회 전체의 요청이나 최소한의 개입 활동이 요청된다는 균형 이론적 반론이 나올 수 있다. 사회는 공기업의 노사관계에 큰 영향을 받기 때문에 사회 전체의 요구를 갈등 당사자에게 강하게 전달할 필요가 있다. 해고된 노동자의 복직 문제도 노사 당사자에게는 기업 내의 통합성과 조화를 높이는 좋은 계기가 될 수 있지만, 사회적으로 본다면 불필요한 노사갈등의 불씨를 만드는 행동이라는 비판도 제기될 수 있는 것이다.

이상과 같이 두 시각은 각각 장단점을 갖고 있으며, 갈등의 성격과 양상, 갈등 발생 시점, 갈등 당사자의 특성 등에 따라 다르게 접근되어야 할 필요가 있다.

현실 사회에서 두 이론은 어떻게 적용해야 할까?

대체로 번영을 구가하고 대다수의 사회 구성원이 발전의 혜택을 골고루 누릴 수 있는 사회에서는 균형 이론이 설득력을 가진다. 그러나 경제가 침체되고, 빈부 격차가 심화하며, 소외된 층이 자신의 의사를 표출할 기회가 차단된 사회에서는 갈등 이론이 설득력을 가진다. 그리고 민주주의가 극히 형식적으로 운영되어 국민이 그러한 정치 제도에 대해 별로 기대나 관심을 갖지 않을 경우, 갈등은 더욱 빈번해지고 폭발적인 형태로 전개될 가능성이 높다.

그러나 이러한 갈등의 잠재적인 원천이 제거된 이상적인 사회는 아직 존재한 적이 없고, 또 단기간에 그러한 사회가 이루어질 것 같지도 않다. 따라서 불가피하게 전개되는 갈등을 통제 가능하게 만들어 사회 질서 안으로 통합해내는 문제는 갈수록 중요한 의미를 지닐 것이다.

김창호

서울대학교 철학과를 졸업, 같은 과에서 정치 및 사회철학으로 박사학위를 받고 한국방송통신대학교 조교를 거쳐 서울대학교, 이화여자대학교, 성균관대학교 등에서 강의를 했다. 1994년부터 중앙일보 학술전문기자 및 논설위원을 역임하면서 '동북공정' 특종으로 삼성언론상(2004년)을 받았으며, 2005년부터 3년간 참여정부 국정홍보처장으로 정부의 홍보업무를 총괄, 기자실 개혁을 주도했다. UCLA(University of California, Los Angeles), UBC(University of British Columbia) 교환교수와 명지대학교 교수를 역임했으며, 현재 경기대학교 교수를 맡고 있다.

초판인쇄 2013년 10월 18일
초판발행 2013년 10월 18일

엮은이 김창호
펴낸이 채종준
기 획 더 플랜
편 집 백혜림
디자인 홍은표 · 이명옥

펴낸곳 한국학술정보(주)
주 소 경기도 파주시 문발동 파주출판문화정보산업단지 513-5
전 화 031) 908-3181(대표)
팩 스 031) 908-3189
홈페이지 http://ebook.kstudy.com
E-mail 출판사업부 publish@kstudy.com
등 록 제일산-115호(2000.6.19)

ISBN 978-89-268-5274-3 13180

이담 Books는 한국학술정보(주)의 지식실용서 브랜드입니다.